Werkausgabe
Band 3

Bibliografische Information der Deutschen Nationalbibliothek:
Die Deutsche Nationalbibliothek verzeichnet diese Publikation in der Deutschen
Nationalbibliografie; detaillierte bibliografische Daten sind im Internet über
http://dnb.dnb.de abrufbar.

Buchumschlag und grafische Gestaltung: Robert Zion
Lektorat: Prof. Dr. Tonio Klein

Fotonachweis:
Buchumschlag (vorne): Joan Bennett in *SCARLET STREET*, Fritz Lang
Productions/Walter Wanger Productions, 1945.
©Filmhistorisches Archiv Robert Zion
©Photographs: original copyright holders

© 2023 Zion, Robert
Die limitierte Erstausgabe erschien im April 2023 bei
35 Millimeter Verlag für Printmedien | Saarbrücken

Herstellung und Verlag: BoD – Books on Demand, Norderstedt

ISBN: 9783744894470

Robert Zion

# FRITZ LANG IN AMERIKA

„Der Engel der Geschichte muß so aussehen. Er hat das Antlitz der Vergangenheit zugewendet. Wo eine Kette von Begebenheiten vor *uns* erscheint, da sieht *er* eine einzige Katastrophe, die unablässig Trümmer auf Trümmer häuft und sie ihm vor die Füße schleudert. Er möchte wohl verweilen, die Toten wecken und das Zerschlagene zusammenfügen. Aber ein Sturm weht vom Paradiese her, der sich in seinen Flügeln verfangen hat und so stark ist, daß der Engel sie nicht mehr schließen kann. Dieser Sturm treibt ihn unaufhaltsam in die Zukunft, der er den Rücken kehrt, während der Trümmerhaufen vor ihm zum Himmel wächst. Das, was wir den Fortschritt nennen, ist *dieser* Sturm."

Walter Benjamin: Über den Begriff
der Geschichte, These IX, 1940.

# Inhalt

## Einleitung
Der Abgrund ............ S. 8

## I. Teil
## Vom Übermenschen zu Mr. Jedermann
Emigration und Kulturindustrie ............ S. 16

*FURY* ............ S. 25
*YOU ONLY LIVE ONCE* ............ S. 31
*YOU AND ME* ............ S. 37

## 2. Teil
## Am Urgrund des Kinos
Das Fotogramm und der filmische Raum ............ S. 44

## Exkurs I
In den Territorien:
*THE RETURN OF FRANK JAMES* und *WESTERN UNION* ............ S. 52

*MAN HUNT* ............ S. 62
*HANGMEN ALSO DIE!* ............ S. 69
*MINISTRY OF FEAR* ............ S. 76

## 3. Teil
## Der tragische Charakter
Am Set und „... so genannte Stars" ............ S. 82

*THE WOMAN IN THE WINDOW* ............ S. 89
*SCARLET STREET* ............ S. 95
*CLOAK AND DAGGER* ............ S. 103
*SECRET BEYOND THE DOOR* ............ S. 108

**Bildteil** ............... S. 115

## Exkurs 2
Der schwarze Engel der Geschichte(n):
*RANCHO NOTORIOUS* ............... S. 218

## 4. Teil
## Bestie Mensch
Wie auf Schienen gesetzt ............... S. 226

*HOUSE BY THE RIVER* ............... S. 233
*AMERICAN GUERILLA IN THE PHILIPPINES* ............... S. 240
*CLASH BY NIGHT* ............... S. 244
*THE BLUE GARDENIA* ............... S. 252
*THE BIG HEAT* ............... S. 257
*HUMAN DESIRE* ............... S. 264
*MOONFLEET* ............... S. 272

## 5. Teil
## Ein kalter Blick aus der Welt
Auge und Hand ............... S. 278

*WHILE THE CITY SLEEPS* ............... S. 285
*BEYOND A REASONABLE DOUBT* ............... S. 291

## Nachwort
Die Verachtung ............... S. 298

Zeittafel ............... S. 304
Filmographie ............... S. 308
Literatur- und Quellenverzeichnis ............... S. 316
Index
Danksagung
Über den Autor

# Einleitung

## Der Abgrund

Er war in der Weimarer Republik in den 20er-Jahren der Starregisseur des deutschen Sensations- und Großfilms, dann in den 40er-Jahren der „deutsche Hitchcock" in den USA[1], bevor er 1958 von François Truffaut zum „Filmautor"[2] und „Fritz Lang" 1982 schließlich postmodern zum „Text" erklärt wurde.[3] „Ich glaube, wenn man eine Theorie über etwas hat, ist man schon tot", meinte er hingegen einmal selbst.[4] Da steht es nun vor uns, dieses gewaltige Werk, glücklicherweise wieder vollständig wahrnehmbar, auf jeden Fall unabänderbar, vielleicht sogar interpretierbar; einem Denkmal gleich, einem Denkmal für das Kino selbst, ohne das er erklärtermaßen „nicht leben konnte."[5] Dieses Kino war für ihn „die Kunst unseres Jahrhunderts"[6] (des vergangenen also), einen besonderen Stil habe er dabei nicht gehabt, vielmehr bemerkte er gegenüber Lotte Eisner, „daß jeder Film seinen spezifischen Stil durch seine Thematik erhält."[7]

Und wenn er auch selbst keine Theorie hatte, noch nicht einmal einen durchgehenden Stil, so hätte er immerhin auf sein Leben verweisen können, um uns irgendwelche Schlüssel für dieses Werk in die Hand zu geben. Gleichwohl: „Mein Leben geht niemanden etwas an; wenn man mich beurteilen will, soll man es durch meine Filme."[8] Wir werden hierauf zurückkommen müssen. Denn, geht das überhaupt, daß ein Künstler so vollkommen frei arbeiten kann, ohne festgefügte Vorstellungen, stilistische Eigenheiten, persönliches Mitteilungsbedürfnis? Jedenfalls hatte ich sehr schnell begriffen, daß ich in einem Buch über Fritz Langs Werk in Amerika nichts von Interesse oder Bedeutung hätte erzählen können, wenn ich ihn hierbei nicht wortwörtlich genommen hätte. Fast alle diese Filme sind mir dann

---

[1] Bogdanovich, GEDREHT, S. 204.
[2] Truffaut, LANG, S. 105.
[3] Vgl. Humphries, LANG, passim.
[4] Lang, INTERVIEWS, S. 58.
[5] Ebd., S. XV.
[6] Zit. n. Bogdanovich, LANG, S. 16.
[7] Zit. n. Eisner, LANG, S. 8.
[8] Zit. n. Schnauber, LANG, S. 179.

auch als ein **Abgrund** entgegengetreten. Irgendwann konnte ich Lotte Eisners Wahrnehmung, daß Lang von allen in die USA Emigrierten „die eigentlich traurige Figur dort war, ein einsamer Kämpfer mit Augenklappe"[9], tatsächlich nachvollziehen, während sich diese Abgründe immer weiter auftaten und alle meine bisherigen Gewißheiten von Autor, Werk, Genre verschlangen.

Es war schließlich ein Essay Frieda Grafes[10], durch den sich mir doch noch ein gewisses Schema in diesen Abgründen erschloß, welches ich dann erstmals im Juni 2021 in einem Artikel auf *M - EINE STADT SUCHT EINEN MÖRDER* und *DAS TESTAMENT DES DR. MABUSE*, Langs erste deutsche Tonfilme, anzuwenden versuchte. Tatsächlich weisen diese beiden Filme nach Grafe unabweisbare Koninuitäten zu Langs amerikanischem Werk auf: „In allen Filmen Langs wird in irgendeiner Weise die Disposition im Kino, die des Zuschauers vor der Leinwand gespiegelt, gedoppelt. ... In seinen deutschen Tonfilmen und in den amerikanischen Filmen durch den reproduzierten Einsatz der **Massenmedien.**"[11] So schrieb ich schließlich, dabei weiter an Grafe anknüpfend, daß Langs „Kino im Allgemeinen und jeder seiner Filme im Besonderen ... einen einmaligen Sog (entwickeln), der den Zuschauer in das Geschehen hineinzieht. ... Werden wir auch in das Geschehen sogartig hineingezogen, so erleben wir dieses also immer nur medial vermittelt. Von *M - EINE STADT SUCHT EINEN MÖRDER* bis *BEYOND A REASONABLE DOUBT*, Langs letztem amerikanischen Film, erzählt uns Lang keine naturalistischen Geschichten, er präsentiert uns Zeitdokumente in Bild und Ton, die Hinweise darauf geben könnten, was gerade geschieht, bereits geschehen ist oder noch geschehen könnte: Steckbriefe, Zeitungsmeldungen, Briefe, Polizeiakten, Plakate, Tonbandaufzeichnungen, Melodien, Geräusche, Litfaßsäulen, Radio- und Fernsehsendungen, Fotografien, Manuskripte, Kassiber, Tafel- und Wandbeschriftungen, usw. (mit Botschaften, Tabellen, mathematischen Berechnungen, physikalischen Formeln, usw.). Was wir bei Lang sehen, so noch einmal Frieda Grafe, sind ›**Ereignisse** flachgelegt zu Schrift, aber die Schrift so dick, daß sie das Auge trifft wie ein Bild. Lang setzt seine Filme

---

[9] Eisner, MEMOIREN, S. 110.
[10] Vgl. Grafe, LANG, passim.
[11] Ebd., S. 33.

zusammen wie ein Indizienbeweis, der ein Geschehen rekonstruiert.'[12] Jeder Film wie das gesamte Kino ist bei Lang solch ein Netz von **Indizien**, die auf Wahrscheinlichkeiten verweisen. Der Zuschauer wird bei ihm zum Ermittler, sich immer die Fragen stellend: Was geschieht eigentlich? Was ist bereits geschehen? Was ist hier objektiv? Selbst die Dinge in ihrer Materialität, die uns Lang zeigt, … verweisen lediglich auf etwas Reales: ‚Der Immobilismus, das Statische der Lang'schen Bildkonstruktionen enthält einen Gestus, der auf das **Fotogramm**[13] verweist, das hinter jedem Bild steht'[14], so Grafe. Fotogramme, die es bereits seit Anfang des 19. Jahrhunderts gibt, entstehen durch Belichtung von lichtempfindlichen Materialien im direkten Kontakt mit Gegenständen. Ein Röntgenbild etwa ist ein Fotogramm, es soll der Medizin Indizien über das materielle Geschehen im Körper geben."[15]

Die Filme Fritz Langs also – vielleicht sogar als Hinweise auf die Beschaffenheit der Welt und auf den Menschen Lang selbst – als ein Geflecht von Indizien, die ein Geschehen, ein Ereignis rekonstruieren, immateriell über reproduzierte Abbilder (Medien), materiell über Verweise auf Kontaktbilder (Fotogramme), und dies alles nur, um auf Wahrscheinlichkeiten zu verweisen? Die Abgründe im Werk Fritz Langs erschienen mir in der Tat immer atemberaubender. Im September 2021 schrieb ich dann über Langs Western *RANCHO NOTORIOUS*: „Es sind die Umstände, die bei Fritz Lang aus einem Menschen das machen, was er ist, keineswegs das ‚Schicksal', wie es sehr viele Lang-Interpreten oftmals pathetisch überhöhen.[16] Die Philosophie würde sagen: die **Kontingenzen**, Wahrscheinlichkeiten, das, was dazu führt, daß manches Mögliche Wirklichkeit wird, manches eben nicht."[17] Es erübrigt sich eigentlich, hinzuzufügen, daß es in dieser Welt der Kontingenzen mit all ihren Abgründen auch immer um das

---

[12] Ebd., S. 53.
[13] Dieser Begriff wird in diesem Buch in der Originalschreibweise übernommen.
[14] Ebd., S. 24.
[15] Zion, ZEITDOKUMENTE, S. 8.
[16] Als „Kampf des Individuums gegen das Schicksal" könnte das Thema von Langs Stummfilmwerk tatsächlich noch beschrieben werden, ganz im Sinne des mythisch durchtränkten Pathos des frühen deutschen Films. Autoren wie Dieter Dürrenmatt oder Peter Bogdanovich sehen hierin jedoch ebenso das übergreifende Thema von Langs Gesamtwerk. Vgl. Dürrenmatt, LANG, S. 19 ff.; Bogdanovich, GEDREHT, S. 230.
[17] Zion, NOIR WESTERN, S. 25.

wechselseitige Verhältnis von **Gesellschaft** und **Individuum** geht. Jedenfalls kann der Großteil von Langs Filmen auf der Grundlage des bisher Gesagten in zwei Gruppen eingeteilt werden, aus denen sich wiederum ein erstes analytisches Schema[18] ableiten läßt:

**Gruppe A**   Ereignisse, die einen **gesellschaftlichen Abgrund** öffnen: *DAS TESTAMENT DES DR. MABUSE, FURY, HANGMEN ALSO DIE!, CLOAK AND DAGGER, HOUSE BY THE RIVER, WHILE THE CITY SLEEPS, DIE 1000 AUGEN DES DR. MABUSE.*

**Gruppe B**   Ereignisse, die einen **individuellen Abgrund** öffnen: *M – EINE STADT SUCHT EINEN MÖRDER, YOU ONLY LIVE ONCE, YOU AND ME, MAN HUNT, MINISTRY OF FEAR, THE WOMAN IN THE WINDOW, SCARLET STREET, SECRET BEYOND THE DOOR, RANCHO NOTORIOUS, CLASH BY NIGHT, THE BLUE GARDENIA, THE BIG HEAT, HUMAN DESIRE, MOONFLEET, BEYOND A REASONABLE DOUBT.*

**Analyseschema'**

Doch die Abgründe von Fritz Langs amerikanischem Werk erschließen sich erst vollständig, wenn wir diese als von der Gesellschaft bzw. dem Individuum **determiniert** begreifen. Hierbei lassen sich fünf Untergruppen feststellen:

**Untergruppe A'**
Der gesellschaftliche Abgrund, **determiniert von der Gesellschaft**: *FURY, HANGMEN ALSO DIE!, CLOAK AND DAGGER.*

**Untergruppe A"**
Der gesellschaftliche Abgrund, **wechselseitig determiniert von der Gesellschaft und dem Individuum**: *DAS TESTAMENT DES DR. MABUSE, HOUSE BY THE RIVER, WHILE THE CITY SLEEPS, DIE 1000 AUGEN DES DR. MABUSE.*

---

[18] Eine vergleichbare Methodik habe ich bereits 2018 im Anschluß an Paul Willemen auf das Werk Roger Cormans angewandt. Vgl. Zion, CORMAN, S. 12–18.

**Untergruppe B'**
Der individuelle Abgrund, **determiniert von der Gesellschaft**: *YOU ONLY LIVE ONCE, YOU AND ME, MAN HUNT, MINISTRY OF FEAR, THE BLUE GARDENIA, THE BIG HEAT*.

**Untergruppe B"**
Der individuelle Abgrund, **determiniert von dem Individuum**: *THE WOMAN IN THE WINDOW, SCARLET STREET, SECRET BEYOND THE DOOR, RANCHO NOTORIOUS, CLASH BY NIGHT, HUMAN DESIRE, MOONFLEET, BEYOND A REASONABLE DOUBT*.

**Untergruppe B'''**
Der individuelle Abgrund, **wechselseitig determiniert von der Gesellschaft und dem Individuum**: *M - EINE STADT SUCHT EINEN MÖRDER*.

Zusammengefaßt: Ein Ursprungsgeschehen (Ereignis') wird während der Erzählung als ein Geflecht von Indizien rekonstruiert (Ereignis"). Oftmals kehrt dieses dabei **gespiegelt** und **gedoppelt** zurück. Das, was an den Ereignissen möglich oder wirklich (kontingent) erscheint, führt jeweils, vermittelt durch das Besondere von Langs Bildsprache (Medien, Fotogramme), in einen gesellschaftlich bzw. individuell determinierten Abgrund. Hieraus ergibt sich nun folgendes endgültiges analytisches Schema mit seinen jeweiligen Gruppen und Untergruppen:

**Analyseschema"**

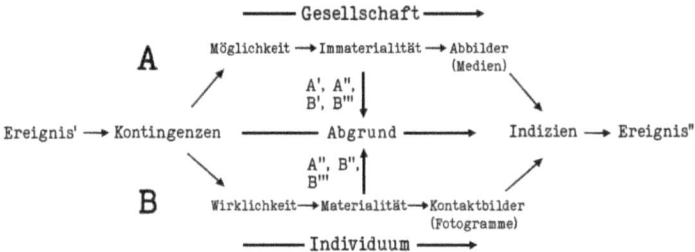

Ich werde im Laufe dieses Buches anhand jedes Films auf dieses Analyseschema zurückkommen. Während hierbei *M - EINE STADT SUCHT EINEN MÖRDER*, *DAS TESTAMENT DES DR. MABUSE* und *DIE 1000 AUGEN DES DR. MABUSE* aufgrund ihrer Kontinuität mit Langs amerikanischem Werk[19] in diese Analyse mit einbezogen werden, gibt es auch eine Gruppe von Langs amerikanischen Filmen als „Auftragsarbeiten", auf die sich dieses Schema nicht anwenden läßt, da diese im Wesentlichen innerhalb der „Regeln" ihres jeweiligen Genres (Western und Kriegsfilm) verbleiben:

**Gruppe C**    **Genrebeiträge**: *THE RETURN OF FRANK JAMES, WESTERN UNION, AMERICAN GUERILLA IN THE PHILIPPINES.*

Auch diese Genrebeiträge weisen dennoch einige Lang'sche Motive und bestimmte Besonderheiten auf, die ich in den jeweiligen Kapiteln vorstellen und besprechen werde.

\* \* \*

    Lotte Eisner, Cornelius Schnauber, Dieter Dürrenmatt, Patrick McGilligan und zuletzt Norbert Grob haben sich auf ihre jeweils eigene Art den biographischen Aspekten Fritz Langs gewidmet.[20] Wenn in diesem Buch auch die amerikanischen Filme Langs im Mittelpunkt stehen werden, so läßt sich dessen Werk am Ende dann doch nicht von seinem Leben trennen. Ich werde daher immer dann auf diese Autoren und Langs Biographie eingehen, wenn diese für das Verständnis der Filme erhellend – oder vielleicht sogar verdunkelnd – erscheinen. Die Intensität dieses zu zwei Kontinenten und Kulturen querstehenden Werkes, dessen Einzigartigkeit im Hollywoodkino sowie die mehrfachen Brüche in Langs Arbeit und Filmographie lassen keine andere Herangehensweise zu; ganz zu schweigen von jenem Ereignis in Langs Leben von 1920[21], das er stets mit sich und folglich auch mit nach Amerika getragen hat. Daß sein Leben niemanden etwas angehe und daß, wenn man ihn beurteilen wolle, man es durch seine Filme tun solle: Wie bereits erwähnt, ich werde diese Bemerkung diesbezüglich wortwörtlich nehmen, auch wenn er gegenüber anderen häufiger erklärt hat, daß letzten Endes nur die Psychoanalyse „wirkliche Aufschlüsse über seine Filme und

---

[19] So auch Peter Bogdanovich: „*M – EINE STADT SUCHT EINEN MÖRDER* nimmt mit seiner dokumentarischen Qualität Langs amerikanische Tonfilme viel stärker vorweg, als er an seine deutschen Stummfilme anknüpft." Bogdanovich, LANG, S. 8.
[20] Vgl. Eisner, MEMOIREN, S. 112-130; Schnauber, LANG, passim; Dürrenmatt, LANG, passim; McGilligan, LANG, passim; Grob, LANG, passim.
[21] Vgl. Conrad, MORDVERDACHT, passim.

seinen Schaffensprozeß geben könne."[22] Offensichtlich war sich Lang (s)eines unbewußten Anteils an seinen Filmen sehr bewußt. Es werden daher am Ende auch diese Filme sein, die ich auf den Menschen Fritz Lang und sein Leben beziehen werde. An einigen Stellen wiederum wird es notwendig sein, etwas tiefer in die philosophischen Hintergründe von Langs Weltsicht vorzudringen, um sein Werk zu verstehen, aber auch, um dessen Verbindungen mit langen kunst- und geistesgeschichtlichen Linien offenzulegen.

Fritz Lang, dessen Kino im Grunde genommen die Neuerfindung in Permanenz und somit Modernität in Reinform ist[23], hätte nicht derart eindringlich und einmalig von diesem ereignisreichen Jahrhundert und von dem Menschen in dieser Moderne erzählen können, wenn er deren gesellschaftlichen und individuellen Abgründe nicht selbst erfahren, gleichsam durchlebt hätte. Wie jener „Engel der Geschichte", den Walter Benjamin[24] in Paul Klees Zeichnung „Angelus Novus" sah, ein Engel, der stets den sich auftürmenden Trümmerhaufen im Blick hat, während ihn ein Sturm in eine Zukunft treibt, der er gleichwohl den Rücken zugewandt hat. Jedenfalls bestätigt das Antlitz der noch kurzen Geschichte unseres neuen Jahrhunderts diesen erschreckenden Befund Walter Benjamins ebenso wie die Geschichten Fritz Langs – und dies *BEYOND A REASONABLE DOUBT.*[25]

Die limitierte Erstausgabe erschien im April 2023 im 35 Millimeter Verlag für Printmedien (Saarbrücken) in zwei Bänden. Für diese Werkausgabe wurden die beiden Bände zusammengefaßt, Fehler stillschweigend korrigiert und einige wenige Verbesserungen vorgenommen.

Robert Zion, im Sommer 2023

---

[22] Schnauber, LANG, S. 168.
[23] Die Modernität von Langs Werk hebt vor allem Tom Gunning hervor. Vgl. Gunning, LANG, passim.
[24] Benjamin, GESCHICHTE, S. 697 f.
[25] Dieses Buch ist in alter Rechtschreibung verfaßt. Zitate werden in der Originalschreibweise übernommen, Filme mit ihrem Originaltitel angeführt. Alle Übersetzungen ins Deutsche stammen vom Autor.

# I. Teil
## Vom Übermenschen zu Mr. Jedermann

## Emigration und Kulturindustrie

Als Fritz Lang am 12. Juni 1934 an Bord der „Île de France", von Le Havre kommend, die Skyline New Yorks erblickte, war es für ihn ein „Wiedersehen", wenn auch „bitter und schmerzlich." Diesmal würde es kein Zurück mehr geben. So wie 1924, als er „das erste Mal an der Seite Pommers den Ozean überquerte und für ein Vierteljahr lediglich als studierender Besucher in die Vereinigten Staaten reiste."[1] Lang war seinerzeit als Ehren- und Stargast der New Yorker Premiere von *DIE NIBELUNGEN* angereist[2], und von dieser Skyline, die er nun erneut erblickte, erzählte er einmal Siegfried Kracauer, als es um seine „Zukunftsmetropole" in *METROPOLIS* ging, „daß ihm die Idee zu diesem weltberühmten Film kam, als er an Bord eines Schiffes zum ersten Mal New York sah – ein nächtliches New York, das von Millionen Lichtern glitzerte. Die in seinem Film errichtete Stadt ist eine Art Super-New York."[3] *DIE NIBELUNGEN* und *METROPOLIS* – Monumentalfilme und Monumente des Kinos der Weimarer Republik, Massenfilme für die Massen, und Letzterer, so Kracauer, von den Franzosen „wie eine Mischung aus Wagner und Krupp"[4] wahrgenommen. Exakt sieben Jahre nach seiner erneuten Ankunft in New York, im Juni 1941, erzählte Lang einer dort ansässigen Zeitung jene berühmte Geschichte über ein Gespräch mit Joseph Goebbels kurz nach Hitlers „Machtergreifung": „Er sagte mir, daß er und der Führer vor vielen Jahren meinen Film *METROPOLIS* in einer kleinen Stadt gesehen hätten und Hitler damals gesagt habe, daß ich die Nazifilme machen sollte."[5] Wir wissen aus Goebbels' Tagebüchern, daß dieses Gespräch tatsächlich am 3. April 1933 stattgefunden hat.[6] Am 28. März hatte sich Lang noch eine ebenso umschmeichelnde wie drohende Rede an die deutschen Filmschaffenden angehört, in der Goeb-

---

[1] Zit. n. Schnauber, LANG, S. 34.
[2] Vgl. Grob, LANG, S. 113.
[3] Kracauer, CALIGARI, S. 158.
[4] Ebd., S. 159.
[5] Zit. n. ebd., S. 173.
[6] Vgl. Grob, LANG, S. 406. Über den Inhalt dieses Gespräches wissen wir nur von Lang. Er selbst, so Lotte Eisner, „der sich sonst über sein Privatleben vollkommen ausschwieg, weil es, wie er meinte, mit seinen Filmen nichts zu tun hätte, erzählte mit Vorliebe diese Geschichte und schmückte sie jedes Mal ein bißchen mehr aus." Eisner, MEMOIREN, S. 127.

bels bemerkt hatte, daß unter anderem auch *DIE NIBELUNGEN* „die Kämpfer der nationalsozialistischen Bewegung innerlich erschüttert" habe. Am Tag darauf notierte Goebbels in seinem Tagebuch: „Film *DR. MABUSE* von Fritz Lang gesehen. Praktische Anleitung zum Verbrechen. Wird verboten."[7]

Lang wußte instinktiv, daß er sich aus dem Staub machen mußte. Allein sein später von Siegfried Kracauer so bezeichneter „Antinazifilm"[8] *DAS TESTAMENT DES DR. MABUSE* hätte ihm keine andere Wahl gelassen. Doch er zögerte, nahm „eher heimlich Abschied" (Norbert Grob), erst am 21. Juli 1933 verließ er Berlin endgültig Richtung Paris.[9] „Der Große Fritz Lang, bei dessen Filmpremieren in den Zwanzigerjahren ganz Berlin Kopf gestanden hatte"[10], Premieren im Ufa-Palast, die stets ein „Staatsereignis"[11] waren, wurde mit Stumpf und Stiel herausgerissen. Nicht allein aus einem Land, einem Staat, auch aus einer Filmkultur, die er nicht nur geprägt, an deren Spitze er nicht nur gestanden, die er sogar miterfunden und bis zum Punkt einer Ahnung vorangetrieben hatte, welche ihm gleichzeitig Goebbels' Verbot seines Antinazifilms *und* dessen Angebot einbrachte, für den neuen Staat „die Nazifilme" zu machen.

Siegfried Kracauer hatte sicherlich nicht gänzlich unrecht, als er 1947 in „Von Caligari zu Hitler" Langs Kino implizit einen Mangel an politischer Haltung vorwarf.[12] Dennoch verfehlte er gerade hiermit das Wesen dieses Kinos, das ein präpolitisches, jegliche Politik von vorneherein unterwanderndes ist. Als sich Goebbels *DAS TESTAMENT DES DR. MABUSE* ansah, blickte er in einen Abgrund, der aber gerade ihm wie die Entlarvung eines zukünftigen gesellschaftlichen Abgrundes des „Dritten Reiches" erschienen sein muß: „Praktische Anleitung zum Verbrechen." Und tatsächlich: „Ein in einer Anstalt einsitzender Verbrecher, der dezidierte Anleitungen zum definitiven Verbrechen zu Papier bringt und damit die Herrschaft anstrebt? ... Daß von der Drehbuchautorin (und späteren Na-

---

[7] Vgl. ebd., S. 186.
[8] Kracauer, CALIGARI, S. 263.
[9] Vgl. Grob, LANG, S. 190 f.
[10] Eisner, MEMOIREN, S. 110.
[11] Ebd., S. 125.
[12] Vgl. Kracauer, CALIGARI, S. 263.

tionalsozialistin) Thea von Harbou[13] tatsächlich Parallelen zu Hitlers Festungshaft und seiner dortigen Niederschrift von ‚Mein Kampf' intendiert waren, ist unwahrscheinlich. Dennoch muß Langs genuiner Zugang zum Kino als Ausbreitung eines Netzes von Indizien, die auf Wahrscheinlichkeiten verweisen, Goebbels geradezu schockiert haben. Der Propagandaminister war sich sehr bewußt, daß die Macht Hitlers und der Nationalsozialisten vor allem auf medialer Vermittlung beruhte, und dieses filmische Dokument (und Röntgenbild) über das Geschehen im (Volks-)Körper Deutschlands deckte die Wahnhaftigkeit und die Mechanismen der ‚Bewegung' nur allzu deutlich auf. Das dokumentarische Kino Langs hatte mit *DAS TESTAMENT DES DR. MABUSE* genug Indizien für das Wahrscheinliche dieser ‚Bewegung' zusammengetragen. ... Goebbels hatte ein Gespür dafür, daß der eigentliche Feind der Nationalsozialisten in den Massenmedien zu verorten war, auf dem eigenen Spielfeld gewissermaßen, vor allem im Kino. Darum auch hielt er nicht nur den Humanismus von Jean Renoirs[14] *LA GRANDE ILLUSION* für den ‚filmischen Hauptfeind', sondern ebenso den Dokumentarismus von Langs ersten beiden Tonfilmen."[15]

1952 betonte Lotte Eisner in „Die dämonische Leinwand", daß Friedrich Nietzsches „Mythos des dämonischen Übermenschen, der die Weltordnung umzuwerfen trachtet", sich „wie ein roter Faden"[16]

---

[13] Lang hatte Thea von Harbou am 26. August 1922 geheiratet und ließ sich im April 1933 von ihr scheiden. Es dürften vor allem ihre eher kolportagehaften Drehbücher zu Langs Filmen mit einem Hang zu Pathos, Mythos und Kitsch gewesen sein, die Goebbels derart beeindruckt haben. Über von Harbou erzählte Lotte Eisner: „Sie hatte Lang mitten in seinem *DAS TESTAMENT DES DR. MABUSE* sitzenlassen, in einem Augenblick, als gerade dem Produzenten das Geld ausgegangen war, und hat sich einen Inder angelacht. ... Ganz stolz war sie auf ihren Inder, der, wie sie gleich betonte, ein ‚echter Arier' wäre. Thea war Feuer und Flamme für die nationalsozialistische Bewegung. Sie blieb es auch, als der Krieg schon längst vorbei war und wir uns in den Fünfzigerjahren wiedersahen. Das wiederum fand ich ganz beeindruckend, weil sie es offen zugab. Beim Berliner Filmball trug sie ein Kleid, auf das alle Provinzen gedruckt waren, die Deutschland einmal hatte." Eisner, MEMOIREN, S. 115.

[14] Bezeichnend und diesbezüglich sicherlich auch kein Zufall ist, daß Lang 1945 und 1954 in Amerika mit *SCARLET STREET* und *HUMAN DESIRE* gleich zwei Mal einen filmischen Stoff Jean Renoirs aufgreifen sollte.

[15] Zion, ZEITDOKUMENTE, S. 10. Auch Kracauer dürfte dies zumindest geahnt haben, wenn er Langs Film dann noch als „eine Art letztes Bollwerk gegen das bevorstehende Unheil" bezeichnete. Kracauer, CALIGARI, S. 261.

[16] Eisner, LEINWAND, S. 243.

durch Langs Filme in der Weimarer Republik zieht.[17] Als solcher steht Langs Mabuse – und dies bereits 1922 in DR. MABUSE, DER SPIELER – sicherlich auch für Nietzsches „Wille zur Macht". Doch zugleich ruft sie dazu auf: „Man muß sich hier an das Sachlich-Dokumentarische halten."[18] Gemäß unserem Analyseschema (S. 12) heißt das, an ein Ursprungsgeschehen, das während der Erzählung als ein Geflecht von Indizien rekonstruiert wird. Dieses Ursprungsgeschehen in DR. MABUSE, DER SPIELER und DAS TESTAMENT DES DR. MABUSE[19] ist die „Machtergreifung" der „Bewegung", der Weg der Weimarer Republik in einen gesellschaftlichen Abgrund, wechselseitig determiniert von der Gesellschaft[20] und dem Individuum in der Person Mabuses/Hitlers (Untergruppe A"). Betrachten wir Langs Filme von 1922 und 1933 gar als einen Film, dann kehrt in Letzterem das als „Praktische Anleitung zum Verbrechen" (Goebbels) während der „Machtergreifung" (Ereignis") gespiegelt und gedoppelt zurück, was bereits in Ersterem als ein Geflecht von Indizien ausgebreitet wurde (Ereignis'). Das Mögliche der „Bewegung" ist Wirklichkeit geworden. Lang wird in seinen Antinazifilmen in Hollywood während des Krieges und noch hiernach[21] lediglich die Perspektive wechseln – der Widerstand gegen die Nazis tritt in den Vordergrund –, aber weiterhin und nun sehr bewußt in die Abgründe individueller und gesellschaftlicher Kontingenzen blicken. Weil unser „Schicksal" solchen Kontingenzen unterworfen und daher eben doch nicht vollständig vorherbestimmt ist, wird Lang in Amerika oftmals geradezu klassisch *griechische Tragödien* verfilmen und sich dabei erstaunlich konsequent dem Psychologisierenden und Privatisierenden des Hollywoodmelodrams verweigern. Ja, deren Beschreibung durch den Phi-

---

[17] Auch Lang selbst merkte an, daß unter „dem Einfluß Nietzsches ... der Held immer ein Übermensch (war)." Zit. n. Bogdanovich, GEDREHT, S. 221. Zum „Übermenschen" vgl.: Nietzsche, ZARATHUSTRA, S. 3-22.
[18] Eisner, LEINWAND, S. 246.
[19] Wir werden auf Langs dritten und letzten DR. MABUSE-Film, den 1960 in der Bundesrepublik veröffentlichten DIE 1000 AUGEN DES DR. MABUSE, in dem Wolfgang Preiss an die Stelle von Rudolf Klein-Rogge trat, im Nachwort dieses Buches zu sprechen kommen.
[20] Einer Gesellschaft, so Georg Seeßlen, die „unterminiert ist von geheimen Organisationen, von kollektiven unkontrollierbaren Machtzusammenhängen." Seeßlen, ANGST, S. 80.
[21] MAN HUNT von 1941, HANGMEN ALSO DIE! von 1943, MINISTRY OF FEAR von 1944 und CLOAK AND DAGGER von 1946, die von Lang selbst als seine „Kriegsbeiträge" bezeichnet wurden. Zit. n. Seeßlen, ANGST, S. 79.

losophen Schelling liest sich geradezu wie die Zusammenfassung eines Films von Lang: „Die griechische Tragödie ehrte menschliche Freiheit dadurch, daß sie ihren Helden gegen die Übermacht des Schicksals kämpfen ließ."[22] Dabei wird in Langs Hollywoodfilmen, und dies ist nach Georg Seeßlen nun eine entscheidende Wendung, aus dem dämonischen Übermenschen ein „demokratischer Mr. Jedermann. Und aus der Masse wird das Volk."[23] Mit Fritz Lang „importierte" Hollywood in Wirklichkeit einen Klassizisten, der sich spätestens ab *M - EINE STADT SUCHT EINEN MÖRDER* von den mythologischen (Un-)Tiefen des deutschen Stummfilms verabschiedet hatte und dem Dokumentarismus und der Sozialkritik in Form der griechischen Tragödie zuwenden wird. Denn, so resümierte Lang nach dem Ende seiner Karriere 1963 als Regisseur „Fritz Lang" in *LE MÉPRIS* gegenüber dem Hollywoodproduzenten (Jack Palance) in Jean-Luc Godards Film: „Vergessen Sie nicht: Nicht die Götter haben den Menschen geschaffen, der Mensch hat die Götter geschaffen."

\* \* \*

Zurück zu dem „Hollywoodimport" Fritz Lang auf der „Île de France". Ebenfalls an Bord an jenem 12. Juni 1934 vor der Skyline New Yorks: David O. Selznick. Der Vize-Chef der MGM-Produktion und Schwiegersohn des Studiobosses Louis B. Mayer war im April 1934 mit seiner Frau nach Paris gereist und hatte Lang dort einen Vertrag bei MGM angeboten. In Paris hatte Lang noch zum Jahreswechsel 1933/1934 den von Fox-Europa finanzierten *LILIOM* gedreht. Selznick „wußte, daß Irving Thalberg, Produktionschef des Studios ..., fasziniert war von Langs *M - EINE STADT SUCHT EINEN MÖRDER* und großes Interesse daran hatte, ihn an MGM zu binden. Deshalb sah er in dem deutschen Regisseur die wichtigste seiner ‚Trophäen'."[24] Tatsächlich wurde Lang zu einer „Trophäe" der Studiobosse von MGM, er wußte aber auch „sehr gut ..., daß er es bei der Einreise in die USA leichter hatte als viele Kollegen, die keinen Vertrag von MGM besaßen und die man nicht mit Presse und Rundfunk auf dem Bahnhof von Los Angeles begrüßte. Denn das waren damals die Be-

---

[22] Schelling, WERKE, Abt. I, Bd. 1., S. 336.
[23] Seeßlen, ANGST, S. 82.
[24] Grob, LANG, S. 204 f.

dingungen, um überhaupt in die USA einwandern zu dürfen."[25] „Deutschlands Verlust ist Amerikas Gewinn", so tönte Selznick vor der Presse Hollywoods, der eigens von New York vorausgefahren war, um Langs Empfang auf dem Bahnhof von Los Angeles, einige Wochen nach dessen Ankunft in New York, vorzubereiten.[26] Lang wurde wie ein Star empfangen, als „Amerikas Gewinn" – mehr nicht. MGM stellte ihm einen persönlichen Assistenten, Gottfried Reinhardt[27], und eine Sekretärin, Teddy Le Beau, beiseite, er durchstreifte Los Angeles und Kalifornien, richtete sich am La Mesa Drive in Santa Monica ein Haus ein, sprach kein Wort mehr auf Deutsch, lernte englisch reden, lesen und denken, doch zumeist „saß er lange in seinem Büro, starrte auf das Telefon und wartete auf einen Anruf von Selznick, der aber nie erfolgte."[28] Vom einstigen Starregisseur der Weimarer Republik blieb nur noch der Star; zu einem Regisseur – und dies begriff Lang relativ schnell – mußte er hier erst wieder werden.

Und dieses „hier", das war das Studiosystem Hollywoods mit seiner Glamourfabrik MGM, ökonomisch ein kapitalistisches Oligopol, von Studiopatriarchen beherrscht, nach innen strikt hierarchisch organisiert, ein „System der Kulturindustrie", in dem das Publikum konsumierender „Teil des Systems" ist. So beschrieben Max Horkheimer und Theodor W. Adorno 1944 in ihrer „Dialektik der Aufklärung" die „Verabredung" dieser Kulturindustrie. Lang hatte nichts gegen „Entertainment"[29], seine Filme in der Weimarer Republik hatten immer auch etwas Kolportagehaftes, doch hier sah er sich nun etwas ganz anderem gegenüber, einem „Eigengewicht des technischen und personellen Apparats, der freilich in jeder Einzelheit als Teil des ökonomischen Selektionsmechanismus zu verstehen ist. Hinzu tritt die Verabredung, zumindest die gemeinsame Entschlossenheit der Exekutivgewaltigen, nichts herzustellen oder durchzulassen, was nicht ihren Tabellen, ihrem Begriff von Konsumenten, vor allem ihnen selber gleicht."[30] Lang würde hier nicht derart frei arbeiten können wie noch als Starregisseur der Wei-

---

[25] Schnauber, LANG, S. 35.
[26] Vgl. ebd., S. 33.
[27] Den Sohn Max Reinhardts.
[28] Grob, LANG, S. 210 ff.
[29] Vgl. Lang, HOLLYWOOD, passim.
[30] Horkheimer/Adorno, AUFKLÄRUNG, S. 130.

marer Republik. Selznick statt Goebbels, MGM statt der Ufa, das bedeutete nur eine andere Art des Zwangs, eine andere „Entschlossenheit der Exekutivgewaltigen". Es sollte noch geschlagene zwei Jahre dauern, bis daß Lang 1936 mit *FURY* seinen ersten Hollowoodfilm fertiggestellt hatte, bereits zwei Jahre darauf, nach *YOU AND ME* von 1938, schnappte der „Selektionsmechanismus" des Systems erstmals zu und es kam zum ersten Bruch zwischen Fritz Lang und Hollywood. Beinahe die Hälfte seiner ersten sechs Jahre in Amerika war er als Regisseur arbeitslos.

Am ehesten ließe sich Fritz Langs Stellung im Studiosystem Hollywoods noch mit der späteren Stellung eines Orson Welles vergleichen, nur daß Lang seinen *CITIZEN KANE* – sah man einen solchen nun in *DIE NIBELUNGEN*, in *METROPOLIS* oder in *M – EINE STADT SUCHT EINEN MÖRDER* – bereits aus Deutschland mitgebracht hatte. Die Studiopatriarchen wollten den Mythos des Pioniers und dieser Filme, den Namen „Fritz Lang", keineswegs den Regisseur. Denn mitgebracht hatte dieser eben auch seinen von vorneherein alles Politische – auch Studiopolitische – unterwandernden Zugang zum Filmemachen. 1956, nach zwanzig Jahren Filmarbeit in Amerika, vollzog Lang seinen letzten Bruch mit Hollywood. In diesem Jahr gemahnte das große „K" der „Kyne Media, Incorporation", das in Langs *WHILE THE CITY SLEEPS* an einer Hochhausfassade leuchtet, die noch einmal an *METROPOLIS* erinnern wird, daher nicht nur auffällig, sondern wohl auch alles andere als zufällig, an das große „K", das am Tor von Charles Foster Kanes Schloß „Xanadu" in *CITIZEN KANE* angebracht ist. Und es gemahnte mit diesem nun endgültigem Bruch Langs mit dem Hollywoodsystem auch an dessen endgültige Niederlage in der Kulturindustrie, denn „so vollkommen ist ihr Sieg, daß sie an den entscheidenden Stellen nicht einmal mehr ausdrücklich wird: Die Monumentalbauten der Größten, steingewordene Reklame im Scheinwerferlicht, sind reklamefrei und stellen allenfalls noch auf den Zinnen, lapidar leuchtend, des Selbstlobs enthoben, die Initialen des Geschäfts zur Schau."[31] Doch bis zu dieser endgültigen Niederlage hatte Lang noch einen weiten Weg zurückzulegen.

---

[31] Horkheimer/Adorno, AUFKLÄRUNG, S. 172.

\* \* \*

Jedes Geschehen (Ereignis) ist bereits eine Wirkung, denn jede gegebene Wirkung ist die Wirkung – mindestens – einer Ursache. Die Bildkonstruktionen, die Erzählungen wie auch die Protagonisten im Kino Fritz Langs seit *M – EINE STADT SUCHT EINEN MÖRDER* unterliegen strikt diesem Kausalitätsprinzip. Hiernach sind bei Lang die Welt und in dieser die wechselseitigen Verhältnisse von Individuum und Gesellschaft Wirkzusammenhänge, die zugleich deterministisch[32] und kontingent sind.[33] Er „betrachtete das Universum als mechanistisch und entropisch", so erklärte er es einmal selbst gegenüber – dem Melodramatiker – Nicholas Ray.[34] Es ist dies die Situation des Menschen in der Moderne schlechthin.[35] Für Peter Bogdanovich folgt daraus die „für ihn schlimmste Ankündigung, daß man im Leben alles bezahlen muß."[36] „Das gilt für alles. Das Leben hat die seltsame Eigenschaft, einen für alles bezahlen zu lassen", so Lang am Beispiel seines „Lehrstücks" *YOU AND ME*.[37] Es ist aber ebenso die Situation des Menschen in der Moderne – und dementsprechend auch im Kino Fritz Langs –, daß dieser in einer solch streng derterministischen Welt gegen sein „Los"[38] kämpft, wobei für Lang „der Kampf an sich das Wichtigste ist – nicht das Resultat, sondern die Revolte."[39] Dies ist bereits in der griechischen Tragödie angelegt und erinnert zugleich an „Der Mensch in der Revolte" und an „Der Mythos des Sisyphos", an die absurd-existentialistische Situa-

---

[32] Bereits Andrew Sarris bezeichnete in seinem Schlüsselwerk über das amerikanische Kino Langs Weltsicht als „deterministisch". Vgl. Sarris, CINEMA, S. 64.

[33] Geistesgeschichtlich am klarsten findet sich diese Sicht auf die Welt als ein deterministischer Wirkzusammenhang bei Spinoza formuliert: „Es existiert nichts, aus dessen Natur nicht irgendeine Wirkung folgt." Spinoza, ETHIK, I. Teil, Lehrsatz 36.

[34] Lang erzählte Ray, er „glaube an die Unveränderlichkeit eines aus mathematisch vorherbestimmten Kräften zusammengesetzten Universums, das seiner Zerstörung an einem bestimmten Punkt der Ewigkeit entgegenging." Zit. n. Curcio, GRAHAME, S. 150 f.

[35] So auch Johannes Binotto: „Das unentrinnbare Schicksal, mit dem sich Langs Figuren konfrontiert sehen, ist ein Phänomen der Moderne." Binotto, TAT/ORT, S. 215.

[36] Bogdanovich, GEDREHT, S. 209.

[37] Zit. n. ebd. S. 230.

[38] Wenn Lang vom „Los des Menschen" spricht, spricht er selbstverständlich von den Kontingenzen, von Wahrscheinlichkeiten, von dem, „was dazu führt, daß manches Mögliche Wirklichkeit wird, manches eben nicht" (S. 10).

[39] Zit. n. Bogdanovich, GEDREHT, S. 230.

tion des modernen Menschen bei Albert Camus.[40] Lang betonte aber auch: „Es ist die Essenz des Lebens, für die Sachen („causes") zu kämpfen, die wir für gerecht halten."[41] „Causes" kann dabei „Sachen" oder „Dinge" bedeuten, oder eben auch „Ursachen".

Das Kino Fritz Langs seit *M – EINE STADT SUCHT EINEN MÖRDER* ist diese Suche nach den Ursachen, den Dingen in einer deterministischen und zugleich kontingenten Welt[42], die seinen Protagonisten Gerechtigkeit widerfahren lassen, selbst, wenn sie dafür am Ende „alles bezahlen" müssen (und sie müssen es nahezu immer). Peter Lorres Serienmörder „Hans Beckert" ist der erste Protagonist in Langs Werk, den er als einen individuellen Abgrund entwirft, dem er aber auch tatsächlich Gerechtigkeit widerfahren läßt, indem er eine „Treibjagd nach diesem selbst so getriebenen Wesen"[43] zeigt, die zwar auch von den Veranlagungen des Serienmörders selbst, aber ebenso von der ihn jagenden Gesellschaft determiniert ist (Untergruppe B'''). Er trägt bestenfalls eine „tragische Schuld", ist „schuldlos schuldig", wie es bereits in der griechischen Tragödie beschrieben ist.[44] Mit diesem Film beginnt 1931, wie bereits erwähnt, Langs eigentliches dokumentarisches und kritisches Werk, vor allem auch, weil in ihm „,eine Atmosphäre der Angst, Unruhe, Unsicherheit, Hysterie (herrscht)', wie Lang einmal selbst (in einem Brief von 1972) das Deutschland beschrieb, das er mit *M – EINE STADT SUCHT EINEN MÖRDER*, wenn auch unbewusst, dokumentiert hatte."[45] In jenem Amerika, das Lang fünf Jahre später mit *FURY* erstmals dokumentierte, sollte es nicht viel anders sein.

---

[40] Vgl. Camus, REVOLTE, passim; Camus, SISYPHOS, passim.
[41] Lang, INTERVIEWS, S. IX.
[42] Denn, so noch einmal Spinoza, „aus einer gegebenen bestimmten Ursache folgt mit Notwendigkeit eine Wirkung, und umgekehrt, wenn keine bestimmte Ursache gegeben ist, kann unmöglich eine Wirkung folgen." Spinoza, ETHIK, I. Teil, Grundsatz 3. Und: „Die Erkenntnis der Wirkung hängt von der Erkenntnis der Ursache ab und schließt diese in sich." Ebd., I. Teil, Grundsatz 4.
[43] Zion, ZEITDOKUMENTE, S. 9.
[44] Vgl. Gerhartz, SCHULD, S. 180-209.
[45] Zion, ZEITDOKUMENTE, S. 10.

## *FURY*
### (*Blinde Wut*, 1936)

Nach Langs Emigration wechselt zwar mit der Gesellschaft der Schauplatz seiner Filme, doch sein kritischer Blick auf diese bleibt. *M - EINE STADT SUCHT EINEN MÖRDER* wird sogar zum einzigen seiner Filme aus der Weimarer Republik, zu dem Lang eine solche Kontinuität sieht. Nach seiner Karriere erwähnte Lang immer wieder dieselben Filme in dieser Tradition. So bemerkte er etwa 1959 gegenüber Jacques Rivette: „Mit *M - EINE STADT SUCHT EINEN MÖRDER* hat etwas Neues für mich begonnen, etwas, das mit *FURY* fortgesetzt wurde. *M - EINE STADT SUCHT EINEN MÖRDER* und *FURY* sind, glaube ich, die Filme, die ich bevorzuge. Es gibt da noch andere, die ich in Amerika gemacht habe: *SCARLET STREET, THE WOMAN IN THE WINDOW, WHILE THE CITY SLEEPS*. Es sind alles Filme, die auf Sozialkritik basieren. Es ist etwas, was ich normalerweise bevorzuge, weil ich glaube, daß Kritik etwas Fundamentales für einen Regisseur ist."[1] Lang zählte später zwar mit *FURY* und *WHILE THE CITY SLEEPS* immer mindestens zwei amerikanische Filme zu seinen besten[2], dennoch hat Hollywood ihn „nur mit Unterbrechungen"[3] arbeiten lassen. 1934 wurden seine ersten beiden Projekte für MGM von dieser nicht realisiert[4]; noch bei *FURY* habe er mit erheblichen

---

[1] Lang, INTERVIEWS, S. 17.

[2] Etwa auch in einem Interview für den Norddeutschen Rundfunk vom Januar 1965: „Ich glaube ein Film muß im Allgemeinen ... erstens kritisch sein, und zweitens, glaube ich, er muß etwas von einem Dokumentarfilm sein. Das, glaube ich, ist mir in *M - EINE STADT SUCHT EINEN MÖRDER* geglückt, und ich glaube, in *FURY*. Ich persönlich ... halte einen Film, der hieß *WHILE THE CITY SLEEPS*, unter den Gesichtspunkten, die ich gerade erwähnt habe, für interessanter." Zit. n. Zion, FLEMING, S. 206. Vgl. Lang, HOLLYWOOD, passim.

[3] Grafe, LANG, S. 11.

[4] „The Man Behind You", eine Dr.-Jekyll-und-Mr.-Hyde-Geschichte, sowie die Geschichte eines Schiffsuntergangs mit dem Titel „Hell Afloat". Lang selbst führte seine anderthalbjährige Arbeitslosigkeit in Hollywood zu Beginn auch auf die Unterzeichnung eines Aufrufs der „American Democratic Society" zurück, den auch Thomas Mann unterzeichnet hatte. Erst später habe er herausgefunden, daß es sich hierbei um „eine Tarnung für eine kommunistische Organisation" gehandelt habe. Vgl. Lang, INTERVIEWS, S. 62 f.

Widerständen zu kämpfen gehabt: „Zunächst einmal stuften sie *FURY* als ‚C'-Picture ein."[5]

Aus Deutschland war Lang es gewohnt, wie ein Ingenieur zu arbeiten, der immer Erfinder und Handwerker zugleich ist. Mit seinem Stummfilmwerk befinden wir uns daher immer im Maschinenraum des Kinos (Deutschland ist seit jeher das Land der Maschinenbauer). Zudem ist Lang ein Regisseur – hierin vergleichbar mit amerikanischen Regisseuren wie D.W. Griffith oder Allan Dwan –, „dessen Kinoanfänge fast mit den Anfängen des Kinos identisch sind, ein individueller Werdegang, der eng verflochten ist mit den entscheidenden Entwicklungsetappen eines neuen Mediums."[6] Langs Arbeit in Hollywood hingegen sollte für ihn ein fortwährender Kampf werden, gegen die „Exekutivgewaltigen" (S. 21), gegen das, was er selbst „die Industrie"[7] nannte, das heißt vor allem, gegen die standardisierten Produktionsmethoden und die spezialisierte Arbeitsteilung, gegen die Trennung von Hand- und Kopfarbeit und die Betriebsleitung. Frieda Grafe: „Daß die Produzenten, die nie etwas anderes im Sinn hatten, als mit dem Kino Geld zu machen, die Revolution[8] an dem Ort verkauften, an dem optimale ökonomische Bedingungen für sie gegeben waren, hat Langs Verhältnis zu Hollywood immer getrübt."[9] Umso erstaunlicher dieses amerikanische Werk, unmittelbar beginnend mit *FURY*, nachdem er die ersten zwei Jahre der Arbeitslosigkeit damit verbracht hatte, „Zeitungsausschnitte zu sammeln und die amerikanische Psyche zu studieren, indem er Comics las."[10]

\* \* \*

Da der mittellose Joe Wilson (Spencer Tracy) aus Chicago seiner Verlobten Katherine Grant (Sylvia Sidney) nichts für eine Heirat anzubieten hat, nimmt sie eine Stelle in einer anderen Stadt an. Bei der Verabschiedung zerreißt er sich den Mantel, den sie ihm noch am Bahnhof näht, kauft sich ein paar gesalzene Erdnüsse und

---

[5] Zit. n. Bogdanovich, GEDREHT, S. 226.
[6] Grafe, LANG, S. 7.
[7] Zit. n. ebd., S. 11.
[8] Grafe meint die Revolution des Kinos.
[9] Ebd., S. 11.
[10] Ebd., S. 25.

gibt ihr ein Abschiedsgeschenk, ein „mementum" (sie korrigiert ihn: Es handele sich um ein „memento"). Sie schenkt ihm einen gravierten Ring. Einer seiner beiden Brüder wirft Joe zuhause vor, zu anständig für diese Welt zu sein. Er kauft sich mit den beiden (Frank Albertson und George Walcott) eine Tankstelle, bald sogar ein Auto, und macht sich auf den Weg zu Katherine, um sie zu heiraten. Auf der Straße wird Joe von dem Hilfssheriff „Bugs" Meyers (Walter Brennan) verhaftet und zum Sheriff (Edward Ellis) gebracht. Er steht unter Verdacht, ein junges Mädchen gekidnappt und das Lösegeld kassiert zu haben. Am Lösegeldumschlag wurden Spuren von gesalzenen Erdnüssen festgestellt; eine Fünfdollarnote, die Joe bei sich hat, stammt aus dem Lösegeld. Joe wird ins Gefängnis gesteckt und soll dem Staatsanwalt (Walter Abel) vorgeführt werden, während sich Katherine auf die Suche nach ihrem verschwundenen Verlobten macht.

Durch „Bugs" Meyers verbreitet sich die Nachricht von der Festnahme wie ein Lauffeuer in der Stadt.[11] Aufgehetzt durch den Taugenichts Kirby Dawson (Bruce Cabot), verwandeln sich die Bürger in einen rasenden Mob, der sich zum Gefängnis aufmacht, um Joe zu lynchen. Der Sheriff bittet beim Gouverneur um den Einsatz der Nationalgarde, doch diese wird aus politischer Berechnung zunächst zurückgehalten. Währenddessen erfährt Katherine aus den Medien, daß Joe verhaftet wurde, und läuft zu ihm, doch der Mob hat das Gefängnis bei ihre Ankunft bereits angezündet, sprengt es sogar mit Dynamit in die Luft. Dann werden die wirklichen Kidnapper gefaßt, die Presse titelt: „Unschuldiger Mann gelyncht: von Mob bei lebendigem Leibe verbrannt." Jetzt erfahren wir, daß Joe überlebt hat. Er taucht bei seinen Brüdern auf und schwört ihnen gegenüber Rache. Er will den Mob verurteilt sehen. Die drei sagen daher Katherine nicht, daß Joe noch lebt. Das Gewissen macht sich währenddessen unter den Bürgern (nun wieder jeder für sich) des Ortes bemerkbar; bei der staatsanwaltlichen Untersuchung sagt dennoch niemand gegen den anderen aus.

---

[11] Lang kommentiert den Klatsch der Frauen des Ortes mit dem Zwischenschnitt einiger gackernder Hühner.

Katherine steht unter Schock, da sie den Presseberichten glaubt. Die Staatsanwaltschaft klagt 22 Bürger wegen Mordes durch Lynchjustiz an. Beim Prozeß, der (gesponsert) im Radio übertragen wird, führt der Staatsanwalt einen Film vor, der die Angeklagten überführt, einander zu decken (die Wochenschau hatte sich rasch zum Ort der Lynchjustiz begeben und den Mob gefilmt). Als Katherine während des Prozesses den Mantel Joes, der von seinem Bruder getragen wird, anhand der von ihr genähten Stelle (und Erdnüssen in der Tasche) wiedererkennt, kommt ihr ein erster Verdacht, daß Joe noch am Leben sei. Die Verteidigung weist die Anklage nun zurück, da ohne Leiche kein Lynchmord nachgewiesen werden könne. "Ist dieser Mann am Leben?", titelt die Presse über dem abgedruckten Photo Joes. Joe, der den Prozeß im Radio verfolgt hat, schickt dem Richter nun seinen gravierten Verlobungsring sowie einen anonymen Brief, um doch noch nachzuweisen, daß er im Gefängnis gewesen und verbrannt sei. Ein Fehler im vor Gericht verlesenen Brief ("mementum"), läßt Katherine nun endgültig vermuten, daß Joe tatsächlich noch lebt. Sie findet Joe schießlich, überredet ihn, sich zu stellen. Joe streift durch die Nacht und gibt seine Rache schließlich auf: Er erscheint just in dem Moment vor Gericht, bevor dem die Angeklagten für schuldig erklärt werden.

\* \* \*

Enno Patalas identifiziert nicht weniger als drei Indizienketten, die sich durch *FURY* ziehen, "Ketten von Zeichen, Signalen, die dem Geschehen immer neue Anstöße geben: die erste (Automarke, Hund, Peanuts)[12] lenkt den Verdacht der Menge auf Tracy, die zweite (Filmaufnahmen, sein Ring) überführt die Angreifer, die dritte (zuletzt ein für ihn typischer orthographischer Lapsus in einem anonymen Brief)[13] signalisiert Sylvia Sidney, seiner Verlobten, daß er noch lebt, und führt schließlich zur Aufgabe seines Rachefeldzuges. Wie Kriemhild auf Siegfrieds Wams das verräterische Kreuz aufnähte[14], so stopft Sylvia Sidney Tracys Mantel – die Fäden verraten ihr später, daß er noch leben muß. Keine kommentierenden Symbole ...,

---

[12] Tatsächlich sind es die Erdnüsse und die Fünfdollarnote.
[13] Siehe die Abbildung auf S. 179 (oben).
[14] In Fritz Langs *DIE NIBELUNGEN*. Anm. d. Verf.

sondern Motoren der Handlung."[15] In Langs amerikanischen Filmen verlieren Objekte ihre Symbolcharakter, sie werden „zu den eigentlichen Handlungsmotoren, nicht Sinnträger, sondern Vermittler von Bewegung, zu Spuren, zu Indizien", so Grafe. Zugleich bekommt die Schrift (jener anonyme Brief) „eine neue Materialität, sie ist verankert im Geschehen."[16]

Das Ursprungsgeschehen in *FURY* ist der Determinismus dieser Objekte. In Langs Bilsprache werden diese als Fotogramme der Materialität der Welt zu Zeichen ihrer selbst, bilden dabei einen jederzeit kontingenten Wirkszusammenhang, als eine Kette von Zufällen, die einen gesellschaftlichen Abgrund aufreißt, indem sie einen Lynchmob hervorbingt, der „den Rahmen seiner eigenen Ordnung demoliert."[17] Dieser Mob ist seinerseits in der demokratischen (Massen-)Gesellschaft Amerikas selbst angelegt, von ihr determiniert, denn „sie hat die Zeit noch in frischer Erinnerung, als jeder einzelne das Gesetz in die Hand nehmen konnte"[18] (Untergruppe A'). Aber das Gesetz des einzelnen ist eines ohne Gewissen, sobald die Affekte der Menge, der Menschenmasse, hinzutreten. Lang über *FURY*: „Die Dinge, die während eines Aufstands passieren, sind Ausdruck eines Massengefühls – es sind nicht mehr die Gefühle von einzelnen Menschen."[19] Lang verweigert sich jedoch einer psychologisierenden Herleitung des Geschehens – *FURY* ist für ihn erklärtermaßen „Sozialkritik" (S. 25). Die Affekte der Menge richten sich gegen die staatliche Ordnung an sich, Selbstjustiz und eine staatsferne (libertäre) Freiheitsvorstellung determinieren die amerikanische Gesellschaft ebenso wie die „kollektiven unkontrollierbaren Machtzusammenhänge" (S. 19) jene deutsche Gesellschaft determiniert haben, die Lang gerade einmal drei Jahre zuvor mit *DAS TESTAMENT DES DR. MABUSE* dokumentiert hatte. Daß das Massengefühl dabei Ergebnis kontingenter Objektbeziehungen ist, die jederzeit möglich sind und dementsprechend Wirklichkeit werden könn(t)en, ist das Beunru-

---

[15] Patalas, FILMOGRAFIE, S. 106.
[16] Grafe, LANG, S. 41.
[17] Ebd., S. 65.
[18] Ebd., S. 65.
[19] Zit. n. Bogdanovich, GEDREHT, S. 226. „Das sind keine Mörder, sie waren Teil einer Menschenmasse – und eine Masse denkt nicht, sie reißt nur alles mit", sagt Sylvia Sidney zu Spencer Tracy, um ihn zur Aufgabe seiner Rache zu bewegen.

higende an *FURY.* Zudem zeigt Lang während des ganzen Films Massenmedien (Zeitungen, Radio, Wochenschau). Gemäß unserem Analyseschema (S. 12) bilden diese auf der Ebene der Gesellschaft eigene Indizienketten und damit Kontingenzen, die nicht allein die Hauptfiguren in ihren Handlungen beinflussen, sondern die einerseits den Lynchmob ebenso jederzeit möglich erscheinen lassen, wie sie ihn andererseits überführen können. Der Betrachter ist allein auf dieses Geflecht materieller wie immaterieller Indizien verwiesen, von auf sich selbst verweisenden Objekten und Meldungen, die die Ereignisketten bilden und sich dabei an die Stelle der Subjekte setzen. Dabei gilt insbesondere für die Objektbeziehungen: „Ihre Konfigurationen, ihre Inszenierungen vermitteln Verhältnisse, die zwischen Personen werden zweitrangig. Das Gefühl von Fatalität in Langs Filmen wird erzeugt durch diese obsessionellen Objekte; als Induktoren von Krisen und Katastrophen in den Geschichten zirkulieren sie mit einer perversen Nachdrücklichkeit."[20] Verstärkt wird dieses Gefühl der Fatalität noch dadurch, daß Lang selbst die „Katharsis" des Films – und Spencer Tracys – einer weiteren Kette von Zufällen (Objektbeziehungen und -verweisen) überläßt. Hollywoods Rachegeschichten laufen bei Lang stets ins Leere, sie reißen die Abgründe nur noch weiter auf. Dasselbe ließe sich vom Verhalten jener Politiker als Vertreter der staatlichen Ordnung in *FURY* sagen, die die Nationalgarde zurückhalten, weil sie eine schlechte Presse und dementsprechend um ihre Wahlergebnisse fürchten (demokratische Massengesellschaft).

Bei alledem verwundert es kaum, daß die „Exekutivgewaltigen" von MGM den Film ablehnten. Nach Lang hielt die Studioleitung *FURY* für einen „saumäßigen Film, wirklich ganz schlecht."[21] Tatsächlich aber ist er einer der bedeutendsten Filme Hollywoods über die amerikanische Gesellschaft überhaupt. Und für diese Einordnung hätte es noch nicht einmal der Bilder jenes „den Rahmen seiner eigenen Ordnung demolierenden" Mobs bedurft, der am 6. Januar 2021 unter der Zustimmung eines abgewählten Präsidenten das Weiße Haus zu erstürmen versuchte.

---

[20] Grafe, LANG, S. 48.
[21] Zit. n. Bogdanovich, GEDREHT, S. 228 f.

## *YOU ONLY LIVE ONCE*
(*Gehetzt*, 1937)

Im August 1965 sowie im Juni 1966 erschien in den „Cahiers du cinéma" (N° 169 und N° 179) unter dem Titel „La nuit viennoise. Une confession de Fritz Lang"[1] ein von Gretchen Berg aufgezeichnetes und transkribiertes Interview in zwei Teilen, eigentlich ein langer Monolog Langs, der zu den schönsten und aufschlußreichsten Dokumenten von und über Lang zählt. Darin erzählte er die Geschichte einer Privatvorführung von *FURY*[2], nach der zunächst unangenehme Stille geherrscht und der Produzent Joseph L. Mankiewicz sich hiernach ablehnend an den Drehbuchautor Bartlett Cormack gewandt habe, „nicht an den Regisseur natürlich, denn für sie war der Regisseur nichts", so Lang.[3] Tatsächlich war das Studiosystem Mitte der 30er-Jahre ein fein austarierte Machtapparat, zudem ein hochgradig professionalisiertes, arbeitsteiliges System, in dem der Regisseur als Künstler keinen Platz, bestenfalls den Status eines ausführenden Handwerkers innehatte. Die Studioleitung wählte das Personal aus, die technischen Abteilungen waren getrennte Machtbereiche, jeweils eigenen Abteilungsleitern unterstellt. Kameraleute waren dem Studio verpflichtet, im Schneideraum herrschten Editoren und Führungskräfte. Drehbuchautoren ließen sich ihre Drehbücher von Produzenten oder dem Studio genehmigen. Erst hiernach wurde dem Regisseur höchstens noch eine Feinabstimmung am Drehbuch zugestanden.[4] Bevor er das Publikum überzeugen konnte, habe er, so Lang, immer erst die „Zwischenträger" überzeugen müssen, „die von nichts eine Ahnung haben."[5] Doch waren es nicht allein die Zwischenträger, denn nach *FURY* „sah er bei MGM keine weitere Chancen für sich. Aus dem Studio kamen ihm nur die übelsten Gerüchte zu Ohren. ... Louis B. Mayer, hieß es, laufe seit der Uraufführung des Films Ende Mai voller Wut durch die Büros,

---

[1] „Die Wiener Nacht. Ein Bekenntnis von Fritz Lang". Wiederabgedruckt auf engl. in: Lang, INTERVIEWS, S. 50-76.
[2] Diese Episode wurde von Jean-Luc Godard 1963 in *LE MÉPRIS* aufgegriffen.
[3] Lang, INTERVIEWS, S. 63.
[4] Vgl. McGilligan, LANG, S. 209 f.
[5] Zit. n. Grafe, LANG, S. 11.

schwörend, selbst wenn es ihm eine oder zwei Millionen koste, dieser Mann werde niemals wieder einen Film für MGM machen!"[6]

Glücklicherweise erhielt Lang um Weihnachten 1936 einen Anruf des Hollywoodproduzenten Walter Wanger (eigentlich: Feuchtwanger). Wanger (1894 in San Francisco geboren) hatte für die Paramount in den 20er-Jahren Stars wie die Marx Brothers, Claudette Colbert oder Miriam Hopkins[7] sowie Regisseure wie George Cukor oder Rouben Mamoulian engagiert[8], wurde aber Ende 1931 von der Paramount entlassen und versuchte, sich, nach Engagements bei der Columbia und MGM, ab 1936 als unabhängiger Produzent (mit Unites Artists als Verleih) zu etablieren.[9] Wanger war stark vom europäischen Kino beeinflußt, mehr noch: „Nach den bitteren Erfahrungen bei MGM genoß Lang die Art und Weise, in der Walter Wanger ihn umwarb. Vor allem Wangers Aussage, er sei genau der ›unkonventionelle Regisseur‹, den er für sein Projekt über das Gangsterpärchen auf der Flucht wolle, schmeichelte ihm. Als Wanger ihm auch noch zusicherte, er dürfe den Film drehen und schneiden, wie er wolle, ›kein anderer wird sich einmischen bis nach dem Schnitt‹, fühlte er sich als Künstler angenommen."[10]

Es war vor allem die Fürsprache Sylvia Sidneys, seiner Hauptdarstellerin in *FURY*, durch die Lang sein Engagement bei Wanger – wie später auch bei der Paramount für *YOU AND ME* – erhielt.[11] Sidney, eine profilierte Theaterschauspielerin, die bei der Paramount zum Star aufgestiegen war, bewunderte Langs Arbeiten aus Deutschland und suchte bewußt die Zusammenarbeit mit ihm: „Ich habe eine Menge Filme abgelehnt, die mir das Doppelte an Geld eingebracht hätten, weil ich mit Spencer Tracy und Fritz Lang *FURY* machen wollte."[12] Vor *YOU ONLY LIVE ONCE* hatte Sidney bereits einen Exklusivvertrag mit Wanger abgeschlossen.[13] Doch während *FURY*,

---

[6] Grob, LANG, S. 227.
[7] Mit Miriam Hopkins begann Lang zur selben Zeit eine Affäre, die erste seiner Beziehungen mit Hollywoodschauspielerinnen. Vgl. McGilligan, LANG, S. 236.
[8] Vgl. Bernstein, WANGER, S. 65.
[9] Vgl. Grob, LANG, S. 237; Bernstein, WANGER, S. 68-77.
[10] Grob, LANG, S. 237.
[11] Vgl. McGilligan, LANG, S. 229.
[12] Zit. n. ebd., S. 228.
[13] Vgl. ebd., S. 240.

trotz der Ablehnung des Studios, noch 1,3 Millionen Dollar eingespielt hatte[14], wurde *YOU ONLY LIVE ONCE*, bei einem etwa gleichen Budget von ca. 600.000 Dollar, Langs erster kommerzieller Mißerfolg in Hollywood – der Film machte einen Verlust von 48.000 Dollar.[15] In einem Interview von 1969 machte Lang Wanger hierfür verantwortlich, denn er habe „in seinem Büro an prominenter Stelle ein Porträt von Mussolini" gehabt.[16] Sylvia Sidney, die eine enge Freundin Langs wurde, meinte hingegen, es habe „bei ihm immer jemanden gegeben, der für ihn der Sündenbock war."[17]

\* \* \*

Der Ex-Sträfling Eddie Taylor (Henry Fonda) trägt das Stigma, ein „Three Time Loser" zu sein, was ihn an seiner Rehabilitation zweifeln läßt. Seine Frau Joan „Jo" Graham (Sylvia Sidney), die auf ihn gewartet hat, hat jedoch immer ihn geglaubt. Jo ist die Sekretärin seines Pflichtverteidigers Stephen (Barton MacLane), der Eddie nun einen Job als Lastwagenfahrer besorgt. Die beiden wollen sich ein Haus kaufen, ein letzter Augenblick der Stille und des gemeinsamen Glücks wird von einem Frosch getrübt, als dieser vor ihnen in ihr Spiegelbild auf der schwarzen Wasseroberfläche eines Zierteiches platscht. Tatsächlich werden die beiden von ihren Vermietern hiernach vor die Tür gesetzt und Eddie verliert seinen Job, nachdem sein Chef von seiner kriminellen Vergangenheit erfahren hat. Ein Angebot seiner alten Bande, bei einem Raubüberfall mitzumachen, erscheint ihm nur kurzzeitig verlockend; stattdessen begibt er sich auf die – erfolglose – Suche nach einer neuen

---

[14] Vgl. Curtis, TRACY, S. 292.
[15] Vgl. Bernstein, WANGER, S. 437.
[16] Vgl. Lang, INTERVIEWS, S. 105. Tatsächlich hatte Wanger Mitte der 30er-Jahre versucht, seine Filme auch in Deutschland zu vertreiben, sowie, in Zusammenarbeit mit der italienischen Regierung, ein Filmstudio in Italien zu gründen. Doch wegen des zunehmenden Einflusses des Faschismus zog er sich schließlich aus dem Projekt zurück, nachdem in Italien die Judenverfolgung eingesetzt hatte. Vgl. University of Wisconsin, WANGER, passim. Wanger nahm ebenso an Veranstaltungen teil, die von der von Fritz Lang im Juni 1936 mitgegründeten „Hollywood League against Nazism" gesponsert wurden. Vgl. Bernstein, WANGER, S. 131 f.
[17] McGilligan, LANG, S. 229. Wanger seinerseits führte den kommerziellen Mißerfolg auf Langs akribische Arbeitsmethoden und „deutsche Regieführung" zurück. Vgl. Bernstein, WANGER, S. 123.

Arbeit, um Jo halten zu können. Nachdem die Bande den Raub ohne Eddie durchgeführt und dabei sechs Menschen getötet hat, wird er verhaftet und aufgrund einer falschen Indizienlage zum Tode durch den elektrischen Stuhl verurteilt. Eddie verletzt sich selbst, kommt auf die Krankenstation, aus der er mit einer geschmuggelten Waffe am Abend vor der Hinrichtung entkommen kann. Was er nicht weiß: Inzwischen wurde der gestohlene Geldtransporter mit dem Geld und der Leiche des wahren Mörders aus einem See geborgen und für Eddie ein Hinrichtungsaufschub erlassen. Eddie wird gestellt, der Gefängnisseelsorger Father Dolan (William Gargan), zu dem Eddie ein Vertrauensverhältnis aufgebaut hatte, versucht ihn von der Echtheit der Begnadigung zu überzeugen, doch er glaubt nicht mehr an seine Freiheit. Die Stigmatisierung als „Three Time Loser" hat ihn verbittert, ihm jedes Vertrauen in diese Gesellschaft und seine eigene Zukunft genommen. Eddie tötet Father Dolan auf seiner Flucht.

Jo ist mittlerweile schwanger, hält aber immer noch zu Eddie und bleibt bei diesem, in der Hoffnung, daß sie es über die Grenze nach Kanada schaffen. In den Medien werden die beiden nun zu „Public Enemies", wie Bonnie und Clyde für nahezu jedes Verbrechen in den Orten verantwortlich gemacht, die sie durchqueren oder in denen sie vermutet werden. Nach der Geburt des Kindes sucht Jo Stephen und ihre Schwester Bonnie (Jean Dixon) auf. Die beiden haben bereits Jos Flucht mit dem Baby nach Havanna arrangiert. Stephen verspricht ihr, sich als Anwalt für sie einzusetzen. Aber Jo möchte Eddie nicht alleinlassen. Sie läßt das Baby bei Bonnie und setzt mit Eddie die Flucht fort. Sechs Meilen vor der kanadischen Grenze werden sie von der Polizei beschossen und Jo stirbt in Eddies Armen – „Wie das Brautpaar in *DER MÜDE TOD*[18] müssen sie erst sterben, um gemeinsam leben zu können ... Durchs Zielfernrohr des beamteten Todesschützen sieht man Eddie sterben."[19]

\* \* \*

---

[18] Gleichwohl es in Langs amerikanischen Filmen nicht mehr die romantisch verklärte Todessehnsucht gibt, wie noch in einigen seiner Filme in der Weimarer Republik. Im Gegenteil: Der „Kampf" und die „Revolte" seiner Protagonisten gegen ihr „Los" wird nun für ihn „das Wichtigste". (S. 23).
[19] Patalas, FILMOGRAFIE, S. 106 ff.

Eddie und Jo, hineingestoßen in ihren individuellen Abgrund durch eine Gesellschaft, in der sich die ganze Absurdidät eines Strafsystem in der Stigmatisierung des „Three Time Losers"[20] offenbart (Untergruppe B'), das sind eigentlich – und dies erstmals in Hollywood[21] – Bonnie und Clyde. Ganz am Anfang nur gibt es mit dem Frosch am Zierteich einen „kurzen Moment von Idylle, den einzigen ... Noch ein deutsches Symbol, ein Vorzeichen in dem amerikanischen Kontext. Die Kröte (sic!) springt in ihr eigenes Bild. Für Eddie und seine Frau nimmt das Schicksal seinen Lauf."[22] Lang hätte bereits *YOU ONLY LIVE ONCE* „Man Hunt" nennen können, denn nun folgt bis zum Schluß eine „Menschenjagd" in einer „Depression der Szenen" in der „optischen Hell-Dunkel-Welt."[23] des Films. Die visuelle Depression vermittelt sich zugleich auf der *immateriellen Ebene* durch die Medien als gesellschaftliche Repression – als Determinismus *und* Kontingenz: „In *YOU ONLY LIVE ONCE* hat ein Zeitungsredakteur drei verschiedene Geschichten mit den entsprechenden Fotos parat für den Fall, daß Eddie Taylor begnadigt wird oder verurteilt oder aber ausbricht."[24] Auf der *materiellen Ebene*[25] hingegen die Bilder des Films: Abstufungen des Hell-Dunkel („Chiaroscuro"), Low-Key-Fotografie mit starken Führungs- und nur schwachen oder gar keinen Fülllichtern, natürliche Lichtquellen wie Decken- und Autolampen oder Scheinwerfer, weiche Schatten im Nebel oder harte Schlagschatten und Lichtrefelexe auf regennassen

---

[20] „Three Time Loser" lautete auch der ursprüngliche Arbeitstitel des Films. Vgl. Patalas, FILMOGRAFIE, S. 107. So genannte "Three-strikes laws", nach denen Straftäter nach dreimaliger Begehung selbst nur geringer Straftaten zu unverhältnismäßig langen Haftstrafen verurteilt werden, wurden in den USA noch bis ins 21. Jahrhundert angewandt, insbesondere in Kalifornien.

[21] Langs Bonnie-und-Clyde-Geschichte folgten hiernach ikonografisch *THEY LIVE BY NIGHT* (1948) von Nicholas Ray, *GUN CRAZY* (1950) von Joseph H. Lewis und – dann bereits New Hollywood – *BONNIE AND CLYDE* (1967) von Arthur Penn. Die ausufernde Gewaltdarstellung in letzterem lehnte Lang jedoch ab. Vgl. Schnauber, LANG, S. 20. Als Mitbegründer der Nouvelle Vague hat dann Jean-Luc Godard mit seinem *À BOUT DE SOUFFLE* (1960) nicht nur *GUN CRAZY* seine Reverenz erwiesen, sondern auch Fritz Lang und *YOU ONLY LIVE ONCE*: Jean Sebergs kleiner Stoffaffe hierin trägt den Namen „Fritz".

[22] Grafe, LANG, S. 43. Allerdings springt der Frosch in das Spiegelbild Jos und Eddies, das durch die Wellen nun verzerrt erscheint.

[23] Schnauber, LANG, S. 80.

[24] Grafe, LANG, S. 40.

[25] Zu den immatriellen (Medien) und materiellen (Fotogramme) Ebenen des Films vgl. das Analyseschema (S. 12).

Straßen. Dadurch erzeugt Lang nicht nur Tiefe und eine komplexe Räumlichkeit in seinen Bildern, er läßt mit seinen „Bewegungen der *mise en scène* den Zuschauer im Filmraum zirkulieren."[26]

Spricht auch vieles dafür, in *YOU ONLY LIVE ONCE* - lange vor 1940 - visuell den ersten Film Noir[27] zu sehen, so ist es doch vor allem die schiere Materialität der Welt (des Raums), um die es Lang geht. Sein „Malen mit Licht" erzeugt jedenfalls eine Intensität der Bilder, die es im Hollywood-Kino vor *YOU ONLY LIVE ONCE* noch nicht gegeben hat (und nur noch selten hiernach), als ob sich das Licht selbst zu dieser Materialität und damit die gesellschaftliche Repression zur optischen Depression verdichten würden. Die allgegenwärtigen Gitterstrukturen[28], die ebenso abstrakt wie materiell erscheinen, werden somit gleichsam zu Fotogrammen der repressiven Raumordnung dieser Gesellschaft. Cornelius Schnauber schrieb zurecht, daß insbesondere die Szene von Eddies Flucht aus dem Gefängnis „in ihrer ‚optischen Hell-Dunkel-Welt sowie dokumentarischen Realität (Gefängnis, Dunkelheit, Scheinwerferstrahlen, auftauchende und verschwindende Gestalten sowie Nebel) zu dem Großartigsten gehört, was jemals auf die Leinwand gebracht wurde."[29]

---

[26] So Frieda Grafe. Zit. n. Grob, LANG, S. 232.

[27] „Es war bekanntermaßen der französische Filmkritiker Nino Frank, der 1946 erstmals einen bestimmten dunklen Ton im US-Kino der Kriegs- und Nachkriegszeit feststellte und dem ‚Film Noir' so seinen Namen gab. Es sollte dann noch fast dreißig Jahre dauern, bis Paul Schrader schließlich ... 1972 schrieb, daß der Film Noir kein Genre sei, wie etwa der Western oder der Gangsterfilm, sondern ein komplexes Phänomen, das sich durch stilistische und erzählerische Färbungen und Stimmungen auszeichnet und dabei unterschiedlichsten Einflüssen verdankt: dem expressionistischen Film, dem französischen Poetischen Realismus, dem italienischen Neorealismus, der amerikanischen Hard-Boiled-Kriminal-Literatur und nicht zuletzt der Desillusionierung der Kriegs- und Nachkriegszeit. Weitere zehn Jahre später listete dann Spencer Selby ... 490 Filme auf (nicht mehr als etwa 5 Prozent der Gesamtfilmproduktion des US-Kinos aus zwei Jahrzehnten) und kanonisierte so den ‚Stil', die ‚Bewegung' oder die ‚Strömung' des Film Noir endgültig - beginnend mit *STRANGER ON THE THIRD FLOOR* (1940) und endend mit *ODDS AGAINST TOMORROW* (1959)." Zion, NOIR WESTERN, S. 5.

[28] Siehe die Abbildungen auf S. 132 (oben), 187 u. 198 (oben).

[29] Schnauber, LANG, S. 80.

# YOU AND ME
(Du und ich, 1938)

Noch genoß Fritz Lang in den Hollywoodstudios durchaus ein hohes Ansehen. Mit Adolph Zukor und William LeBaron, dem Gründer und mittlerweile „elder chairman" der Paramount sowie deren Produktionschef, sprach er nun direkt über einen von ihm entwickelten Stoff, „eine amerikanisierte Umsturzphantasie zwischen *DR. MABUSE* und *SPIONE*."[1] Sein Agent Charles Feldman handelte einen Vertrag über zwei Jahre für drei Filme aus, für den Lang $2000 die Woche erhielt. Damit zählte er „zu den bestbezahlten Regisseuren ... LeBaron bat allerdings um eine Überarbeitung des Skripts und schlug zugleich vor, ein anderes Projekt vorzuziehen: *YOU AND ME* ... Dafür erhielt Lang jede Freiheit, die er sich wünschte. Er durfte als sein eigener Executive Producer fungieren."[2] Lang nutzte dies aus, um nun „einem Brecht'schem Lehrstück, wenn auch nicht dem eigentlichen epischen Theater, etwas näher"[3] zu kommen.

Obwohl er selbst nie Kommunist war[4], sprach Lang von Bertolt Brecht immer „in höchster Ehrfurcht und Bewunderung."[5] 1963 danach befragt, ob ihn Brecht beeinflußt habe, meinte er: „Selbstverständlich. Welchen seiner Zeitgenossen hat er nicht beeinflußt? Kann man ein Genie wie Brecht denn einfach so ignorieren?"[6] Diese Bewunderung Langs von Brecht und dessen „epischem Theater" war eine aufrichtige, noch in *LE MÉPRIS* von 1963 ist diese mit den Händen zu greifen, wenn er in Godards Film aus Brechts „Hollywoodelegien" von 1942 zitiert[7] und ihn geradezu liebevoll „B. B." nennt. Allerdings war diese auch eine recht einseitige.[8] Gleiches läßt sich

---

[1] Grob, LANG, S. 243.
[2] Ebd., S. 244.
[3] Schnauber, LANG, S. 120.
[4] Vgl. Grafe, LANG, S. 35.
[5] Schnauber, LANG, S. 118.
[6] Lang, INTERVIEWS, S. 35.
[7] Fritz Lang in *LE MÉPRIS*: „Jeden Morgen mein Brot zu verdienen, fahre ich zum Markt, wo Lügen verkauft werden. Hoffnungsvoll reihe ich mich ein unter die Verkäufer." Vgl. Brecht, GEDICHTE, S. 848.
[8] Wir werden hierauf im Kapitel zu *HANGMEN ALSO DIE!* zurückkommen.

von Kurt Weill sagen, der seit 1927, unmittelbar nachdem Brecht seinen Begriff des „epischen Theaters" geprägt[9], mit diesem zusammengearbeitet und 1928 die Musik für „Die Dreigroschenoper" geschrieben hatte. Weill hielt Lang für „aufgeblasen"[10], verließ diesen und Los Angeles noch während der Dreharbeiten zu *YOU AND ME.*[11] So entwickelte sich das, was von Lang „ursprünglich als musikalische Lehrkomödie mit der Musik von Kurt Weill gedacht war"[12], zu einem, wie er 1970 eingestand, „lausigen Film"[13] – und für ihn ganz persönlich zu einem Desaster.

* * *

„Crime doesn't pay" („Verbrechen lohnt sich nicht"), so sollte die „Lehre" des nach einem ursprünglichen Treatment von Norman Krasna entstandenen „Lehrstücks" lauten, auch nicht für all die schönen Konsumgüter, die gleich zu Beginn in Kurt Weills „Song of the Cash Register" besungen werden: „You can't buy something for nothing", so der Refrain, nichts gibt es umsonst in dem Konsumtempel von Mr. Morris (Harry Carey), der etwa 50 Ex-Häftlingen eine Chance gibt, sich durch Arbeit in dem Kaufhaus zu rehabilitieren. Darunter auch Joe Dennis (George Raft) und Helen (Sylvia Sidney), die ineinander verliebt sind. Joe kündigt, weil er sich Helen nicht würdig fühlt, auch seine Bewährungsauflagen lassen eine Heirat nicht zu. In einem schwachen Moment heiraten die beiden dann doch. Joe weiß allerdings nicht, daß auch Helen nur auf Bewährung in dem Kaufhaus arbeitet, und hält ihre Bewährungskarten daher für Liebesbriefe. Der enttäuschte und eifersüchtige Joe kontaktiert nun seine alte Bande, mit der er das Kaufhaus ausrauben will. Eines seiner Gangmitglieder verrät Helen allerdings den Plan, die mit Mr. Morris Joes Bande bei ihrem nächtlichen Raub in Empfang nimmt. An einer Tafel rechnet Helen den Gangstern nun vor, daß sich Verbrechen vor allem als „Investition" nicht lohne, da die Ko-

---

[9] Vgl. Brecht, THEATER, passim.
[10] Zit. n. Grob, LANG, S. 246.
[11] Lang meinte, Weill habe ihn für ein Engagement in New York „im Stich gelassen", die Musik (mit Texten von Sam Coslow) wurde schließlich von dem russischstämmigen Boris Morros, dem Leiter der Musikabteilung der Paramount, fertiggestellt. Vgl. Lang, INTERVIEWS, S. 105.
[12] Schnauber, LANG, S. 120.
[13] Lang, INTERVIEWS, 140.

sten des Raubes (für den Hehler, den Fluchtwagen, etc.) so hoch seien, daß jeder von ihnen nur noch einen mageren „Ertrag" erhalten würde. Die Gang scheint überzeugt, aber Joe wundert sich über Helens Wissen um seine „Profession" und läßt sie unversöhnt gehen. Dennoch sucht er nach ihr und erfährt dabei von ihrem Bewährungshelfer, daß sie ein Kind von ihm erwartet und daß auch sie mit der Ehe gegen ihre Bewährungsauflagen verstoßen hat. So steht am Ende dann doch die Versöhnung und eine zweite, nun legale Heirat.

\* \* \*

Fritz Langs „Lehrstück", entstanden „ein wenig unter dem Einfluß" Brechts[14], erzeugt tatsächlich ständig jene intellektuelle Distanz – zwischen dem Publikum und der Erzählung, zwischen den Schauspielern und ihren Rollen –, die für das „epische Theater" maßgebend ist.[15] Die kritische Erkenntnis, die das Publikum hieraus gewinnen sollte, daß sich Verbrechen eben nicht lohne, weil der Gangster auch nur Teil einer Gesellschaft ist, in der das Geld alles determiniert (Untergruppe B'), hat Frieda Grafe sehr treffend umschrieben. Für sie ist Lang auch „nicht Marxist, er betreibt nur die Analyse des Geldes, unorthodox ... Seine Bankgangster und deren Handlanger ... sind Funktionen innerhalb eines Systems, in dem das Geld das Maß aller Dinge ist ... Das Geld zeigt sich als der geborene Leveller, der alles auf ein Niveau bringt, in eine Dimension."[16]

Analog zum Durchbrechen der Bühnenrealität im „epischen Theater" durchbricht Lang mit den Songs dabei mehrmals die filmische Illusion, selbst wenn die Musik diegetisch (als in der vom Film gezeigten Welt hörbar) präsentiert wird. Während der erste Song, „Song of the Cash Register", noch extradiegetisch ist, erscheint der zweite Song, „The Right Guy for Me", von einer Nachtclubsängerin gesungen, zunächst diegetisch, doch illustriert Lang diesen dann visuell mit dem Text entsprechenden Inserts. Mit dem dritten Song, dem „Knocking Song", wird *YOU AND ME* zeitweilig faszinierend: Die Gang trifft sich in einem Keller, dessen vergitterte Fenster uns

---

[14] Ebd., S. 105.
[15] Vgl. Brecht, THEATER, passim.
[16] Grafe, LANG, S. 35.

sogleich an ein Gefängnis erinnern sollen, sie beginnen rhythmisch zu klopfen, dann zu singen, und Lang schneidet nun auch in ein wirkliches Gefängnis. Dieser „Gefängnischor" ist von Lang nahezu stummfilmartig inszeniert[17], währenddessen wechselt er erneut vom Diegetischen ins Extradiegetische.

* * *

Dieses Durchbrechen der filmischen Illusion war das amerikanische Kinopublikum durchaus gewohnt, und zwar durch unzählige Musicals, in denen die Musik zwar auch in der Welt der Handlung (diegetisch) präsentiert wird, dies aber in Situationen, in denen die Darsteller realistischerweise nicht singen würden. Das amerikanische Publikum akzeptierte selbstverständlich das Musical und in ihm auch extradiegetische Musik als dramaturgisches Element – doch eben auch *nur* als einen zu der Handlung hinzukommenden ästhetischen Genuß, kurz: als *Entertainment*. Was es nicht akzeptierte, war die intellektuelle Distanz, die Lang mit seinem „Lehrstück" *YOU AND ME* und den ständigen Wechseln vom Diegetischen zum Extradiegetischen erreichen wollte.

Lang kündigte mit dem Film noch eine weitere „Verabredung der Kulturindustrie" (S. 21) Amerikas mit seinem Publikum auf, durch die der Gangster als eine Art „moderner Volksheld"[18] wahrgenommen wurde, der – wenn auch moralisch fragwürdig – in gewisser Weise für den „American way of life" selbst, für die Behauptung eines jederzeit möglichen Aufstieges jedes Einzelnen stand.[19] Für diesen

---

[17] In seinem Audiokommentar zu Langs *CLASH BY NIGHT* (S. 313) wies Peter Bogdanovich zurecht darauf hin, daß bei Regisseuren, die bereits in der Stummfilmzeit angefangen haben – D.W. Griffith, Allan Dwan, Raoul Walsh, King Vidor, Fritz Lang – „die stärksten Momente auch in ihren Tonfilmen immer stumm, rein visuell inszeniert" sind.

[18] Vgl. Seeßlen, GANGSTER, S. 23-25.

[19] „Die Ikonografie des Gangster-Films Hollywoods handelt immer, nach Georg Seeßlen, von einem modernen Volkshelden, beziehungsweise von der Frage, ‚ob es im Zeitalter der Massenkultur überhaupt noch *echte* Volkshelden geben kann.' Dabei geht es um eine ‚Kultur der Gewalttätigkeit und der schnellen Befriedigung von Bedürfnissen', in der das ‚Lustprinzip bedingungslos anerkannt wird.' Zumal diesen Volkshelden ein Leben nach dem Realitätsprinzip sinnlos erscheint, da ‚die Herrschaftsverhältnisse einen geplanten geregelten Aufstieg, etwa durch Sparsamkeit, Fleiß und Selbstdisziplin, unmöglich machen.'" Zion, CORMAN, S. 183 f.

Mythos des „Gangsters als *dem* Volkshelden der amerikanischen Massen- und Popkultur *per se*"[20], stand insbesondere Langs Hauptdarsteller George Raft, der, obwohl unfaßbar hölzern agierend – und dies nicht nur *YOU AND ME* –, in den 30er-Jahren mit immergleichen Mobster-Rollen zum Star aufgestiegen war. Dem stellte Lang nun seine entromantisierende Sichtweise entgegen, indem er auch innerhalb der Erzählung Distanz zum Erzählten herstellte. Mit seinem rational-analytischen statt moralischen „Crime doesn't pay"[21], von Sylvia Sidney George Rafts Gang (und dem Publikum) an einer Tafel Posten für Posten vorgerechnet, entzaubert er die Leinwandpersönlichkeit George Rafts[22] ebenso wie den Mythos des Mobsters überhaupt, denn vor dem großen Gleichmacher des Geldes, „der alles auf ein Niveau bringt" (Friede Grafe), erweist sich der „American way of life" für den Einzelnen plötzlich alles andere als verheißungsvoll. Jedenfalls sobald in ihm die Erkenntnis gereift ist, daß dieser Geichmacher in seiner kalten Eigenlogik alle beherrscht, vor allem aber die große Masse derjenigen, die noch dem (Irr-)Glauben anhängen, durch das Geld jederzeit selbst aufsteigen zu können. Diese gesellschaftskritische Erkenntnis von *YOU AND ME* sitzt – und Lang bringt sie einmal sehr treffend auf den Punkt, wenn er Helen zu Joe sagen läßt: „Die großen Tiere sind keine kleinen Gauner wie Du, sondern Politiker."

Aber hätte es für diese Erkenntnis Brechts „episches Theater" überhaupt gebraucht? Jedenfalls führte das Durchbrechen der filmischen Illusion dazu, daß *YOU AND ME* befremdlich und belehrend zugleich wirkte. Der Film wurde folglich von der Kritik in der Luft zerrissen, vom Publikum gemieden. „Ich denke nicht, daß *YOU AND ME* ein guter Film ist. Er wurde – und wie ich denke, auch verdient – mein erster wirklicher Flop"[23], so Lang 1969. Doch bereits seinerzeit dürfte ihm „schlagartig klar geworden sein: „Filme fürs Kino basieren auf allgemein akzeptierten Konventionen. Radikale

---

[20] Ebd., S. 186.

[21] 1969 gestand Lang allerdings auch ein: „Das ist eine Lüge, weil Verbrechen sich sehr gut auszahlt." Lang, INTERVIEWS, S. 105.

[22] Bekanntermaßen hatte Raft umfangreiche Kontakte zur Mafia, pflegte mit dieser „Geschäftsbeziehungen" und gleich mit mehreren Mafiosi auch enge Freundschaften. Vgl. Adler, MOB, S. 4; passim.

[23] Lang, INTERVIEWS, S. 105.

Variationen sind durchaus möglich, auch formale Experimente. Doch Bilder, die das Einsichtige und Ersichtliche untergraben oder sprengen, haben im US-Kino keine Chance."[24] Der erste Bruch Fritz Langs mit dem Hollywoodsystem hätte so radikaler kaum ausfallen können, schlagartig wurde er von einem Topverdiener unter den Regisseuren zu einem arbeitslosen Bittsteller bei den Studios, war er gezwungen, nun von diesen auch Auftragsarbeiten anzunehmen. Als er für HANGMEN ALSO DIE! - dann bereits mitten im Krieg - zum ersten und einzigen Mal mit Bertolt Brecht zusammenarbeiten sollte, erinnerte er sich daher sehr genau an sein Brecht'sches „Lehrstück" YOU AND ME und auch daran, welche Lehre er sich hiermit gewissermaßen selbst erteilt hatte: „You can't buy something for nothing", nichts gibt es umsonst - erst recht nicht den Versuch, in Hollywood „etwas herzustellen ..., was nicht ihren Tabellen, ihrem Begriff von Konsumenten, vor allem ihnen selber gleicht" (S. 21).[25]

---

[24] Grob, LANG, S. 247.
[25] Horkheimer/Adorno, AUFKLÄRUNG, S. 130.

# 2. Teil
# Am Urgrund des Kinos

## Das Fotogramm und der filmische Raum

Es gibt drei Deutungen des Kinos Fritz Langs, die das Verständnis insbesondere seiner amerikanischen Filme bisher immer erschwert haben. Zwei von ihnen sind zweifellos auf sein Werk in der Weimarer Republik zurückzuführen. Die erste ist seit Lotte Eisners „Die dämonische Leinwand" weitverbreitet und sie lautet: „Lang ist im Grunde Architekt – er hat ja auch Architektur studiert."[1] Er selbst meinte einmal, „im ganzen deutschen Film hätten nur die Architekten etwas getaugt"[2], und gerade diese etwas abschätzige Bemerkung bestätigt unser heutiges Wissen, daß sein eigentliches frühes Interesse nicht der Architektur galt, sondern vielmehr der Malerei.[3] Die legendären Filmbauten von *METROPOLIS*, ganz zu schweigen von dessen, an Leni Riefenstahl erinnernde, „Geometrie der Massen"[4], haben zweifellos zu diesem (Miß-)Verständnis beigetragen. „In Fritz Lang steckt ein Maler", vermutete Eisner zumindest[5], die ebenso die zweite, von Langs Frühwerk herrührende Deutung bereits selbst relativierte: „Sein Sinn für plastisches Herausarbeiten von Formen, sein Talent, Lichtquellen zu dirigieren und auszuwerten, gehen über den expressionistischen Stilwillen hinaus."[6] „Ich werde immer zu den Expressionisten gezählt, aber persönlich zähle ich mich zu den Realisten", meinte Lang seinerseits 1965.[7] Malerei statt Architektur, Realismus statt Expressionismus – diese (Um-)Deutungen sind für das Verständnis Langs amerikanischen Werkes zentral, zumal wir erst hierdurch zu einem tieferen Verständnis dessen kommen, wofür er Berühmtheit erlangt hat: für seine meisterhafte Inszenierung des filmischen Raums.

---

[1] Eisner, LEINWAND, S. 90.
[2] Zit. n. Grafe, LANG, S. 62.
[3] Die Malerei war für Lang mehr als nur ein Interesse. Er begann zwar im Winter 1909, auf Wunsch seiner Eltern hin, ein Bauingenieurstudium, absolvierte jedoch keine Prüfungen oder Abschlüsse. Stattdessen studierte er bis zum Ausbruch des Ersten Weltkrieges in Wien, München und Paris Malerei. Vgl. Aurich/Jacobsen/Schnauber, LANG, S. 17-20.
[4] Eisner, LEINWAND, S. 221.
[5] Ebd. S. 158.
[6] Ebd. S. 91 f.
[7] Lang, INTERVIEWS, S. 58.

Mit dem filmischen Raum bei Lang befinden wir uns gewissermaßen am Urgrund des Kinos, erneut in dessen „Maschinenraum" (S. 26). Für gewöhnlich wird der filmische Raum mit Bewegung und dementsprechend mit der Kamerabewegung assoziiert. Zumal Lang für die Definition des Kinos in der neueren Filmtheorie als „Bewegungs-Bild"[8] vielleicht sogar die zentrale Figur gewesen ist. So hat die Philosophin Paola Marrati in ihrer Untersuchung über Gilles Deleuze und das Kino darauf hingewiesen, daß Deleuze seinen Begriff „Bewegungs-Bild", mit dem er 1983 die „große Form" des klassischen, vor allem amerikanischen Kinos umschrieb, von Noël Burch entlehnt hatte. Burch wiederum habe diesen Begriff benutzt, „um die Struktur von Fritz Langs *M - EINE STADT SUCHT EINEN MÖRDER* zu beschreiben."[9] Mehr noch, es war Lang selbst, der im Juni 1964 in den „Cahiers du cinéma" (N° 156), noch vor Burch und fast zwanzig Jahre vor Deleuze, meinte, das Kino sei „das Bewegungs-Bild[10] und nicht nur einfach abgefilmtes Theater."[11] Aber das „Bewegungs-Bild" beschreibt nur die erzählerische „große Form" des Kinos, die sich insbesondere durch die *montage* „bewegende" Abfolge der Bilder, und Lang betonte gegenüber Peter Bogdanovich ausdrücklich, „daß jede Kamerabewegung einen Grund haben muß. Bewegung um der Bewegung willen ist Unsinn."[12] Dies wäre die dritte (Um-)Deutung: Bei Lang ist der filmische Raum nicht mit Bewegung (der Kamera) verbunden, sondern aufs Engste mit dem Fotogramm, mit dem „Immobilismus", dem „statischen der langschen Bildkonstruktionen" (S. 10). Filmische Räume bei Lang sind, wie Fotogramme, Aufrisse[13] (Malerei) der Materialität (Realismus) der Welt: „Die Realität wird entkleidet, reduziert bis aufs Skelett, von Röntgenaugen durchforscht."[14] Das Einmalige, Faszinierende und zuweilen auch Beklemmende von Langs Bildern rührt von diesem Charakter her, sie wirken, als ob Lang die

---

[8] Vgl. Deleuze, BILD, passim.
[9] Marrati, DELEUZE, S. 51 f.
[10] Engl.: „image of movement", frz.: „l'image-mouvement". Es liegt hiermit sogar nahe, daß nicht allein Langs Filme, sondern auch seine Äußerungen zum Kino die neuere Filmtheorie entscheidend mitgeprägt haben.
[11] Wiederabgedruckt auf engl. in: Lang, INTERVIEWS, S. 43.
[12] Zit. n. Bogdanovich, GEDREHT, S. 235.
[13] So auch Grafe: „Der Aufriß eines Gebäudes ist ihm wichtiger als seine Räume." Grafe, LANG, S. 34.
[14] Grafe, LANG, S. 21.

Kamera wie einen Röntgenapparat einsetzen würde.[15] In diesen Räumen Langs erscheinen dann die Protagonisten wie eingeschlossen in der Materialität der Welt. Bereits Langs Storyboardskizzen vermitteln diesen Eindruck von Menschen einschließenden Raumaufrissen. Hierauf wies auch der italienische Filmtheoretiker Paolo Bertetto hin. Für ihn ist „Langs Raum ... in erster Linie eine Konstruktion in bezug auf das Universum, eine dialektische Dimension, die durch die Interaktion zwischen Einschließendem und Eingeschlossenem" hervorgebracht werde.[16] Langs Protagonisten interagieren weniger im filmischen Raum, als daß dieser vielmehr in seiner Materialität *mit ihnen* interagiert, analog zu den deterministischen und kontingenten „Objektbeziehungen" (S. 30). Dennoch sollte nicht vergessen werden: „Stil und Inhalt werden bei Lang in jedem Film eine Einheit."[17] So findet sich die allgemeine gesellschaftliche (Vor-)Verurteilung Henry Fondas in *YOU ONLY LIVE ONCE* auch in Langs Inszenierung des filmischen Raums wieder. Über weite Strecken des Films erscheinen Henry Fonda und Sylvia Sidney wie ein- und zuweilen auch voneinander abgeschlossen durch die schiere Materialität der Welt (des Raums), in allgegenwärtigen Gitterstrukturen, ein- und ausschließenden Toren und Fensterluken, Raumabsperrungen und -trennungen, einengenden Verstecken und Winkeln.[18] Ihre Versuche des Zueinanderkommens und des Ausbrechens sind dann tatsächlich auch immer Interaktionen mit dem Raum „zwischen Einschließendem und Eingeschlossenem". In *DAS TESTAMENT DES DR. MABUSE* hingegen, in dem noch das Phantastische von Langs Kino in der Weimarer Republik mitschwingt, stirbt Mabuse irgendwann und ist hiernach nur noch immateriell, in Tonbandaufzeichnungen oder in den Wahnphantasien der von ihm Besessenen anwesend: „In diesen Phantasien ver-

---

[15] Bereits in *SPIONE* von 1928 setzte Lang den Kamerablick tatsächlich wie einen Röntgenapparat ein, indem er eine Vase zeigte, durch deren Materie hindurch wir ein Abhörmikrophon sehen.
[16] Zit. n. McElhaney, LANG, S. 405.
[17] Schnauber, LANG, S. 83.
[18] Siehe die Abbildungen auf S. 132, 187 u. 198 (oben). Das, was Johannes Binotto bei *SECRET BEYOND THE DOOR* feststellte, trifft also auch bereits auf *YOU ONLY LIVE ONCE* zu: „So ergibt sich bei Lang - allem ersten Anschein zum Trotz - die Erzählung nicht aus dem Zusammenspiel der Charaktere, sondern aus der *Kommunikation* von Räumen." Binotto, TAT/ORT, S. 242.

lieren dann selbst die Gegenstände ihre Materialität, werden durchsichtig, wie aus Glas."[19]

Sowohl Lotte Eisner als auch Frieda Grafe haben in Langs Raumaufrissen spezifische ästhetische Qualitäten gesehen, die auf einen weiteren Urgrund des Kinos verweisen. Lang verwandele „durch Auf- und Untersichten Räume in Flächen, so daß aus Gegenständen Muster werden"[20], seine Filme scheinen daher „kaum vom ‚absoluten Film', dem abstrakten Film, entfernt."[21] Auch solche Bilder Langs – etwa aus *M – EINE STADT SUCHT EINEN MÖRDER, CLOAK AND DAGGER* oder *SECRET BEYOND THE DOOR*[22] – erinnern an Fotogramme, die „durch Belichtung von lichtempfindlichen Materialien im direkten Kontakt mit Gegenständen" (S. 10) entstehen, etwa an diejenigen Christian Schads (Schadographien) oder Man Rays (Rayogramme). Doch das Entscheidende bei Lang ist nicht die Materialität der Welt in ihrer Struktur, sondern in ihrer Interaktion mit dem Menschen. Sein Kino ist hierin geradezu ein fortwährendes Insistieren auf jenen Urgrund des Kinos als Kunstform eines Jahrhunderts, den Walter Benjamin 1936 in seinem bahnbrechenden Aufsatz „Das Kunstwerk im Zeitalter seiner technischen Reproduzierbarkeit" benannt hat: „So ist der Film das erste Kunstmittel, das in der Lage ist, zu zeigen, wie die Materie dem Menschen mitspielt."[23] Lang verläßt, wie von Benjamin beschrieben, die „natürliche Distanz zum Gegebenen" und „dringt tief ins Gewebe der Gegebenheit ein", hierbei einem „chirurgischen Operateur vergleichbar."[24] Durch seine Inszenierung des filmischen Raums „erfahren wir erst" vom „Optisch-Unbewußten" der materiellen Welt, „wie von dem Triebhaft-Unbewußten durch die Psychoanalyse."[25] Fritz Langs Realismus übertrifft dabei in seiner Sichtbarmachung des Unbewußten bei weitem alles Phantastische, zu dem er in Amerika dann auch nie wieder zurückkehren wird.

\* \* \*

---

[19] Zion, ZEITKOKUMENTE, S. 9. Siehe die Abbildung auf S. 197 (unten).
[20] Grafe, LANG, S. 59.
[21] Eisner, LEINWAND, S. 162.
[22] Siehe die Abbildungen auf S. 196, 197 (oben), 191 (oben) u. 192 (oben).
[23] Benjamin, KUNSTWERK, S. 42.
[24] Ebd. S. 53.
[25] Ebd. S. 62. Wir werden hierauf in den Besprechungen von *SECRET BEYOND THE DOOR* und *HOUSE BY THE RIVER* zurückkommen.

Mit jedem seiner ersten drei Filme in Amerika machte Lang bereits einen Abgrund als ein Unbewußtes der amerikanischen Gesellschaft sichtbar. In *FURY* den die eigene Ordnung potentiell bedrohenden Mob einer Massengesellschaft, der durch kontingente – und damit jederzeit mögliche – materielle (Objektbeziehungen) und mediale Ereignisketten hervorgerufen werden kann. In *YOU ONLY LIVE ONCE* das dementsprechend grundsätzliche Mißtrauen gegenüber jedem Individuum und dessen Vorverurteilung durch die Masse sowie diese Ordnung selbst, sichtbar gemacht in der beklemmenden, ein- und ausschließenden „Raumordnung dieser Gesellschaft" (S. 36). In *YOU AND ME* den jede Faser dieser kapitalistischen Gesellschaft durchdringenden Mythos des Geldes als Lebenszweck, vorgeführt und zugleich demontiert in einer Art „linken" Brecht'schen Lehrstück. Für Lang bedeutete auch dies, zwischenzeitlich Unterbrochen durch das Angebot Walter Wangers für *YOU ONLY LIVE ONCE*, das rasche Ende seiner jeweiligen Anstellungen bei den großen Hollywoodstudios MGM und Paramount nach nur jeweils einem realisierten Film. Bereits „nach der Trennung von MGM fühlte Lang sich stigmatisiert. Kein anderes Studio, kein anderer Produzent nahm Kontakt zu ihm auf. Wenn er abends zum Dinner ging, meinte er hören zu können, wie hinter seinem Rücken getuschelt wurde. Und wenn er den einen oder anderen Bekannten aus der Branche traf, stieß er auf Zurückhaltung – und Schweigen."[26] Nach dem kommerziellen Mißerfolg von *YOU AND ME* erfolgte der erste radikale Bruch Fritz Langs mit dem Hollywoodsystem. Vor allem mit der erzählerischen Form des Films hatte er jene Verabredung der Kulturindustrie, mittels deren „das Publikum konsumierender Teil des Systems ist" (S. 21), vorsätzlich nicht eingehalten. Barney Balaban, Präsident der Paramount seit 1936, beschloß, „die erfolglose, wenn auch interessante Zusammenarbeit nicht weiterzuführen."[27]

Zur „Stigmatisierung" kam noch der Verdacht hinzu, sowohl seitens der Hollywoodstudios als auch des „Federal Bureau of Investigation" (FBI) und des „House Committee on Un-American Activities" (HUAC), des „Komitees für unamerikanische Umtriebe". Obwohl Langs

---

[26] Grob, LANG, S. 227 f.
[27] Ebd. S. 250.

Einbürgerung in die USA bereits am 24. November 1939 erfolgt war[28], geriet er im Jahr darauf erstmals ins Visier des HUAC. Es sollte nicht das letzte Mal sein. Das FBI legte bereits 1938 eine Akte (bis 1973)[29] über ihn an, im Ganzen ein groteskes Dokument des Generalverdachts gegenüber einem als zu „links" Wahrgenommenen, das, so Rolf Aurich und Wolfgang Jacobsen, „für die Biographie kaum aufschlußreiche Informationen, dafür aber Unterstellungen und Absurditäten aus persönlichen und beruflichen Lebensbereichen"[30] enthält. Dennoch hatte sich auch der private Fritz Lang verändert.[31] Während sich Thea von Harbou in Deutschland offen der Nazi-„Bewegung" anschloß und dort Drehbücher u. a. auch für Veit Harlan schrieb[32], zählte Lang im Juni 1936 zu den Gründungsmitgliedern[33] der „Hollywood League against Nazism": „Er suchte und fand den Schulterschluß mit Gleichgesinnten, mit kritisch Denkenden, wohltätig Handelnden, politisch Engagierten."[34] Lang unterstützte zudem deutsche Film-Emigranten über den „European Film Fund" finanziell und setzte sich bei den Hollywoodstudios dafür ein, daß diese europäische Schriftsteller unter Vertrag nahmen. Aus einem Brief der Kunstagentin Galka Scheyer an Wassily Kandinsky vom 28. Dezember 1937 geht sogar hervor, daß Lang „sein ganzes Geld für den Kampf gegen Hitler ausgibt."[35] Die Liste der linken oder liberalen Organisationen, denen Lang noch neben der „Hollywood League against Nazism" angehörte oder die er finanziell unterstützte, ist lang: „The Independent Progressive Party", „The Nation Associates", „Films for Democracy", „United Negro and Allied Veterans of America", „People's Educational Center", „Associated Film Audiences", „Motion Picture

---

[28] Diese und alle weiteren zentralen Eckdaten von Fritz Langs Leben und Schaffen in den USA sind in der Zeittafel (S. 304-307) mit entsprechenden Quellenangaben zusammengefasst.
[29] File No. 100-157899. Vgl. Grob, LANG, S. 268 f.
[30] Aurich/Jacobsen/Schnauber, LANG, S. 280.
[31] Vgl. Grob, LANG, S. 242.
[32] So auch 1937 für Harlans Propagandafilm *DER HERRSCHER*. „Meine Frau wurde zum Nazi", bemerkte Lang 1945 gegenüber der Journalistin Mary Morris. Lang, INTERVIEWS, S. 9.
[33] Zu diesen zählten u. a. auch William Dieterle, Ernst Lubitsch, Billy Wilder, Marlene Dietrich, Paul Muni und Peter Lorre. Lang „stellte der ‚Anti-Nazi-League' mehrfach größere Geldbeträge zur Verfügung." Grob, LANG, S. 226.
[34] Ebd. S. 242 f.
[35] Zit. n. Schnauber, LANG, S. 43.

Artist's Commitee".[36] „Von den Menschen, die er dabei traf, distanzierte er sich nie, auch wenn sie später in Verdacht gerieten, in ,unamerikanische Umtriebe' verstrickt zu sein."[37]

Lang unterwanderte in Amerika von Anfang an nicht nur jene „Verabredung der Kulturindustrie", sondern auch die offenen oder stillschweigenden Verabredungen der amerikanischen Gesellschaft überhaupt. Er drehte seine „Kriegsbeiträge" (S. 19) im Kampf gegen Hitler, doch den – ja bis heute noch – vorherrschenden Bellizismus seiner neuen Heimat (und Hollywoods) lehnte er ab. Selbst in Zeiten, in denen er arbeitslos war, nahm er Filmangebote, die für ihn „zu kriegsfreundlich waren", nicht an.[38] Weit schwerer noch für Lang wog der Rassismus der amerikanischen Gesellschaft, und dies betraf nicht allein sein Engagement für die „United Negro and Allied Veterans of America". Von Louis B. Mayer ist die Aussage bekannt, daß „Farbige nur als Schuhputzer oder Eisenbahnschaffner gezeigt werden sollten"[39], und so mag es noch einer gewissen anfänglichen Naivität Langs geschuldet gewesen sein, daß er für *FURY* die Rolle Spencers Tracys ursprünglich mit einem Afroamerikaner besetzen wollte. MGM lehnte dies ab, und auch eine Szene während des Plädoyers des Staatsanwalts gegen die Lynchjustiz, in der auf eine am Autoradio zuhörende afroamerikanische Familie geschnitten wurde, wurde vom Studio entfernt.[40] Gewalt, Lynchjustiz, offene Unterdrückung gegen Afroamerikaner zu zeigen, war in Hollywood verboten, zu nahe wäre dies der Wirklichkeit gekommen. Und Fritz Langs diesbezügliche Konflikte mit Hollywood sollten andauern: Noch 1950 wurde ihm mit *HOUSE BY THE RIVER* ein Film von Hollywood inhaltlich geradezu zu entkernen versucht, der eine der beeindruckendsten Allegorien auf den amerikanischen Süden wie auch Aufdeckung der psychologischen Verwurzelungen von dessen Rassismus hätte werden können.

---

[36] Vgl. ebd., S. 92.
[37] Grob, LANG, S. 226.
[38] Vgl. Lang, INTERVIEWS, S. 63.
[39] Zit. n. Schnauber, LANG, S. 85.
[40] Vgl. ebd., S. 84 f.; Grob, LANG, S. 223.

# Exkurs I

## In den Territorien: *THE RETURN OF FRANK JAMES* (*Rache für Jesse James*, 1940) und *WESTERN UNION* (*Überfall der Ogalalla*, 1941)

Der Western ist wohl das komplexeste aller Hollywoodgenres, voller Mikro- und Makrokodierungen handelt er von „jenen Helden, mit denen sich die amerikanische Gesellschaft die Mythen ihrer Natureroberung, Zivilisierung und Staatsgründung erzählte."[1] Und wenn Peter Fonda einmal über den Western gesagt haben soll, daß dieser „das antike Drama Amerikas ist"[2], so sah es Fritz Lang sehr ähnlich, als er einmal bemerkte, „daß der Western nicht nur die Geschichte dieses Landes widerspiegelt – er entspricht dem, was die Nibelungensage für Europa ist."[3] Tatsächlich verweist Langs scharfsinniger Vergleich des Western mit der Nibelungensage auf den mythischen Charakter von Amerikas Nationenbildung: „‚Es steht in unserer Macht, die Welt aufs Neue zu beginnen'[4], so Thomas Paine, der Vordenker der Nationenbildung Amerikas. Es ist der große Mythos dieses Landes, aus ihm entspringt das Denken der ‚Frontier', des zu erobernden und zivilisierenden ‚Grenzlandes' und nicht zuletzt der ‚Manifest Destiny', der ‚unabwendbaren Bestimmung' des weißen Mannes, dieses (nur scheinbare) ‚Virgin Land' zu erschließen, es zu missionieren, zu besitzen und zu beherrschen."[5]

Anders als andere aus Europa emigrierte Regisseure, wie etwa der aus Ungarn stammende André de Toth, hat Lang die Geschichte des amerikanischen Western nicht geprägt, doch ebenso wie bei diesem[6] entsprang bei Lang die Begeisterung für das Genre sowie sein „Interesse an den Indianern und ihrer Kultur" einer bereits in

---

[1] Zion, NOIR WESTERN, S. 5.
[2] Vgl. ebd., S. 35.
[3] Zit. n. Bogdanovich, GEDREHT, S. 232.
[4] „We have it in our power to begin the world over again." Paine, SENSE, S. 59.
[5] Zion, NOIR WESTERN, S. 49. Zur „Ironie" und den weitreichen Folgen dieses Glaubens an eine „Manifest Destiny" vgl. vor allem: Pfaff, DESTINY, passim.
[6] De Toth: „Dann las ich Karl May, den deutschen Western-Autor, und als ich ihn las, entstanden Bilder in meinem Kopf. Ich sah es, anstatt es nur zu lesen." De Toth/Slide, DE TOTH, S. 27.

der Jugend erwachten „Liebe zu Karl May."[7] In der Tat interessierte Lang hier der Western als Mythos der Nationenbildung Amerikas ebensowenig wie (mittlerweile) der seiner *DIE NIBELUNGEN* als Mythos der Nationenbildung der Deutschen, er hielt den Western-Mythos sogar für ausgesprochen falsch. „Wahrscheinlich unbewußt", so schrieb er am 21. Juni 1970 an Lotte Eisner, sei dieser „eine Art Wunschtraum – der (falsche!) Glaube, daß in dem neuen Land alles besser sein würde als in dem alten! Nicht nur die Lebensbedingungen, sondern vor allem, daß die Charaktere der Menschen in dem neuen Land aufrichtiger, ehrlicher, geradliniger sein würden als in dem alten Land, dem die Pioniere des Westens den Rücken kehrten."[8] Hinzu kam noch Langs, wie von Enno Patalas zurecht festgestellt, „Verachtung für epische Motive."[9] Lang sah sich selbst als „Realisten" (S. 44), und so erkannte dann auch Frieda Grafe bereits in dessen ersten Western *THE RETURN OF FRANK JAMES* „eher die Fortsetzung der Menschenjagd in *M – EINE STADT SUCHT EINEN MÖRDER* als, wie die Fox es sich gedacht hatte, die von Henry Kings Film über die James-Brüder.[10] Die Steckbriefe, Zeitungsmeldungen, Theaterplakate, überhaupt alles Gedruckte ist in dem Film wichtiger als das Genre und seine Gesetze."[11]

Lang drehte seine ersten beiden Western zu einem Zeitpunkt, als das Genre „erwachsen" wurde und dessen epische Bildsprache und Gesetze sich mit Filmen wie Allan Dwans *FRONTIER MARSHAL*, Henry Kings *JESSE JAMES*, Cecil B. DeMilles *UNION PACIFIC* und vor allem John Fords *STAGECOACH* (alle von 1939) endgültig etablierten. Im Grunde genommen entsprach aber seine negative Haltung zu den Mythen der amerikanischen Nationenbildung im Western bereits der, die der zweifellos bedeutendste Western-Regisseur, John Ford, erst relativ spät mit *THE SEARCHERS* (1956) und vor allem mit *CHEYENNE AUTUMN* (1964), dem Schlußstein seines großen Western-Werkes, eingenommen hatte und die sich wie folgt beschreiben läßt: „In diesem

---

[7] Asper, INDIANERN, S. 50. „Außerdem hatte er als Jugendlicher in Wien eine Vorstellung der durch Europa tingelnden Wildwest-Show Buffalo Bills gesehen, die ihn offenbar tief beeindruckte." Ebd., S. 50 f.
[8] Zit. n. Schnauber, LANG, S. 82.
[9] Patalas, FILMOGRAFIE, S. 111.
[10] Langs Film wurde von der 20th Century-Fox als direkte Fortsetzung zu Kings *JESSE JAMES* (1939) produziert und vermarktet.
[11] Grafe, LANG, S. 63.

Land gibt es keine Heimat mehr, für niemanden. Der Krieg, die Eroberung und die Unterwerfung haben alles gebrochen und zerbrochen. Thomas Paines Hoffnung des weißen, europäischen Mannes, in der ‚neuen Welt' die Welt aufs Neue beginnen zu können, es zu besitzen und zu beherrschen, sie könnte von Anfang an ein Trugschluss, ‚Amerika' tatsächlich nur ein Mythos gewesen sein."[12]

Dennoch waren diese Filme für Lang, der im Spätherbst 1939 seit anderthalb Jahren keinen Film mehr gedreht hatte, von enormer Bedeutung. Die zwischenzeitliche Arbeit an dem Buch „Superstition Mountain"[13] war für ihn kein adäquater Ersatz für das Filmedrehen. Der Beginn seiner zehnjährigen Zusammenarbeit mit dem Agenten Sam Jaffe sollte ihm wieder Arbeit verschaffen. Jaffe, der in der Agentur seines bisherigen Agenten Charles Feldman arbeitete, nahm Kontakt mit Lang auf, vermittelte ihn an den Produzenten Kenneth Macgowan von der 20th Century-Fox, der ihn seinerseits dem allmächtigen Studioboss Darryl F. Zanuck empfahl. Zanuck „gefiel die Idee, den berühmten Regisseur aus Europa, dessen Filme sogar das Museum of Modern Art archivierte, als Debütanten im Western-Genre zu präsentieren. Er versprach sich davon nicht zuletzt eine erfolgreiche Werbekampagne."[14] In anderen Worten: Aus der anfänglichen „Trophäe" David O. Selznicks (S. 20) wurde nun die Zanucks. „Stigmatisierung" (S. 48) und Arbeitslosigkeit, seine Jugend mit Karl May, aber auch seine Interesse an der Kultur der indigenen Stämme Nordamerikas[15] trugen dazu bei, daß er nun Auftragsarbeiten (Gruppe C) akzeptierte, die er „lediglich als ‚contract director' drehte, freilich mit allem Einsatz seiner Professionalität, wie aus den Produktionsunterlagen hervorgeht. Aus den Manuskripten und Memos kann man entnehmen, daß Lang weder bei *THE RETURN OF FRANK JAMES* noch bei dem von ihm bevorzugten Film *WESTERN UNION*

---

[12] Zion, NOIR WESTERN, S. 49.
[13] Eine Art Western-Kolportage mit Abenteuerelementen, die jedoch nie verfilmt und später als Erzählung unter dem Titel „Der Berg des Aberglaubens" publiziert wurde. Vgl. Grob, LANG, S. 251 f.
[14] Ebd., S. 253.
[15] In diesem Buch werden diese entweder mit ihren Eigennamen (Stammesnamen) oder als „Native Americans" bezeichnet. Das Wort „Indianer" hingegen, die seinerzeit gängige Bezeichnung, die auch Lang gebrauchte, wird nur in entsprechenden Originalzitaten verwendet.

an der Stoffentwicklung beteiligt war."[16] Diese Ausnahmen von der Regel sollten allerdings nicht darüber hinwegtäuschen, daß Lang, trotz seines ständigen Kampfes „gegen die standardisierten Produktionsmethoden und die spezialisierte Arbeitsteilung" (S. 26) des Hollywoodsystems, „ständig an Drehbüchern entschieden mitgearbeitet hat."[17] Lang selbst hat immer wieder betont, daß er als Regisseur erhebliche Einflußmöglichkeiten auf die Drehbücher hatte, sehr oft intensiv an ihnen arbeitete, Dinge änderte, mit den Drehbuchautoren zusammenarbeitete.[18] Bereits 1976 hob Lotte Eisner hervor: „Menschen, die Lang kennen und mit ihm gearbeitet haben, bestehen darauf, daß es nie einen Fall gab, in dem er das Drehbuch nicht akribisch durchgearbeitet hat, selbst wenn ein Dreh schnell gehen mußte. Sogar in seinen sogenannten ‚fertigen' Manuskripten gibt es immer wieder Dialogänderungen, um Charaktere zu vereinheitlichen, und ganze Handlungspassagen, die der Logik zuliebe umgestellt wurden."[19] Auch die neuere Forschung bestätigt diesen Status Fritz Langs als „Auteur" in Hollywood: „Handschriftliche Korrekturen, Änderungen und Szenenskizzen dokumentieren, daß es nur wenige Filme von ihm gibt, deren Story er nicht maßgeblich entwickelte und steuerte – auch wenn er am Ende seinen Namen als Ko-Autor des Drehbuchs wegließ."[20]

\* \* \*

In *THE RETURN OF FRANK JAMES* versteckt sich der für tot gehaltene Frank James (Henry Fonda), der Bruder von Jesse James, gemeinsam mit Clem (Jackie Cooper) und seinem afroamerikanischen Diener Pinky (Ernest Whitman) in den Bergen. Ein Erweckungsprediger macht ihn auf den Prozeß gegen die Ford-Brüder Bob Ford (John Carradine) und Charlie Ford (Charles Tannen) aufmerksam, die seinen Bruder Jesse hinterrücks erschossen haben. Als der mächtige McCoy (Donald Meek), Besitzer einer Eisenbahngesellschaft, dafür sorgt, daß die Ford-Brüder begnadigt werden – sie werden später in

---

[16] Asper, INDIANERN, S. 53.
[17] Schnauber, LANG, S. 61.
[18] Vgl. Eisner, LANG, S. 370; Schnauber, LANG, S. 62; Bogdanovich, GEDREHT, S. 237; Lang, INTERVIEWS, S. 32.
[19] Eisner, LANG, S. 370.
[20] Aurich/Jacobsen/Schnauber, LANG, S. 310.

einem Schmierentheater in Pappmaché-Kulissen ihre „Heldentat" nachstellen und so zu Geld machen –, macht sich Frank mit Clem auf den Weg, um die Sache selbst in die Hand zu nehmen. An seiner Seite: die Presse, in Gestalt des Zeitungsbesitzers Major Rufus Cobb (Henry Hull) sowie später auch der jungen Reporterin Eleanor Stone (Gene Tierney). Um sich Geld für seinen Rachefeldzug zu besorgen, raubt Frank eine Bank McCoys aus. Da dabei jemand stirbt, ist nun er es, der von den Behörden und der Eisenbahngesellschaft verfolgt wird. Doch als auch der in den Bergen zurückgebliebene Pinky verdächtigt wird, stellt sich Frank, um ihn zu entlasten. Beim Prozeß wird er freigesprochen und es kommt zum finalem Showdown zwischen ihm und Bob Ford.

Lang inszenierte den Film, seinen ersten Farbfilm, zwar professionell, visuell allerdings eher gewöhnlich. Stattdessen konzentriert er seine Inszenierung offensichtlich ganz auf die Ironisierung dieser konstruierten Heldensage[21], die nicht weniger „hanebüchen" ist als die von Enno Patalas erwähnten (S. 59) Rückprojektionen. Gleich zu Beginn sehen wir ausufernde Montagen von Titelseiten und Überschriften, überhaupt ist der Film tatsächlich, wie Frieda Grafe feststellte, voller Geschriebenem und Gedrucktem: Zeitungsmeldungen, Notizen, Briefe, Tafelbeschriftungen, Telegramme, Plakate, Steckbriefe. Lang macht so rein inszenatorisch deutlich, daß es die Medien sind, die die Western-Mythen schaffen (determinieren)[22], während die Helden diegetisch (die Ford-Brüder) wie extradiegetisch (Frank James) in Pappkulissen agieren: „In *THE RETURN OF FRANK JAMES* sind die Berggipfel, die die Hauptstraße des Städtchens begrenzen, gemalte Prospekte, die nicht viel anders aussehen als die Kulissen des klapprigen Theatersaals, in dem ein Teil

---

[21] Zu dieser Heldensage: „Am 3. April 1882 wurde der Bandenführer Jesse James in Missouri von Bob Ford, einem Mitglied seiner Bande, hinterrücks erschossen. Ford wurde zehn Jahre später in Creede, Colorado von Edward Capehart O'Kelley ermordet. In den Legenden des Westens wurde Jesse James zu einer Art Robin Hood verklärt, der von einem Feigling verraten wurde, der wiederum durch O'Kelley nur seine gerechte Strafe erfahren habe, ganz so, wie es auf James' Grabstein zu lesen ist: ‚Ermordet von einem Verräter und Feigling, dessen Name nicht wert ist, hier zu erscheinen.'" Zion, NOIR WESTERN, S. 15.

[22] „Wenn die Legende zur Wahrheit wird, druck die Legende", so lautet der berühmte Schlüsselsatz in John Fords *THE MAN WHO SHOT LIBERTY VALANCE* von 1962. Auch hiermit scheint Fritz Lang also Fords Spätwerk vorwegzunehmen.

des Films spielt", so Grafe.²³ Auch den Prozeß inszeniert Lang als juristische Farce, in der sämtliche Beteiligte, inklusive des Richters (George Barbier), in ihrem Patriotismus für den amerikanischen Süden wetteifern, wobei Lang offenläßt, wer hier eigentlich die Anklage führt, der Staat Missouri oder die Eisenbahngesellschaft. Lang hält seine inszenatorische Ironisierung der Verabredung der Kulturindustrie mit dem Publikum (S. 21) bis zum Schluß durch: Trotz ihrer gegenseitigen Annäherung den ganzen Film über gibt es am Ende zwischen Fondas Frank James und Tierneys Reporterin nicht einmal den obligatorischen Kuß, lediglich einen Handschlag und ein freundliches Abschiedswinken. Vor allem aber deutet sich das, was viele Jahre später auf *RANCHO NOTORIOUS*, Langs letzten Western und einen seiner bedeutendsten Filme, zutreffen wird, bereits hier an: „Die Rachegeschichten des Genres laufen ins Leere."²⁴

\* \* \*

Irgendwann scheint es Henry Fonda in *THE RETURN OF FRANK JAMES* ohnehin nur noch darum zu gehen, Pinky, den von Ernest Whitman gespielten Afroamerikaner, zu retten. Doch betraf Langs Befremdung über den Rassismus und die Unterdrückung in den USA nicht allein sein Engagement für Afroamerikaner. So entwarf er bereits in seinem Manuskript zu „Der Berg des Aberglaubens" die Figur des „Indianerhändlers" Lorenzo, die er wie folgt charakterisierte: „Über seine Ehrlichkeit ist nur soviel zu sagen, daß er, im Gegensatz zu Uncle Sams Regierung, nie einem Indianer gegenüber sein Wort gebrochen hat."²⁵ Vor allem aber hielt sich Lang wiederholt und sehr lange in den „Indianer-Territorien" auf, wie er diese selbst nannte, wie es von Helmut G. Asper 2001 umfangreich dokumentiert wurde.²⁶ „Ich liebe die Wüste, und jedes Weekend benutze ich, wenn es nur irgendwie geht, und fahre mit meinem Wagen entweder

---

²³ Grafe, LANG, S. 63
²⁴ Zion, NOIR WESTERN, S. 25.
²⁵ Zit. n. Asper, INDIANERN, S. 52. Diese Haltung Langs erinnert nicht nur an Karl May, sondern auch an die Ausnahmerolle der Quäker, die diese gegenüber den Native Americans eingenommen haben und die von John Ford in dem bereits erwähnten *CHEYENNE AUTUMN* ebenfalls besonders positiv herausgehoben wurde.
²⁶ Alle weiteren Zitate und Hintergünde von Langs Aufenthalten in den „Territorien" sind dieser Dokumentation entnommen. Vgl. Asper, INDIANERN, passim.

in die Mohawi Desert oder nach Arizona" (an Grete Jacques im Februar 1939). „Die Wüste", das waren für Lang die Territorien („Reservationen") der Native Americans im amerikanischen Südwesten, die er vor allem in den Zeiten seiner Arbeitslosigkeit 1934/1935 und 1938/1939 ausgedehnt bereiste, um dort das Leben der Navajo, der Hopi und der Yaqui zu studieren und zeitweilig sogar daran teilzunehmen: Kayenta, nahe dem Monument Valley in Arizona, Canon de Chelley in Arizona, das Death Valley in Kalifornien, den Bryce Canyon in Utah sowie Tucson im südlichen Arizona. Lang besuchte die Stämme nicht wie ein Tourist, seine Aufenthalte dort, die von mehreren Wochen bis zu mehreren Monaten reichten, galten seinem Interesse an spirituellen und religiösen Riten, Schlangentänzen, Handwerk, Schmuck, Sandmalerei und Kunst sowie den Territorien[27] überhaupt. Er verfasste bis zu 200-seitige Manuskripte, photographierte und machte mit einer 16mm-Farbkamera private Filmaufnahmen.[28] Letztere bestätigen beeindruckend Langs Gespür für die den Menschen prägende Struktur und Ordnung des Raums, hier der kargen Landschaften des amerikanischen Südwestens mit ihren vom Wind abgeschliffenen Gebirgen, in die Felswohnungen gehauen sind, weiten Horizonten mit dunklen Wolkenformationen, in die Bäume, Kakteen und erblühte Sträucher ragen und die von Eisenbahntrassen durchstoßen werden. Das menschliche Leben in diesen Landschaften zeigt sich auf diesen Fotogrammen als von dieser Raumordnung determiniert: Die Friedhöfe, die Lang filmt, ebenso wie die Totemzeichen, gleichen in ihrer Anordnung der der spärlichen, um ihr Überleben kämpfenden Vegetation. Bemerkenswert ist, daß sich bereits bei diesen privaten Filmaufnahmen Langs Ablehnung epischer Western-Motive und einer romantischen Verklärung der Natur feststellen läßt, die Enno Patalas auch in THE RETURN OF FRANK JAMES sah: „Was Lang nicht interessiert: der freie Blick auf ferne

---

[27] Obwohl Lang die Reservationen der Navajo und Hopi „Indianer-Territorien" nannte, sind diese nicht mit den lebensfeindlichen „Indian Territories" zu verwechseln. Während die Reservationen, die Lang besuchte (die größten in den USA), im nördlichen Teil Arizonas gelegen sind und sich im Osten bis nach New Mexico sowie im Norden bis nach Utah erstrecken, wurden in die – größtenteils im heutigen Oklahoma gelegenen – „Indian Territories" zahlreiche Stämme der Native Americans, bis hin zu den Seminolen aus Florida, während des Ethnozids im 19. Jahrhundert von der US-Regierung deportiert. Vgl. Mattioli, WELTEN, passim.

[28] Diese sind im „American Heritage Center" der Universität von Wyoming in Laramie archiviert und von Helmut G. Asper teilweise dokumentiert. Vgl. ebd., S. 52 f.

Horizonte, die Weite des Landes, umgesetzt in lange Ritte und ausgreifende Kameraschwenks. In nichts findet seine Verachtung für epische Motive überzeugenderen Ausdruck als in den hanebüchenen Rückpro-Aufnahmen, in denen er Frank-Fonda (sic!) durch die Gegend galoppieren läßt."[29]

Auch bei *WESTERN UNION*, für den Lang mit der 16mm-Kamera recherchiert hatte, sieht Patalas in Langs Inszenierung dessen zum epischen Western gegenläufigen Entwurf umgesetzt: „Der Horizont, die Horizontale taugt ihm vornehmlich dazu, Vertikales dagegenzusetzen. Die Errichtung von Telegraphenstangen ... bot dazu vorzügliche Gelegenheit."[30] Auf die Geschichte[31] hingegen, die vom Bau der Telegraphenleitung von Omaha nach Salt Lake City während des Bürgerkriegs handelt, hatte Lang keinerlei Einfluß. Der Film ist zudem mit Virginia Gilmore[32] und Robert Young in Schlüsselrollen eindeutig fehlbesetzt, sie bleiben als „Hauptcharaktere des Films entschieden zu blaß und wenig glaubwürdig."[33] Darryl F. Zanuck, der Alleinherrscher der Fox, der bei den beiden ersten Western Langs sogar als Produzent fungierte, wollte eigentlich ähnlich starke Charakterzeichnungen wie John Ford in *STAGECOACH*, lehnte aber Langs Versuche, noch Änderungen am Drehbuch durchzusetzen, dennoch ab, so daß er statt eines zweiten *STAGECOACH* nicht viel mehr als einen zweiten *UNION PACIFIC* bekam.[34]

Edward Creighton (Dean Jagger), der zu Beginn des Bürgerkrieges für die Western Union die Installation der Telegraphenleitung leitet, wird verletzt von Vance Shaw (Randolph Scott) aufgegriffen. Shaw scheint auf der Flucht, heuert aber dennoch bei

---

[29] Patalas, FILMOGRAFIE, S. 111.
[30] Ebd., S. 111.
[31] Das Drehbuch schrieb Robert Carson „unter der strengen Aufsicht von Darryl Zanuck" nach einem Romanvorlage Zane Greys. Vgl. Asper, INDIANERN, S. 53.
[32] Mit dieser hatte Lang ab Ende 1940 eine etwa einjährige „obsessive" Liebesbeziehung. Er „bat mit Nachdruck darum, Virginia Gilmore für die weibliche Hauptrolle zu besetzen. Zanuck zögerte, stimmte aber dennoch zu, zur Überraschung der Branche." Grob, LANG, S. 260.
[33] Asper, INDIANERN, S. 53.
[34] Vgl. Asper, INDIANERN, S. 53. DeMilles *UNION PACIFIC* mit Barbara Stanwyck und Joel McCrea handelt kolportagehaft und mythisch überhöht von den „Abenteuern" während eines Wettstreits um den Bau einer Eisenbahnlinie nach Utah.

dem ihm dankbaren Creighton an. Ebenfalls im Team: der Arzt Dr. Murdoch (John Carradine), ein „Köchlein" – Slim Summerville als aufgesetzt wirkender Comedy-Sidekick – sowie der Ingenieur Richard Blake (Robert Young). Sowohl Shaw als auch Blake umwerben Creightons Schwester Sue (Virginia Gilmore). Zweimal wird der Bautrupp von Oglala angegriffen. Doch Shaw findet heraus, daß hinter dem ersten Angriff eine als Oglala verkleidete Gaunerbande um Jack Slade (Barton MacLane) steckte, während die Oglala für den zweiten Angriff von Weißen betrunken gemacht und angestiftet wurden. Shaw wird von Slade, der das Camp des Bautrupps (im heimlichen Auftrag der Konföderierten) niederbrennen will, in eine Falle gelockt und gefesselt, kann sich aber befreien. Creighton verdächtigt Shaw, mit der Bande zu kooperieren, und entläßt diesen, der nun gegenüber Blake gesteht, daß er der Bruder Slades ist. Beim finalen Showdown in der Stadt schließt sich Shaw dennoch dem Bautrupp an, wird aber von Slade erschossen. Am Ende ist es schließlich Blake, der Slade und damit der Bande ein Ende macht, während Sue um Shaw, zu dem sie sich hingezogen fühlte, trauert.

Anders als John Ford (noch) in *STAGECOACH*, stellt Fritz Lang „die Indianer doch etwas differenzierter dar als es damals in Hollywood-Filmen üblich war. In *WESTERN UNION* porträtiert er die Indianer als stolzes, kämpferisches und friedliebendes Volk und Opfer verbrecherischer Weißer, die sie mit Alkohol verführen. Damit greift er das damals wie heute sehr reale Problem des Alkoholismus in den Indianerreservationen auf, das ihm von seinen Besuchen her ganz sicher bekannt war."[35] Laut Presseberichten sowie Pressemitteilungen der 20th Century-Fox[36] ließ Lang die Oglala, einen Stamm der Lakota aus der Sprachfamilie der Sioux, entweder von Navajo oder von Paiute, im Ganzen etwa 200, darstellen.[37] Dabei stellte Langs Film in einer Hinsicht in Hollywood sogar ein Novum dar: „Als bemerkenswert muß man festhalten, daß Lang in einer Zeit, in der häufig weiße Darsteller Indianer spielen mußten, sämtliche

---

[35] Asper, INDIANERN, S. 53.
[36] Vgl. ebd. S. 54.
[37] Die Szenen mit den Native Americans wurden bei Kanab, im südlichen Utah gelegen, wo Lang auch während der Dreharbeiten wohnte, sowie im Horse Rock Canyon (Arizona) gedreht, angrenzend an die Reservationen der Paiute und Navajo in Arizona. Vgl. ebd., S. 54.

Indianer-Rollen, auch die Sprechrollen, ausschließlich mit Indianern besetzte."[38] Dennoch: „Ich glaube nicht, daß der Film den Westen so zeigt, wie er wirklich *war*"[39], so Lang später. Nicht allein, daß es das vorgegebene Drehbuch nicht zuließ, die Ambivalenz der Figur Randolph Scotts und dessen „Loyalitätskonflikt"[40] in den Mittelpunkt zu stellen[41], auch die Schwierigkeiten des Telegraphenbautrupps mit „Indianern", Banditen und Sabotageakten entsprachen nach Lang nicht den historischen Tatsachen: „Man mußte viele Sachen erfinden, weil in Wirklichkeit während der Bauarbeiten an der Leitung überhaupt nichts besonderes passiert war ... Das einzige, was die Verlegungsarbeiten sonst noch behinderte, war das Gerangel mit den Büffeln: Den Büffeln juckte das Fell, und sie rieben sich an den Masten, worauf die Masten umkippten."[42] In Langs nachfolgendem Film *MAN HUNT*, bis zu der erneuten Auftragsarbeit *AMERICAN GUERILLA IN THE PHILIPPINES* sein vorest letzter für Zanucks 20th Century-Fox für lange Zeit, sollten die Probleme und Konflikte seiner Protagonisten wieder einen sehr realen Bezug erhalten. Denn längst war mit dem „Feuerzauber"[43] etwas Wahrscheinliches zur Wirklichkeit geworden, für das er bereits mit *DAS TESTAMENT DES DR. MABUSE* genug Indizien zusammengetragen (S. 18) hatte – Fritz Lang leistete seine „Kriegsbeiträge".

---

[38] Ebd., S. 54.
[39] Zit. n. Bogdanovich, GEDREHT, S. 233.
[40] Vgl. Patalas, FILMOGRAFIE, S. 112.
[41] Gleichwohl diese Rolle für Randolph Scott nicht ganz unbedeutend war. Diese hier eingeführten Ambivalenzen wird Scott in den 50er-Jahren mit Harry Joe Brown, dem „Associate Producer" von *WESTERN UNION*, mit Regisseuren wie André de Toth – etwa in dessen *MAN IN THE SADDLE* (1951) –, vor allem aber mit Budd Boetticher in dem sogenannten „Ranown-Zyklus" zu „so etwas wie die Essenz des amerikanischen Western" herausarbeiten. Vgl. Zion, NOIR WESTERN, S. 44 f.
[42] Zit. n. Bogdanovich, GEDREHT, S. 234 f.
[43] So gleich das erste Wort in Langs Antinazifilm *DAS TESTAMENT DES DR. MABUSE*. Vgl. Zion, MABUSE, S. 25.

## MAN HUNT
(Menschenjagd, 1941)

Die beiden Western, „die Fritz Lang für die 20th Century-Fox 1940/1941 drehte, waren große Kassenerfolge, die Lang wieder zurück ins Filmgeschäft brachten, von dem er nach dem Mißerfolg von *YOU AND ME* lange Zeit gemieden worden war."[1] Für Langs nächsten Film für die 20th Century-Fox ließ Darryl F. Zanuck sogar eigens bei ihm anfragen, nachdem John Ford das Projekt, eine Verfilmung von Geoffrey Households Roman „Rogue Male" von 1939, nicht zugesagt hatte.[2] Lang ergriff die Gelegenheit sofort, nun seinen zweiten „Antinazifilm" (S. 17) nach *DAS TESTAMENT DES DR. MABUSE* drehen zu können. Als dann das nationalsozialistische Deutschland und das faschistische Italien den USA am 11. Dezember 1941 den Krieg erklärten, war *MAN HUNT*, der erste von vier[3] „Kriegsbeiträgen" (S. 19) Langs für Hollywood, bereits fast ein halbes Jahr in den Kinos. Dieser Zeitpunkt ist nicht unbedeutend, denn Langs „Kriegsbeiträge" sind keine Propagandafilme für die USA, sondern in ihrem Kern Filme, die dem amerikanischen Publikum „die Notwendigkeit eines entschlossenen Widerstandes gegen den Faschismus in einem Abenteuerformat vermitteln" sollten, wie es Walter Wanger später anerkennend über *MAN HUNT* zum Ausdruck brachte.[4]

Insofern erscheint die Behauptung Rolf Giesens, Lang sei „ein halber Nazi" gewesen[5], absurd. Lang mag als Starregisseur in der Weimarer Republik, wie Siegfried Kracauer schrieb, tatsächlich noch „einen Mangel an politischer Haltung" (S. 17) an den Tag gelegt haben, doch „das Exil scheint Fritz Lang in dieser Hinsicht verändert zu haben. Das legen nicht nur seine zahlreichen antinazistischen Aktivitäten nahe. Auch sehr viel später noch äußerte er

---

[1] Asper, INDIANERN, S. 52 f.
[2] Vgl. Grob, LANG, S. 264 f.
[3] Für Enno Patalas sind es eigentlich fünf, die für ihn „ausnahmslos Untergrundfilme" sind: *MAN HUNT*, *HANGMEN ALSO DIE!*, *MINISTRY OF FEAR*, *CLOAK AND DAGGER* und *AMERICAN GUERILLA IN THE PHILIPPINES*. Vgl. Patalas, FILMOGRAFIE, S. 113.
[4] Vgl. Bernstein, WANGER, S. 199.
[5] In seinem Audiokommentar zur deutschen DVD-Veröffentlichung von *HANGMEN ALSO DIE!* (S. 310).

sich eindeutig zu den Attentaten auf Martin Luther King und Robert Kennedy und versäumte es auch nicht, sich sarkastisch über den rechtskonservativen Gouverneur von Kalifornien, Ronald Reagan, zu äußern."[6] Giesen beruft sich mit seiner Behauptung auf nur eine einzige Quelle, auf eine kurze Meldung der Zeitschrift „Kinematograph" vom April 1933, nach der Lang mit anderen die „Abteilung Regie" in der „Nationalsozialistischen Betriebszellenorganisation" gegründet haben soll. Lang selbst bestritt dies 1962 entschieden. Zudem wurde der „Kinematograph" bereits im März 1933 im Rahmen der Gleichschaltung der gesamten deutschen Filmindustrie von Goebbels „gesäubert" und damit zu einem nationalsozialistischen Propagandablatt.[7]

Dürfen wir den Tätern überhaupt die Zeugenschaft für die Geschichte überlassen, indem wir ihrer Propaganda Glauben schenken und – wie im Falle von Giesens Urteil über Fritz Lang – ihre Behauptungen für bare Münze nehmen? Wir sind hiermit im erzählerischen Kern von *MAN HUNT*, der nicht nur formal und visuell eines von Fritz Langs großen – wenn auch bislang als solches verkannten – Meisterwerken ist, sondern auch der erste Film überhaupt, der mit der alleinigen Zeugenschaft der Täter für das ganze Ausmaß ihrer Verbrechen einen der abgründigsten Aspekte des Holocaust thematisierte.[8] *MAN HUNT* ist daher nicht nur ein, wie Hartmut Bitomsky meinte, „utopischer Film"[9], er ist zugleich eine in seiner Zeit erschreckend weitsichtige Dystopie.

\* \* \*

1939, kurz vor Ausbruch des Zweiten Weltkrieges: Der Brite Captain Thorndike (Walter Pidgeon) schleicht sich in Berchtesgaden durch das Unterholz und nimmt Adolf Hitler ins Fadenkreuz seines Zielfernrohres.[10] Er drückt ab. Doch in dem Jagdkarabiner befindet

---

[6] Aurich/Jacobsen/Schnauber, LANG, S. 9.
[7] Vgl. Schütze, LANG, S. 21-22.
[8] Und dies noch vor André de Toths *NONE SHALL ESCAPE* von 1944 (S. 234 f.).
[9] Zit. n. Patalas, FILMOGRAFIE, S. 112.
[10] Siehe die Abbildung auf S. 140 (oben).

sich keine Patrone.[11] Als Thorndike hiernach gefangengenommen und im Berghof von dem britischstämmigen deutschen Offizier Quive-Smith (George Sanders)[12] verhört wird, erklärt er diesem, er habe den „Führer" nicht töten wollen, ihm sei es als Großwildjäger nur um das Sportliche, um „die Aufregung, die Gefahr, den Spaß" gegangen. Quive-Smith verlangt von Thorndike, er solle ein Dokument unterschreibt, mit dem er gesteht, im Auftrag der britischen Regierung einen Mordanschlag auf Hitler versucht zu haben. Später erfahren wir, daß Quive-Smith hiermit die britische Regierung erpressen und davon abhalten will, beim geplanten Überfall auf Polen in den Krieg einzugreifen. Thorndike weigert sich und wird gefoltert. Der anwesende deutsche Arzt (Ludwig Stössel) achtet dabei nur darauf, daß Thorndike hierbei nicht stirbt. Als er hiernach immer noch „keine Lüge unterzeichnen will", soll er beseitigt werden. Ihm gelingt jedoch die Flucht nach London, zunächst auf einem Schiff, auf dem ihm der Schiffsjunge Vaner (Roddy McDowall)[13] hilft, sich vor dem deutschen Agenten „Mr. Jones" (John Carradine) zu verstecken, der ihm längst auf den Fersen ist. „Ist es wegen eines Mädchens?", fragt der aufgeweckte Vaner Thorndike (der dies wahrheitsgemäß verneint).

In London läuft Thorndike auf der Flucht vor seinen Häschern dann doch zufällig einem Mädchen, dem „Straßenmädchen"[14] Jerry Stokes (Joan Bennett), in die Arme, die ihn in ihrer Wohnung

---

[11] Lang inszeniert diese ersten sieben Minuten des Films stumm, rein visuell. Auch gelang es ihm hierbei, Filmmusik zu vermeiden, die in den Hollywoodstudios in der Regel – über die Leiter der Musikabteilungen („Musical Directors") – von den Produktionsleitern bestimmt wurde.

[12] Sanders spricht auch im Original streckenweise deutsch, seine Hohheitsabzeichen weisen ihn als General der Luftwaffe aus.

[13] Die Figur Roddy McDowalls gibt es in der Romanvorlage nicht. Vaner in *MAN HUNT* ist die erste größere Rolle McDowalls, der hiermit – und fast zeitgleich mit John Fords *HOW GREEN WAS MY VALLEY* (1941) – zu einem der gefragtesten Kinderdarsteller Hollywoods wurde.

[14] Nach Lang hatten sowohl Darryl F. Zanuck als auch das Hays Office darauf bestanden, „daß wir keine Prostituierte zeigen und ihre Figur schon gar nicht verherrlichen dürften ... Wir mußten deutlich sichtbar eine Nähmaschine in ihrer Wohnung zeigen." Zit. n. Bogdanovich, GEDREHT, S. 241. Am Ende gelang es Lang, Drehbuchautor Dudley Nichols und Joan Bennett dennoch beeindruckend, diese Vorgaben zu unterlaufen.

versteckt. Es entwickelt sich eine eigenartige Beziehung zwischen den beiden: Sie folgt ihm überall mit hin, irritiert mit dem entwaffnenden Charme des einfachen Straßenmädchens Thorndikes Verwandte aus der britischen Upper Class, zeigt sich dann enttäuscht und weint allein in ihrem Bett, als er in der ersten gemeinsamen Nacht nicht mit ihr schlafen will. Er versucht sie von der drohenden Gefahr fernzuhalten, gibt ihr dafür Geld und sucht mit ihr schließlich einen Juwelier (Egon Brecher) auf, schenkt ihr als Ersatz für eine verlorene Hutnadel – und als Trost für seine Zurückhaltung ihr gegenüber – einen Pin in Form eines Liebespfeils. Stolz trägt Jerry den Pin an ihrem Hut. Thorndike will sich nach Afrika absetzen, da auch Quive-Smith mittlerweile in London angekommen ist. Dieser bemerkt in der Londoner U-Bahn erstmals Jerry an der Seite Thorndikes. Als auch „Mr. Jones" Thorndike in der U-Bahn auflauert, bringt er den deutschen Agenten im Tunnel um. Nun ist auch die britische Polizei hinter Thorndike her. Er will Jerry endgültig in Sicherheit bringen, besorgt ihr erneut Geld, gibt ihr aber auch die Adresse seines Verstecks für ein zukünftiges Zusammenkommen. Längst ist offensichtlich, daß sich die beiden ineinander verliebt haben, aber zu einem Abschiedskuß auf einer Brücke kommt es nicht mehr, da unvermutet ein Polizist auftaucht.

Als Jerry in ihre Wohnung zurückkehrt, erwartet sie dort bereits Quive-Smith.[15] Thorndike versteckt sich in einer Höhle, die er mit einem Stein verschließt, doch jetzt hat Quive-Smith über Jerry die Adresse des Verstecks. Er taucht vor der Höhle auf und drängt Thorndike erneut dazu, das Dokument zu unterschreiben. Immer noch will dieser „keine Lüge unterzeichnen". Dann reicht ihm Quive-Smith Jerrys Hut mit dem Pin (Liebespfeil) durch eine Sichtöffnung der Höhle, sagt ihm, die Polizei habe sie tot aufgefunden, nachdem sie „aus dem Fenster gesprungen" sei. Da er sie auf dem Gewissen und folglich einen Menschen getötet habe, könne er jetzt auch das Dokument unterschreiben. Thorndike bricht zusammen, außer sich vor Verzweiflung und Wut, willigt er scheinbar ein. Aber er benutzt den Pfeil nun als Waffe, fertigt sich einen Bogen an, mit dem er Quive-Smith durch die Höhlenöffnung tötet.

---

[15] Lang blendet noch vor dem nun folgenden „Verhör" ab.

\* \* \*

Bereits 1941 erfaßt Fritz Lang den Abgrund des Holocaust als singuläres Verbrechen in der Moderne, den Jean-François Lyotard 1983 in „Le Différend", einem der bedeutendsten und einflußreichsten philosophischen Werke der zweiten Hälfte des 20. Jahrhunderts, zum Ausgangspunkt seiner Untersuchung gemacht hat. Lyotard geht hierin auf das Dilemma ein, vor das Revisionisten und Holocaust-Leugner die Gerichte regelmäßig stellen, wenn es um den Nachweis der Absolutheit („Endlösung") des Verbrechens und der Existenz der Gaskammern als Instrumente einer vollständigen Vernichtung geht.[16] In ein solches Dilemma stößt uns auch Lang mit MAN HUNT, lange noch bevor er selbst überhaupt von einer „Endlösung" und den Gaskammern wissen konnte.[17] Es ist die Situation Walter Pidgeons gegen Ende in der Höhle: Ein geliebter Mensch (Joan Bennett) verschwindet einfach. Ist sie tot? Der mögliche Täter (George Sanders) ist der einzige, der ihre Vernichtung bezeugen kann.[18] Das Indiz für die Tat liefert allein Sanders selbst (den pfeilartigen Pin, den Pidgeon Bennett zuvor geschenkt hatte). Mit dem restlosen Verschwindenlassen seines Opfers merzt der Täter jegliche Zeugenschaft für seine Tat, außer seiner eigenen, aus, denn er weiß: Beweisbarkeit ist schwächer als Wahrheit.[19] Noch dient Sanders der Pfeil (das Indiz seiner Tat) als ein Instrument seiner nun endgültigen und daher absoluten Macht über Pidgeon. Doch so-

---

[16] Denn „die Wirklichkeit", so Lyotard, „geht immer zu Lasten des Klägers." Lyotard, WIDERSTREIT, S. 26. Sobald aber der Revisionist die Beweislast umkehrt und vom Gericht verlangt, daß man ihm die Existenz der Gaskammern als Instrumente einer „Endlösung" nachweisen möge, gerät das Gericht in das Dilemma, beweisen zu müssen, daß eine Gaskammer „in dem Augenblick todbringend war, als man sie sah." Ebd., S. 17. Denn der Revisionist argumentiert: „Um einen Raum als Gaskammer identifizieren zu können, akzeptiere ich nur ein Opfer dieser Gaskammer als Zeugen; nun kann es dort – meinen Kontrahenten zufolge – nur tote Opfer geben, sonst wäre diese Gaskammer nicht das, was er behauptet; es gibt also keine Gaskammer." Ebd., S. 17 f.

[17] Mit MAN HUNT hat Fritz Lang also erneut, wie bereits mit DAS TESTAMENT DES DR. MABUSE, „die Wahnhaftigkeit und die Mechanismen der ‚Bewegung' nur allzu deutlich" aufgedeckt und „genug Indizien für das Wahrscheinliche dieser ‚Bewegung' zusammengetragen." (S. 18).

[18] Vor Walter Pidgeon, aber auch vor uns als Zuschauer, die wir ein Urteil über eine mögliche Tat zu fällen haben.

[19] Ein Grundsatz der Logik seit Kurt Gödel. Vgl. Nagel/Newman, BEWEIS, S. 16.

bald Sanders auch noch dieses Indiz verschwinden läßt[20], wird sogar *er* darüber Klage führen können, daß man ihm das Verbrechen nachweisen möge. Pidgeon bleibt in diesem Moment gar nichts anderes übrig, als ihm Glauben zu schenken und den Pfeil (das Indiz) gegen Sanders zu richten. Aber auch der Schuß auf Hitler, für ihn anfangs noch ein Spiel, *muß* nun ausgeführt werden, "in Wirklichkeit", im individuellen Abgrund (Untergruppe B') einer von den Tätern geschaffenen Wirklichkeit, in der Pidgeon nun endgültig angelangt ist[21]: *MAN HUNT* endet damit, daß er aus einem Flugzeug der Royal Air Force mit einem Fallschirm über Deutschland abspringt, seinen Karabiner fest umgeschnallt. Und wieder einmal kehrt ein Ursprungsgeschehen, ein Ereignis, "gespiegelt" und "gedoppelt" (S. 12) zurück, der Schuß auf Hitler, der am Anfang noch im Bereich des Möglichen lag, nun aber tatsächlich Wirklichkeit werden soll. Denn das Wesen des Kinos Fritz Langs ist auch dessen "Suche nach den Ursachen, den Dingen in einer deterministischen und zugleich kontingenten Welt, die seinen Protagonisten Gerechtigkeit widerfahren lassen, selbst, wenn sie dafür am Ende alles bezahlen müssen" (S. 24).

Zu diesem Zeitpunkt ist der Betrachter längst ebenso in einem Abgrund gefangen wie Walter Pidgeon, hat Lang auch uns bezahlen lassen für das Spiel Pidgeons (die leere Patronenkammer) und die Kontingenzen (ein herunterfallendes Blatt verhinderte einen zweiten Schuß mit geladener Waffe) von ganz zu Beginn. Es ist der vielleicht emotionalste Abgrund aller Filme Langs, denn zu sehr hat er uns an Joan Bennetts "Jerry" gebunden, sie als *die* zentrale Figur in *MAN HUNT* eingeführt, nur um sie dann von George Sanders beseitigen zu lassen. Patrick McGilligan weist zurecht darauf hin[22], wie zentral die Rolle Bennetts ist und daß es diese Figur in der Romanvorlage Geoffrey Households nicht gibt. "An dieser

---

[20] Die vollständige Vernichtung der Juden und das restlose Verschwindenlassen der Instrumente (möglicher Indizien) des Verbrechens macht das Singuläre des Holocaust (altgriechisch ὁλόκαυστος = "vollständig verbrannt") aus.

[21] Es ist naheliegend hierin Parallelen mit dem Erkenntnisprozeß des in seiner Höhle Gefangenen in Platons Höhlengleichnis zu sehen. Auch dieser hatte bis zum diesem Prozeß nur die Schatten der Wirklichkeit wahrgenommen.

[22] In seinem Audiokommentar zur britischen Blu-ray-Ausgabe von *MAN HUNT* (S. 310).

Figur hing, ich gestehe es, mein ganzes Herz"[23], so Lang, der, gemeinsam mit seinem Drehbuchautor Dudley Nichols[24] und mit Joan Bennett[25], buchstäblich alles dafür tat, daß auch wir uns in dieses „Straßenmädchen" verlieben. Denn es sollte nicht nur ein als Prostituierte allgemein nur gering geachteter, sondern vor allem ein *geliebter* Mensch sein, der vor unser aller Augen restlos verschwindet. Joan Bennetts Darstellung in *MAN HUNT* ist diesbezüglich tatsächlich brillant: Etwas schlicht und dabei den Cockney-Akzent der Londoner Arbeiterklasse sprechend, bodenständig und entwaffnend direkt, verletzlich und zugleich enthusiastisch, nimmt sie nicht nur nahezu jede Figur des Films, sondern auch uns als Betrachter für sich ein. Peter Bogdanovichs Bemerkung, Bennett spiele in *MAN HUNT* „sehr anrührend"[26], scheint dahingehend noch untertrieben – nahezu jede Szene mit ihr ist eine wahre Freude, ein emotional ergreifendes Entbergen bedingungsloser Empathie. Als dann Walter Pidgeon, der stets eine väterliche Haltung zu ihr an den Tag gelegt hatte (um sie zu schützen), gegen Ende in der Höhle das wirkliche Ausmaß dieser Liebe begreift, begreift er auch erst das ganze Ausmaß des Verbrechens. Doch ist es bereits zu spät und der Abgrund, der sich vor ihm und vor uns auftut, umso tiefer: *Ein geliebter Mensch verschwindet einfach. Ist er tot? Der mögliche Täter ist der einzige, der seine Vernichtung bezeugen kann ...*

---

[23] Zit. n. Bogdanovich, GEDREHT, S. 240.
[24] In den 30er-Jahren der bevorzugte Drehbuchautor John Fords.
[25] „Ich glaube, Joan hat sie auch verstanden", so Lang über Joan Bennett und ihre Rolle. Zit. n. ebd., S. 240.
[26] Ebd., S. 240.

# HANGMEN ALSO DIE!
(*Auch Henker sterben*, 1943)

Bereits mit *YOU ONLY LIVE ONCE*, noch stärker mit *MAN HUNT*, hatte Fritz Lang einen visuellen Stil etabliert, der das Hell-Dunkel („Chiaroscuro") mit seiner Rauminszenierung verband und der Mitte der 40er-Jahre mit *SCARLET STREET* seinen Höhepunkt erreichen sollte. Lang zählte damit zu den Regisseuren, die die „Strömung" des Film Noir (S. 36) mitprägten. Insbesondere mit seiner Inszenierung nächtlicher urbaner Räume, von subtil ausgeleuchteten Straßenperspektiven, menschenleeren Orten, Außen- und Innenräumen und Plätzen[1] sollte Lang seinen Filmen jedoch auch etwas Unverwechselbares verleihen. Dieser individuelle Stil geht damit weder vollständig im Film Noir auf, noch läßt sich sein „Sinn für plastisches Herausarbeiten von Formen" (S. 44) auf die Lichtsetzung des „expressionistischen" Films der Weimarer Republik mit ihren Schattenspielen reduzieren, wie es Lotte Eisner in „Die dämonische Leinwand" bereits festgestellt hatte. Zwar keine „Geometrie der Massen" mehr, aber immer noch eine Geo-Metrie: als Durchmessung der Materialität der Welt. Spätesten ab *M – EINE STADT SUCHT EINEN MÖRDER* von 1931 war Langs Anspruch explizit ein *realistischer* und waren seine Filme auch visuell Werken des französischen Poetischen Realismus, wie etwa Jean Renoirs *LA CHIENNE* von 1931 oder Marcel Carnés *LE QUAI DES BRUMES* von 1938, weit näher als denen des deutschen expressionistischen Films. *Künstlerisch betrachtet* dürfte der Einfluß des französischen Kinos seit Jean Renoir auf Fritz Lang ebenso bedeutend gewesen sein wie sein späterer Einfluß auf dieses französische Kino selbst, etwa auf das Jean-Luc Godards[2], mitunter sogar bedeutender als Langs Einfluß auf das Hollywoodkino.

---

[1] Siehe die Abbildungen von *MAN HUNT, MINISTRY OF FEAR, THE WOMAN IN THE WINDOW, SCARLET STREET* und *SECRET BEYOND THE DOOR* auf S. 141, 147 (oben), 148 (oben), 189 (oben), 189 (unten), 190 (unten) u. 192 (oben).

[2] Was auch dazu geführt hat, daß Langs amerikanisches Werk von französischen Kritikern und Filmemachern wie Jacques Rivette, François Truffaut oder Jean-Luc Godard vollkommen anders und in der Regel weit höher eingeschätzt wird, als dies bis heute noch in Deutschland der Fall ist.

Allerdings scheint sich die Zusammenarbeit Fritz Langs mit Bertolt Brecht bei *HANGMEN ALSO DIE!* auch auf Langs Stil ausgewirkt zu haben, zu sehr unterscheidet sich dieser von seinen anderen „Kriegsbeiträgen" *MAN HUNT*, *MINISTRY OF FEAR* und *CLOAK AND DAGGER*. An zentralen Stellen tauchen hierin tatsächlich wieder expressionistisch anmutende Schattenwürfe auf[3], der Film wirkt zudem uneinheitlich und ist mit weit über zwei Stunden eindeutig zu lang. Dabei hatte Lang das ursprüngliche Manuskript von 280 Seiten, das Lang, Brecht und der fürs Englische zuständige John Wexley[4] in drei Monaten geschrieben hatten, bereits erheblich einkürzen müssen. Brecht reagierte harsch, in seinem „Arbeitsjournal" herrscht über diese Zusammenarbeitet der „rohe Hohn"[5] vor.

Die große Ironie der vollkommenen „Einseitigkeit" (S. 37) dieser Arbeitsbeziehung: Brecht lehnte das Kino als Kunstform im Grunde genommen ab, schrieb von der „Primitivät des Filmbaus"[6], während Lang von dessen schriftlichen Lästereien während der Arbeit am Drehbuch nichts wußte, später sogar vermutete, diese seien „nach Brechts Tode zurechtfrisiert worden."[7] Wovon aber Brecht seinerseits ebenfalls nichts mitbekam: daß Lang mit Lily Latté bereits 1939 für ihn einen Fonds gegründet hatte, um ihn während seiner beiden letzten Jahre in Europa und auch noch in Los Angeles finanziell zu unterstützen.[8] Brecht, wie auch Egon Erwin Kisch, galt Langs „persönlich größte Sorge ... Für beide, die er als Künstler hoch verehrte, gab er eine Menge Geld aus. Er tat dies meistens über Mittelmänner, da er nicht wollte, daß sein Engagement öffentlich bekannt wurde."[9] Jedenfalls opferte Lang vom Originalmanuskript vor allem „Brechts geliebte Massenszenen"[10] aus dessen epi-

---

[3] Siehe die Abbildungen auf S. 143 (unten) u. 199 (oben).
[4] Brecht, auf dessen „Inspiration" das Drehbuch „hauptsächlich" zurückging, weigerte sich, Englisch zu lernen. Vgl. Eisner, MEMOIREN, S. 109. „Als es zwischen Wexley und Brecht zum Streit kam, wer der eigentliche Autor des Films war, sagte Lang vor dem Schiedsgericht der ‚Hollywood Screen Writer's Guild' zu Brechts Gunsten aus. Das Gericht entschied allerdings für Wexley." Grob, LANG, S. 279.
[5] Eisner, MEMOIREN, S. 109.
[6] Brecht, ARBEITSJOURNAL, 20.8.42.
[7] Eisner, MEMOIREN, S. 109.
[8] Schnauber, LANG, S. 121 f.
[9] Grob, LANG, S. 257 f.
[10] Eisner, MEMOIREN, S. 109.

schem Theater, konzentrierte den Film in seinen nahegendsten Momenten stattdessen auf eine beklemmend realistische Darstellung nationalsozialistischer Gewaltherrschaft. Als Langs stärkster Verbündeter hierbei erwies sich nicht etwa Bertolt Brecht, sondern (als Darsteller des NS-Bürokraten Ritter) der ebenfalls aus Deutschland emigrierte Unterhaltungsregisseur Reinhold Schünzel. Eine weitere Ironie: Als Theodor W. Adorno, mit dem Lang „in Kalifornien eine enge Beziehung"[11] pflegte, Brecht später für dessen Unterstützung des stalinistischen DDR-Systems scharf kritisierte, führte er dies auf eine fehlende Kenntnis Brechts über das ganze Ausmaß einer solchen „Gewaltherrschaft, in der die blinde Irrationalität des gesellschaftlichen Kräftespiels wiederkehrt"[12], zurück – kurz: Bertolt Brecht verblieb in der Gesellschafts*theorie*[13], Fritz Lang hingegen interessierte der Mensch, der in einen gesellschaftlichen Abgrund hineingestoßen wird, hineingestoßen durch die konkrete *Praxis* einer Gewaltherrschaft, die die Mechanismen seiner Unterdrückung „blind" hervorbringt (Untergruppe A').

\* \* \*

Reinhard Heydrich (Hans Heinrich von Twardowski), der gefürchtete „stellvertretende Reichsprotektor in Böhmen und Mähren", verlangt von den Vertretern der von Deutschland besetzten Tschechoslowakei die Erhöhung der Kriegsproduktion. Bald darauf fällt er in Prag einem Attentat zum Opfer, ausgeführt mit der Pistole von dem tschechischen Patrioten František Svoboda (Brian Donlevy), einem Chirurgen, der jedoch nicht wie geplant untertauchen kann, da sein Fluchtauto per Zufall entdeckt wird. Die ihm unbekannte Mascha Novotny (Anna Lee) hilft ihm, indem sie Polizei in die Irre führt, dabei beobachtet von Frau Dvorak (Sarah Padden), einer Gemüseverkäuferin (was dieser später zum Verhängnis werden wird). In seiner Verzweiflung sucht Svoboda die Wohnung Maschas auf. Es stellt sich heraus, daß ihr Vater, der Geschichtsprofessor Stephen Novotny (Walter Brennan), dem die Nazis ein Lehrverbot erteilt haben, selbst gegen die Besatzer eingestellt ist. Svoboda wird von den

---

[11] Aurich/Jacobsen/Schnauber, LANG, S. 9
[12] Adorno, LITERATUR, S. 124.
[13] Und forderte daher „eine stärkere Betonung der ‚Volksszenen'." Grob, LANG, S. 276.

Novotnys und Maschas Verlobtem Jan Horak (Dennis O'Keefe) versteckt. Als Racheaktion, aber auch, um die Auslieferung des Attentäters vom tschechoslowakischen Widerstand zu erpressen, beschliessen die NS-Führer, 400 Prager Bürger festzunehmen und zu internieren. Der wohlhabende Bierbrauer Emil Czaka (Gene Lockhart), scheinbar dem Widerstand nahe, in Wirklichkeit aber ein Nazi-Spitzel, hilft den Besatzern, die Listen der Geiseln zusammenzustellen, darunter der tschechoslowakische General Votruba (Arthur Loft) und ebenso Professor Novotny. Jeweils 40 Internierte sollen nacheinander erschossen werden, solange, bis der Attentäter ausgeliefert wird. Doch Svoboda, die Novotnys und der Widerstand geben nicht nach, sie arrangieren nun eine ganze Reihe falscher Zeugenaussagen und Indizen, mit denen es ihnen gelingt, Emil Czaka für die Gestapo als Attentäter erscheinen zu lassen – diese hat General Votruba und Professor Novotny mit vielen anderen bereits exekutieren lassen.

*  *  *

Aus heutiger Sicht betrachtet paßt am Ergebnis dieser Zusammenarbeit Langs mit Bertolt Brecht kaum etwas zusammen, weder Hans Heinrich von Twardowskis[14] überzogen affektierte Darstellung des in Wirklichkeit kalten NS-Bürokraten Heydrich, noch die Verkörperung des den Märtyrertod sterbenden Prof. Stephen Novotny durch den Hollywood-Rechten Walter Brennan.[15] Auch der aus-

---

[14] Daß der homosexuelle von Twardowski die Figur Reinhard Heydrichs eindeutig mit solchen Untertönen spielt und dies auch noch als „dämonisch" konnotiert ist, erscheint irritierend. Nun konnten Brecht und Lang zu dieser Zeit weder vom genauen Ablauf des Attentats auf den „Henker von Prag" noch vom wahren Charakter des „Architekten des Holocaust" viel wissen. Lang selbst änderte seine Einstellung gegenüber Homosexualität wohl erst gegen Ende seines Lebens, nach einem Gespräch mit Howard Vernon, einem seiner Darsteller aus *DIE 1000 AUGEN DES DR. MABUSE*: „Fritz Lang, der große Frauenverehrer bis ins hohe Alter, konnte den Gefühlen seines homosexuellen Freundes nicht folgen und wollte sie doch verstehen lernen. Das Gespräch muß ihm nachgegangen sein." Eisner, MEMOIREN, S. 116 f.

[15] Wie John Wayne, so war auch Brennan Mitglied der extrem rechten „Motion Picture Alliance for the Preservation of American Ideals" (MPAPAI) und später ebenso in der verschwörungsmystischen und antisemitischen „John Birch Society". Vgl. Critchlow, RIGHT, S. 161. Während sich Fritz Lang nach den Attentaten auf die Kennedys und auf Martin Luther King entsetzt zeigte (S. 62 f.), brachte Brennan offen seine Freude (!) hierüber zum Ausdruck. Vgl. Rollyson, BRENNAN, passim.

druckslose und hölzerne Brian Donlevy wirkt in der Rolle des Attentäters fehlbesetzt. Doch der von Arnold Pressburger produzierte und über United Artists vertriebene *HANGMEN ALSO DIE!* hinterließ als antinazistisches Gemeinschaftswerk deutsch-österreichischer Emigranten[16] in Hollywoods „Kulturindustrie" durchaus seinen Eindruck: Er wurde von der Institution ihrer künstlerischen Selbstlegitimierung, der „Academy of Motion Picture Arts and Sciences", in den Kategorien Beste Filmmusik und Bester Ton für den „Oscar" nominiert. Sogar das Hays Office hielt sich diesmal zurück: „‚Es ist gegen alle meine Prinzipien', sprach dessen Chef, Joseph Breen, ‚es ist eine Verherrlichung der Lüge, aber ich weiß, daß ich es nicht verbieten kann.'"[17]

Lang habe sich gewünscht „ein Hollywoodpicture zu machen, scheiße auf Volksszenen usw."[18], so Brecht spöttisch, tatsächlich aber wollte Lang die Gewaltherrschaft für das amerikanische Publikum *erfahrbar* machen: „Kein Film *über* Faschismus und Widerstand, aber einer *für* Amerika."[19] Er änderte hiefür die Besetzung, bestand darauf, alle tschechischen Rollen von amerikanischen und alle deutschen Rollen von deutschen Schauspielern spielen zu lassen, „damit ‚einem amerikanischen Publikum halbwegs halbwegs klar' wird, ‚was es für ein Volk bedeutet, von fremdsprachigen Soldaten und Geheimpolizei beherrscht und unterdrückt zu werden.'"[20] Auch dies hinterließ, wie gesagt, dann doch noch Eindruck.[21] Beeindruckt haben dürfte dabei vor allem das, was der britische Filmhistoriker und ehemalige Filmkritiker („Monthly Film Bulletin", „Sight &

---

[16] Neben Fritz Lang und den bereits genannten Bertolt Brecht, Arnold Pressburger, Reinhold Schünzel und Hans Heinrich von Twardowski, noch Brechts engster politischer und künstlerischer Weggefährte Hanns Eisler (Filmmusik) sowie die Schauspieler Alexander Granach, Ludwig Donath (als Gestapo-Offiziere), Tonio Selwart (als Chef der Gestapo), Arnold Frey (als Lagerkommandant) und Lutz Altschul (als NS-Funktionär).
[17] Zit. n. Patalas, FILMOGRAFIE, S. 115.
[18] Brecht, ARBEITSJOURNAL, 16.10.42.
[19] Patalas, FILMOGRAFIE, S. 115.
[20] Zit. n. Grob, LANG, S. 277.
[21] Noch Peter Bogdanovich attestierte Lang „eine eingehende Kenntnis der faschistischen Denkweise, die man in ähnlichen Filmen aus der Zeit vergeblich sucht." Bogdanovich, GEDREHT, S. 208.

Sound") Antony Rayns[22] – analog zum „Lubitsch-Touch" der Filme Ernst Lubitschs – den ganz spezifischen „Lang-Touch" nannte. Demnach „vermenschliche" Fritz Lang seine Figuren, indem er diese stets bei ganz gewöhnlichen Alltagsverrichtungen und in für jedermann nachvollziehbaren Situationen zeige, diese so dem Zuschauer näherbringe und ihnen hiermit auch ihren rein funktionalen Charakter innerhalb der Handlung nehme. Dies erinnert an die Bemerkung Georg Seeßlens, daß in Amerika aus Langs „dämonischem Übermenschen ein demokratischer Mr. Jedermann" (S. 20) werde. In der Tat macht Lang mit seinem „Lang-Touch" nun selbst noch aus den Unterdrückern – wenn auch nicht demokratische – „Jedermänner", nimmt ihnen somit alles Übermenschliche und Klischeehafte.

## EIN LANG-TOUCH

„Heben Sie's doch einmal auf ... Bringen Sie's dort wieder an", so fordert Reinhold Schünzel als Gestapo-Offizier Ritter die Gemüsehandlerin Frau Dvorak während eines Verhörs auf. Es ist eine absichtlich zu locker angebrachte Stuhllehne, die Schünzel mit einer Reitgerte zuvor zu Boden geschlagen hat. Beim zweiten Mal läßt Frau Dvorak die Stuhllehne selbst zu Boden fallen. „Heben Sie's doch wieder auf." Hiernach zieht sie ihre Hand eingeschüchtern von der Stuhllehne zurück. Eine Demonstration schierer Macht und Willkür, während deren Schünzel allerdings auch irritierend höflich erscheint, dabei noch eine Brühwurst aufbricht, aus der er mit Wonne das Fett herausspritzen läßt.

Es ist bekannt, daß Fritz Lang „vor allem die dicken Brühwürste mochte", sie noch im hohen Alter im Swiss Chalet Garden in Los Angeles bestellte.[23] Bereits *M – EINE STADT SUCHT EINEN MÖRDER* verlieh er hiermit seinen „Lang-Touch", vermenschlichte so den kriminellen Untergrund, indem er Theo Lingen solche Brühwürste während einer Unterhaltung zwischen den Gaunern aufwärmen ließ. In *HANGMEN ALSO DIE!* dauert diese Szene gerade einmal eine Minute, erzeugt aber eine Beklemmung, die währenddessen nur schwer zu erfassen und daher kaum auszuhalten ist. So wie Lang wollte, daß sich das Publikum bei *MAN HUNT* in die Figur Joan Bennetts ver-

---

[22] In seinem Videoessay zur britischen Blu-ray-Veröffentlichung von *THE BIG HEAT* (S. 313 f.).

[23] Vgl. Schnauber, LANG, S. 139.

*liebt*, um ihm den ganzen Abgrund der Gewaltherrschaft nahezubringen, so wollte er nun bei *HANGMEN ALSO DIE!* durch seinen „Lang-Touch" erreichen, daß es sich mit den Unterdrückern sogar ein Stück weit *identifiziert*, um ihm die Möglichkeit dieses gesellschaftlichen Abgrund zu vermitteln: Die Unterdrücker, das sind ganz „normale Menschen" wie du und ich („You and Me"), die dicke Brühwürste lieben, keine schemenhafte „Monster", folglich ist die Unterdrückung *jederzeit* möglich. Und in seinem „Arbeitsjournal" hat Bertolt Brecht am Ende nur dokumentiert, daß er diese Warnung Fritz Langs an die Amerikaner nicht verstehen wollte. Für Adorno ist diese Haltung Brechts schließlich in „der Unwahrheit seiner Politik" zurückgekehrt, mit der er sein episches Theater später „vergiftet" habe.[24]

---

[24] Vgl. Adorno, LITERATUR, S. 124.

## MINISTRY OF FEAR
### (Ministerium der Angst, 1944)

Für Norbert Grob ist *MINISTRY OF FEAR* ein „Thriller mit politischem Hintergrund im Stil von Alfred Hitchcock."[1] Und tatsächlich scheint es sich im Wesentlichen um „eine Kriminalgeschichte, erzählt ganz aus der Perspektive eines ahnungslos in sie Verwickelten"[2] zu handeln. Wir folgen der Hauptfigur, gespielt von Ray Milland, in *MINISTRY OF FEAR* ebenso, wie wir den ahnungslosen Protagonisten in Hitchcock'schen Suspense-Thrillern folgen, ob diese nun von Hitchcock selbst oder von anderen Regisseuren gedreht wurden, wie Robert Cummings und Cary Grant in Hitchcocks eigenen *SABOTEUR* (1942) und *NORTH BY NORTHWEST* (1959), wie Gregory Peck in Edward Dmytryks *MIRAGE* (1965) oder wie Tony Musante in Dario Argentos *L'UCCELLO DALLE PIUME DI CRISTALLO* (1970). Hitchcock'sche Suspense-Thriller folgen dabei selbst einer Formel, die durchaus Variationen aufweisen kann, doch bleiben sie stets „manipulativ" und „rational-funktional und letztlich auch kühl, sie lassen sich Szene für Szene in *Evidenzen*[3] auflösen."[4] „Ich bin dabei eingeschlafen", so Fritz Lang zu Peter Bogdanovich, nachdem er *MINISTRY OF FEAR* „kürzlich im Fernsehen gesehen"[5] hatte. Bogdanovich konnte dies sicherlich nachvollziehen, zum einen, da die Struktur von Langs amerikanischen Filmen in der Regel *Kontingenzen* folgt[6], zum anderen, da er selbst noch angemerkt hatte: „Als Hitchcock Berühmtheit erlangte, wurde er gelegentlich ‚der englische Fritz Lang' genannt."[7] Hitchcock wurde – Anfang der 40er-Jahre – vor allem deshalb so genannt, weil er seine Formel offensichtlich aus den noch in Deutschland gedrehten Filmen Langs entlehnt hatte. Und wenn

---

[1] Grob, LANG, S. 281.
[2] Patalas, FILMOGRAFIE, S. 115.
[3] Herv. d. Verf.
[4] Zion, BLICK, S. 275 f.
[5] Allerdings sei der Film nach Lang auch „regelrecht verstümmelt" ausgestrahlt worden. Zit. n. Bogdanovich, GEDREHT, S. 247.
[6] Und keinen Evidenzen – also dem genauen Gegenteil –, wie der Hitchcock'sche Suspense-Thriller.
[7] Ebd., S. 203 f.

Lotte Eisner *MINISTRY OF FEAR* „direkt in einer Linie mit *MABUSE*[8] und *SPIONE* mit ihrer nahtlos funktionalen Handlung und ihrer strengen Logik" sieht[9], dann spricht dies ebenso für die Entlehnung Hitchcocks, wie es Langs Distanz[10] zu dem Film erklärt, der sein Frühwerk auch diesbezüglich hinter sich gelassen hatte: „None of that interests me anymore."[11] Gleichwohl die Geschichte der gegenseitigen Beeinflußung Langs und Hitchcocks hiermit noch nicht zu Ende erzählt ist.[12]

An Graham Greenes gleichnamiger Romanvorlage von 1943 für *MINISTRY OF FEAR* lag Fritz Langs Distanz zu dem Film sicherlich nicht: „Ursprünglich wollte ich das Drehbuch kaufen, aber Paramount hatte mehr Geld, also haben die es gekauft."[13] Gegenüber Gérard Langlois erklärte er 1969: „Ich fuhr nach New York, um mit dem Produzenten, einem ehemaligen Saxophonisten, darüber zu sprechen. Ich las das Drehbuch, das angeblich auf dem Roman basieren sollte, und stellte dabei fest, daß es, abgesehen vom Anfang, völlig verändert wurde. Ich weigerte mich, den Film zu machen, doch ich hatte einen Vertrag unterschrieben. Also versuchte ich aus dem, was ich hatte, das Beste zu machen."[14] Und das „Beste", das war für ihn „ein weiteres Statement gegen die Nazis."[15]

\* \* \*

England während des „Blitz": Soeben nach zwei Jahren aus einer Anstalt entlassen – er hatte versucht seiner todkranken Frau Sterbehilfe zu leisten –, gerät Stephen Neale (Ray Milland) auf ei-

---

[8] Eisner führt Langs drei *MABUSE*-Filme oftmals als *einen* Film an, und dies nicht ganz zu unrecht (S. 19). 1963 verglich Francis Courtade *MINISTRY OF FEAR* diesbezüglich mit Langs letztem *MABUSE*-Film: „Mehr als zwanzig Jahre später wird *DIE 1000 AUGEN DES DR. MABUSE* einen ähnlichen Stil haben." Zit. n. Eisner, LANG, S. 239.
[9] Ebd., S. 246.
[10] „An den Film geglaubt habe ich nie", so Lang. Lang, INTERVIEWS, S. 132.
[11] So Lang zu Lilli Palmer über *DIE NIBELUNGEN*, worauf noch im Kapitel zu *CLOAK AND DAGGER* näher eingegangen wird.
[12] Denn Lang wird sich 1947 mit *SECRET BEYOND THE DOOR* seinerseits wiederum auf Hitchcock beziehen; nicht auf dessen Suspense-Thriller, sondern auf dessen psychologische Thriller *REBECCA* (1940) und *SPELLBOUND* (1945).
[13] Zit. n. Bogdanovich, GEDREHT, S. 247.
[14] Lang, INTERVIEWS, S. 131 f.
[15] Eisner, LANG, S. 239.

nem Dorffest an die Wohltätigkeitsorganisation „Mothers of Free Nations". Er läßt sich dort von der alten Handleserin Mrs. Bellane (Aminta Dyn) die Zukunft voraussagen und gewinnt einen Kuchen, den er jedoch einem blonden Mann (Dan Duryea) übergeben soll. Neale nimmt den Kuchen aber mit. Im Zug wird er von einem (scheinbar) blinden Mann angegriffen, der sich für irgendetwas in dem Kuchen zu interessieren scheint. Während eines Luftangriffs wird der Mann (und der Kuchen) allerdings von einer Bombe zerfetzt. Neale heuert nun den Privatdetektiv George Rennit (Erskine Sanford) an und lernt kurz darauf die österreichischen Migranten Willi Hilfe (Carl Esmond) und seine Schwester Carla (Marjorie Reynolds) kennen, die die „Mothers of Free Nations" leiten. Neal gerät in eine Séance bei Mrs. Bellane, die sich als eine junge Frau (Hillary Brooke) entpuppt. Ebenfalls anwesend: der Psychiater Dr. Forrester (Alan Napier), Autor des Buches „The Psychoanalysis of Nazidom", und der blonde Mann vom Dorffest, der sich als „Mr. Cost" vorstellt. Cost wird bei der Séance erschossen. Neale gerät in Verdacht und flieht. Carla versteckt ihn, er ist nun überzeugt, daß die „Mothers of Free Nations" eine Tarnorganisation für einen Nazi-Agentenring sind. Neale und Carla können hiernach einem Bombenanschlag nur knapp entgehen. Nachdem Neale bei Scotland Yard wieder erwacht ist, überredet er Inspektor Prentice (Percy Waram), ihm zu helfen. Sie finden heraus, daß in dem Kuchen ein Mikrofilm versteckt war (mit Karten minenfreier Schiffahrtswege) und daß Cost noch lebt und in Wirklichkeit Dr. Forresters Schneider Travers ist. Travers entzieht sich der Festnahme durch Selbstmord. Als Neale Carla zur Rede stellen will, gibt ihr Bruder Willi zu, Kopf des Spionagerings zu sein. Es kommt zu einem Kampf, bei dem Carla ihren Bruder erschießt. Neale und Carla fliehen vor den verbliebenen Nazi-Agenten, die von der Polizei am Ende gestellt werden.

* * *

*MINISTRY OF FEAR* ist einer der besseren Hitchcock'schen Suspense-Thriller, aber auch einer der schwächeren Fritz-Lang-Filme, und dies aus ein und demselben Grund: „Der Zuschauer identifiziert sich vollkommen mit der Hauptfigur und durchlebt mit ihr alle bösen Überraschungen, alle Fallen, die ihr gestellt werden"[16], wie Luc Moullet 1963 über den Film schrieb. Die Identifikation des Zuschauers (mit Ray Milland) sowie dessen Manipulation durch das Zurückhalten und nur schrittweise Aufdecken von Informationen funktionieren, so daß sich am Ende für den Betrachter fast alles Gesehene „in das für das Narrativ des Films Notwendige auflösen läßt."[17] Gewissermaßen Kino als *l'art pour l'art* oder, wie es Alfred Hitchcock gegenüber François Truffaut einmal selbst zum Ausdruck brachte, „der reine Film"[18] (*pure cinema*). Zwar eröffnen sich für uns auch in *MINISTRY OF FEAR* einige Abgründe, in die die Figur Ray Millands durch die Situation des Krieges gestoßen wird (Untergruppe B'), doch verblassen diese rasch durch die fast vollständige Auflösung des Films in Evidenzen: „Alle Fallen, die ihr gestellt werden" (Luc Moullet), erscheinen uns im Nachhinein tatsächlich als *gestellt*, von Fritz Lang, dem Regisseur. Aber erwarten wir von ihm nicht eigentlich eher das, was Andrew Sarris einmal wie folgt beschrieben hat: „Lang ist besessen von der *Struktur*[19] der Falle"[20]?

Lang war sich bewußt, daß Hitchcock'scher Suspense seinen intendierten Realismus entwerten und dem Film seine Ernsthaftigkeit nehmen würde, und er „tat alles, um auch mit diesem eher simplen Film einen weiteren Kriegsbeitrag zu leisten."[21] Aus der „Struktur der Falle" nationalsozialistischer Gewaltherrschaft, die er so beeindruckend in *MAN HUNT* aufgedeckt hatte (S. 66 ff.), machte Lang in *MINISTRY OF FEAR* nun eine Warnung: „Er verstärkte die Dämonie der Naziaktivitäten, um die Gefahr einer faschistischen Unterwanderung deutlicher zu machen."[22] Für Lotte Eisner trägt der Film daher auch „den Ring der Wahrheit: Sogar eine Figur wie Dr. Forrester, der ein Buch über die Psychologie der Nazis veröffentlicht hat, war keineswegs erfunden, was spätere Entdeckungen einiger prominenter Personen, die während des Krieges Spione waren, bestätigen sollten."[23] Zudem inszenierte Lang den Bombenterror von

---

[16] Zit. n. Eisner, LANG, S. 239.
[17] Zion, BLICK, S. 170.
[18] Zit. n. Truffaut, HITCHCOCK, S. 275.
[19] Herv. d. Verf.
[20] Sarris, CINEMA, S. 64.
[21] Grob, LANG, S. 282.
[22] Ebd.
[23] Eisner, LANG, S. 239.

„The Blitz"[24] eindringlich, etwa die nicht sehr zielgenauen Flächenbombardements von Hermann Görings Luftwaffe oder das Zusammenkauern der Londoner Bevölkerung in der U-Bahn.[25] Mehr als einmal wird die Leinwand fast vollkommen schwarz und aus den Gesichtern werden kleine, leuchtende weiße Flächen, die hierdurch der allgegenwärtigen Bedrohung durch die Unterwanderung wie ausgeliefert erscheinen.[26] Wie Langs Skizzen und Anmerkungen zu *MINISTRY OF FEAR* zeigen[27], legte er nicht nur auf seine die „Menschen einschließenden Raumaufrisse" (S. 46) besonderen Wert[28], sondern auch auf die Lichtführung in der allgegenwärtigen Dunkelheit seiner Räume: Als Marjorie Reynolds Carl Esmond durch eine Tür eines vollkommen abgedunkelten Zimmers erschießt, fällt hiernach ein Lichtstrahl durch das Durchschußloch[29] in den Raum. Es ist diese Schwärze, die den Film dann doch noch so bedrückend macht. Und wenn dieser dünne Lichtstrahl den Raum am Ende erhellt, dann erinnert uns Fritz Lang hiermit an die in den nachtschwarzen Himmel ragenden Lichtkegel der Flakscheinwerfer vom Beginn und läßt uns wissen: Erst der erfolgreiche Widerstand gegen die nazistische Bedrohung bringt ein wenig Licht in diese finsteren Zeiten.

---

[24] So die englische Bezeichnung der Angriffe der deutschen Luftwaffe auf England zwischen September 1940 und Mai 1941.

[25] Anders als Mietshäuser in deutschen Städten, hatten Londoner Häuser keine Luftschutzkeller. Insgesamt kamen während „The Blitz" etwa 43000 Zivilisten ums Leben.

[26] Siehe die Abbildungen auf S. 145 u. 200 (oben).

[27] Vgl. Eisner, LANG, S. 246; Aurich/Jacobsen/Schnauber, LANG, S. 364 ff.

[28] Siehe die Abbildung auf S. 189 (unten).

[29] Hierbei stieß Lang erneut auf die Eigenheiten des Studiosystems Hollywoods: „Diese Aufnahme war besonders schwierig. Lang musste das von der Kugel verursachte Loch im exakt richtigen Winkel bohren, um es sichtbar zu machen. Das Einrichten der Szene dauerte anderthalb Stunden. Aufgrund gewerkschaftlicher Vorschriften durfte Lang das Loch jedoch nicht selbst bohren und es auch nicht von der Crew bohren lassen. Die ganze Tür mußte daher in die Studio-Schreinerei geschickt werden, während die gesamte Besetzung und das Team darauf warteten, daß das Loch gebohrt und die Tür wieder in ihre Position gebracht wurde." Eisner, LANG, S. 246. In der Folge überzog Lang „die Drehzeit um neun Tage und das Budget um 44000 Dollar" (sein Honorar betrug 50000 Dollar bei einem Budget von 700000 Dollar und einer Dreh- und Schnittzeit von 10 Wochen). Vgl. Grob, LANG, S. 281 f.

3. Teil
Der tragische Charakter

## Am Set und „... so genannte Stars"

Als 1997 Patrick McGilligans gigantische Biographie „Fritz Lang: The Nature of the Beast"[1] in New York erschien, galt der Titel des Buches als Programm und dieses entsprechend als kleine Sensation. Das darin gezeichnete Charakterbild Langs, zusammengetragen aus zahllosen mündlichen und schriftlichen Äußerungen über Lang von dessen Mitarbeitern, engeren Bekannten oder Liebschaften, hatte Peter Bogdanovich bereits 1967 bedeutend ökonomischer auf den Punkt gebracht: „Ich bin im Laufe meines Lebens kaum einem Menschen begegnet, der ein gutes Wort für Lang eingelegt hätte ... Lang war ein schwieriger Mensch und für viele schwer zu ertragen ... Er war ein Quälgeist und ein Gequälter ... Allerdings konnte er auch klug und charmant sein, Eigenschaften, die Godard in seinem Film *LE MÉPRIS*, in dem Fritz Lang sich selbst spielt, gut eingefangen hat."[2] Lang war ein enorm fordernder und für andere herausfordernder Mensch, selbst für die, die er liebte, oder die ihn liebten, beziehungsweise schätzten: begeisterungsfähig und leidenschaftlich, dann wieder jähzornig und grob; ausgesprochen sensibel und zuweilen herablassend; manchmal entwaffnend direkt und ehrlich, manchmal kalt berechnend und Legenden um sich strickend. In der Hollywoodgemeinde galt er als größenwahnsinnig, perfektionistisch, preußisch, diktatorisch, rücksichtslos, arrogant.[3] Eines jedoch sucht man in den Akten über ihn vergebens: Oberflächlichkeit. Langs Ruf in Hollywood als Filmlegende *und* „Monster" machte ihn dort gewißermaßen zu einem tragischen Charakter, jenen Akteuren in der griechischen Tragödie (und seinen eigenen Filmen) gleich, die beim Publikum „Jammer" und „Schauder" erzeugen sollen, indem sie durch jedwedes Handeln nur schuldig werden können.[4] Und Lang war sich dessen sehr bewußt, darauf angesprochen, reagierte er in der Regel mit Ironie. So meinte er in einem Interview von 1945 gegenüber der Journalistin Mary Morris: „Mein Schatz, ich bin das Monster von Hollywood – der dämonische Mensch. Schauen

---

[1] Vgl. McGilligan, LANG, passim.
[2] Bogdanovich, GEDREHT, S. 205 f.
[3] Vgl. McGilligan, LANG, passim.
[4] Wir werden auf die Wurzeln von Langs Werk in der griechischen Tragödie noch im Kapitel zu *SCARLET STREET* zu sprechen kommen.

Sie, ich denke, ich kenne mein Geschäft, habe starke Meinungen, weiß genau, was ich will – immer, bezüglich allem. Niemand, mein Schatz, mag einen Schlaumeier. So ist das nun einmal. Ich denke, vielleicht bin ich schwieriger als andere Regisseure, aber beim Regieführen agiert man nicht einfach nur wie ein Verkehrspolizist, der den Leuten am Set Signale zum Stoppen oder Weitergehen gibt ... Es ist mein Lebensinhalt – meine Arbeit. Es fällt einem zwar leicht, darüber zu sprechen, aber ich kann nun mal nicht anders. Ich gehe keine Kompromisse ein. Die Leute reden darüber – ich weiß das."[5] Nichts wäre irreführender, als Lotte Eisners Wahrnehmung über Fritz Lang in Amerika, daß er „die eigentlich traurige Figur dort war, ein einsamer Kämpfer" (S. 9), auf Langs – zweifellos komplizierten – Charakter zurückzuführen, darauf, daß er, so Walter Wanger, „Preuße bis in die Fingerspitzen"[6] gewesen sei. Vielmehr „weigerte er sich, sich an das Studiosystem anzupassen, suchte immer nach einer Ufa in Amerika, nach einer Organisation, die seinem Bedürfnis nach absoluter Autorität im Filmemachen nachkommen würde."[7] Doch mehr noch als ein „Bedürfnis" war diese für Lang ein *Erfordernis*. „Der Film ist die der gesteigerten Lebensgefahr, der die Heutigen ins Auge zu sehen haben, entsprechende Kunstform"[8], so Walter Benjamin, und Lang hatte das Kino als Kunstform, ganz im Sinne Benjamins, in Deutschland quasi miterfunden. Weder die standardisierten Produktionsmethoden des Studiosystems (S. 26) mit seiner hochgradigen Arbeitsteilung, mit seinen „Exekutivgewaltigen" und „Zwischenträgern" noch die Erzählformen des Hollywoodkinos und die dementsprechenden Grundmythen Amerikas entsprachen diesen Erfordernissen Langs. Sein Zugang zum Kino als Kunstform, sein „Lebensinhalt", lag in dessen „Neuerfindung in Permanenz" (S. 14). Dieser Zugang erforderte ebenso die absolute Kontrolle über nahezu jeden Aspekt, jede Produktionsphase des Filmemachens, wie auch sein vielzitierter „Perfektionismus" in diesem selbst – und nicht in seinem vermeintlich „preußischen" Wesen – begründet war: in der Inszenierung des filmischen Raums, von Objektbeziehungen und Wirkzusammenhängen, die zugleich deterministisch und kontingent (S. 23) sind. Es war Langs gegenüber sich selbst erhobener Anspruch, „Realist" zu sein

---

[5] Lang, INTERVIEWS, S. 10 f.
[6] Bernstein, WANGER, S. 197.
[7] Ebd. S. 199.
[8] Benjamin, KUNSTWERK, S. 67.

(S. 44), nach Walter Benjamins Definition des Films „tief ins Gewebe der Gegebenheit" (S. 47) der materiellen Welt, einer Gesellschaft und der menschlichen Beziehungen einzudringen. Und da dieses Gewebe Zufällen (Kontingenzen) unterlag, konnte, ja, durfte er beim Filmemachen „nichts dem Zufall"[9] überlassen. Dies war Langs Charakter, die eigentliche „Nature of the Beast", der McGilligan nicht gerecht wurde, da er diese Natur jenseits von Langs erklärtem „Lebensinhalt", des Kinos, gesucht hat.

Gleichwohl wies McGilligan zurecht darauf hin, daß Langs Schwierigkeiten und sein Ruf in Amerika auch auf das Starsystem Hollywoods zurückzuführen gewesen ist. Es waren die Stars, die die Filme an den Kinokassen erfolgreich machten, und es waren die Studiobosse, die die Stars machten.[10] Selbstverständlich war sich Lang dessen bewußt, und im Gegensatz zu vielen seiner Stars über ihn, äußerte sich Lang so gut wie nie negativ über diese, im Gegenteil sogar, er zeigte diesen gegenüber „stets eine gewisse Loyalität".[11] Gegenüber dem Starsystem Hollywoods empfand er dennoch Distanz. So bezeichnete er das vom Produzenten Bert E. Friedlob für *WHILE THE CITY SLEEPS* zusammengestellte Ensemble gegenüber Peter Bogdanovich dann auch als „so genannte Stars".[12] „In Deutschland sei der Film selbst der Star gewesen", hatte Lang einmal gegenüber dem Superstar des frühen Hollywoods Douglas Fairbanks bemerkt.[13] Im Grunde genommen behielt Lang auch in Hollywood diesen Anspruch bei, was seine Stars wiederum zu spüren bekamen. Es war, wie gesagt, Langs Zugang zum Filmemachen, der eine enorm akribische, detailgenaue, kontrollierte und durchgeplante Arbeit in jeder Phase und bei jedem – auch technischen – Aspekt der Produktion sowie am Set erforderlich machte, ein Zugang, der dann „alle an der Arbeit Beteiligten zur Raserei brachte."[14] Daß Lang der Inszenierung von Objekten und Räumen mindestens eine ebensogroße Bedeutung zumaß wie der Inszenierung der Schauspieler, mehr noch, daß er diese zu

---

[9] Eisner, MEMOIREN, S. 126.
[10] Vgl. McGilligan, LANG, S. 210.
[11] Schnauber, LANG, S. 115.
[12] Dennoch hielt Lang das Ensemble für „eine ausgezeichnete Besetzung". Zit. n. Bogdanovich, GEDREHT, S. 274. Die Schreibweise wird als feststehender Begriff aus dem Originalzitat übernommen.
[13] Zit. n. McGilligan, LANG, S. 210.
[14] Grafe, LANG, S. 48.

den Objekten und Räumen selbst in Beziehungen setzen mußte, stieß bei vielen Hollywoodstars auf Unverständnis.[15] Die Beschreibungen von Langs kontrollierter und kontrollierenden Arbeitsweise oder von nächte- oder tagelangen Regiesitzungen sind Legion.[16] Drehbuch, Storyboards, Kameraführung, Einstellwinkel, Auswahl der Objektive, Ausleuchtung, Markierungen am Set, Filmbauten, Requisiten, sogar Make-Up und Öffentlichkeitsarbeit – „Er hätte am liebsten alles selbst gemacht, wenn ihm tausend Hände gewachsen wären. Manchmal verbrachte er Nächte im Studio, um über ein bestimmtes technisches Problem zu grübeln. Dann konnte es vorkommen, daß man ihm am Morgen beim Rasieren zwischen Kamera und Kulissenteilen überraschte."[17] Anders als bei den Studiobossen, Produzenten und vielen Stars Hollywoods, genoß Lang bei den meisten der hochprofessionalisierten technischen und künstlerischen Mitarbeiter des Studiosystems Hochachtung. Ernest Laszlo, Langs Kameramann bei *WHILE THE CITY SLEEPS*: „Fritz Lang war der vollendete Techniker und Künstler, in dieser Beziehung sogar William Dieterle[18] überlegen. Ich hatte den Eindruck, daß er jeden Aspekt des Filmemachens beherrsche. Ohne Zweifel konnte er ein strenger Zuchtmeister sein, aber wenn man seine Arbeit tat und Begeisterung zeigte, konnte er der beste Freund sein, den man jemals hatte. Ich bewunderte seine Professionalität, und das taten die meisten der Künstler und Techniker."[19] Lang brauchte aber ebenso professionelle Schauspieler, die sich seines künstlerischen Anspruchs und der Notwendigkeiten von dessen technischer Umsetzung bewußt waren und die seine Autorität dementsprechend respektierten. Was er hingegen nicht gebrauchen konnte, waren schauspielerische Eitelkeiten von Hollywoodstars. Joan Bennett: „Es gab ... keine Einführungen, Diskussionen oder Analysen der Charaktere. Fritz sagte seinen Darstellern, was er wollte – und das war alles."[20]

---

[15] So beschwerte sich Henry Fonda darüber, daß Lang einmal den ganzen Tag lang „nur die Desertteller aufgenommen" habe. Vgl. Grafe, LANG, S. 48.

[16] Vgl. Eisner, LEINWAND, S. 24; Eisner, MEMOIREN, S. 125 f.; Grafe, LANG, S. 48 f.; Schnauber, LANG, S. 61 f.; Bogdanovich, GEDREHT, S. 238 f.

[17] Eisner, MEMOIREN, S. 125 f. Diese Beschreibung Lotte Eisners gilt Langs Arbeitsweise in Deutschland, doch auch in Amerika behielt er diese im Grunde bei.

[18] Eigentlich: Wilhelm Dieterle.

[19] Zit. n. Schnauber, LANG, S. 114.

[20] Zit. n. ebd. S. 114 f.

\* \* \*

Lang konnte in Hollywood mit Schauspielerinnen künstlerisch sehr subtil arbeiten, weit mehr noch als mit Schauspielern.[21] Bis auf Lilli Palmer (*CLOAK AND DAGGER*) und Anne Baxter (*THE BLUE GARDENIA*) lieferten Schauspielerinnen bei ihm oftmals die erinnerungswürdigsten, wenn nicht sogar besten Darstellungen ihrer gesamten Hollywoodkarriere ab: Sylvia Sidney (*FURY, YOU ONLY LIVE ONCE, YOU AND ME*), Joan Bennett (*MAN HUNT, THE WOMAN IN THE WINDOW, SCARLET STREET, SECRET BEYOND THE DOOR*), Barbara Stanwyck (*CLASH BY NIGHT*), Gloria Grahame (*THE BIG HEAT, HUMAN DESIRE*) sowie Rhonda Fleming und Ida Lupino (*WHILE THE CITY SLEEPS*). Lang „hatte ... eine große Hochachtung vor Frauen", diese genossen bei ihm „tiefste Verehrung."[22] Für das jeweilig Besondere von Schauspielerinnen, für ihr Wesen, ihre Präsenz, bis hin zu ihrer Physis, hatte Lang daher ein einmaliges Gespür. Im Idealfall gaben Schauspielerinnen diese Sensibilität dann ihrerseits an den Künstler Lang zurück, nahmen seine dirigistische Art entsprechend hin. In anderen Fällen wiederum verstand es Lang geradezu brillant, Spannungen mit Schauspielerinnen, vorhandene Schwächen oder offene beziehungsweise verdeckte Abneigungen für ihre Rollencharaktere auszunutzen, so etwa bei Marlene Dietrich (*RANCHO NOTORIOUS*), Marilyn Monroe (*CLASH BY NIGHT*) und Joan Fontaine (*BEYOND A REASONABLE DOUBT*).[23] Die für ihn seltene Langmut etwa, die er gegenüber der als launisch, unsicher und unzuverlässig geltenden Marilyn Monroe an den Tag legte[24], war nicht allein auf Sympathie zurückzuführen. Lang entbarg bei Hollywoodschauspielerinnen vielmehr eine bei diesen nur selten gesehene Natürlichkeit, indem er diese

---

[21] Die entsprechenden Auseinandersetzungen Langs mit Spencer Tracy und Henry Fonda haben eine gewisse Berühmtheit erlangt. Vgl. Bogdanovich, GEDREHT, S. 205; Schnauber, LANG, S. 112 f.

[22] Schnauber, LANG, S. 19. „Jeder weiß, daß ich ein großer Frauenliebhaber bin, und ich verabscheue Männer, die Frauen wie niedrigere Wesen behandeln", so Lang gegenüber Peter Bogdanovich. Zit. n. Bogdanovich, GEDREHT, S. 240.

[23] Das jeweils Besondere dieser Rollen wird in den entsprechenden Kapiteln zu den Filmen besprochen.

[24] In einem Brief an Lotte Eisner schrieb Lang 1969: „Marilyn Monroe kam notorisch immer zu spät zu den Aufnahmen. Nicht aus bösem Willen, sondern weil sie im Unterbewußtsein tiefe Angst vor dem Drehen hatte. ... Ich beschwere mich nicht." Zit. n. Schnauber, LANG, S. 115.

oftmals dahin brachte, in ihren Rollen einen Teil ihres ureigensten Wesens offenzulegen. Bei keiner anderen Darstellerin Langs traf dies mehr zu als bei Joan Bennett. Diese (1910 in New Jersey geboren) hatte bereits eine längere Hollywoodkarriere seit Anfang der 30er-Jahre als blonde „Glamour Queen" hinter sich, bevor sich ihr Rollenprofil 1941 mit ihrer Rolle in Langs *MAN HUNT* radikal änderte. Die Bewunderung, ja geradezu Verehrung, war seitdem eine beiderseitige.[25] Obwohl Bennett später noch für ausgewiesene Schauspielerregisseure wie Jean Renoir, Max Ophüls und Detlef Sierck gearbeitet hat[26], meinte sie über ihre Zusammenarbeit mit Lang: „Ich habe unter seiner Regie besser gespielt als zu irgendeinem anderen Zeitpunkt meiner Karriere. Ich tat fast immer, was er mir sagte, und wir entwickelten ein ausgezeichnetes Arbeitsverhältnis."[27] Wenn auch dieses Verhältnis, charakteristisch für Lang, nie ohne Spannungen ablief. „Fritz war furchtbar anspruchsvoll und herausfordernd und die Arbeit mit ihm war manchmal ruppig"[28], so Bennett. Er sei „in einem Moment ruhig und zielgerichtet" gewesen, um „im nächsten in eine Tirade auszubrechen. Bei Drehbuchkonferenzen war er rebellisch, am Set unverschämt und fordernd."[29] Dennoch war die künstlerische Sensibilität, die Lang und Bennett für den jeweils anderen zeigten, bereits seit *MAN HUNT* offenkundig. Wieder einmal sah Patrick McGilligan über das durch die Filme Offensichtliche einfach hinweg, wenn er aufgrund der persönlich Mitteilung einer einzigen Person – von Langs damaliger Sekretärin Hilda Rolfe – behauptete, Lang habe Bennett für eine schlechte Schauspielerin gehalten und sie nur benutzt.[30]

---

[25] „Joan Bennett war ein wundervoller Mensch, unsere Zusammenarbeit war ein reines Vergnügen", so Lang. Zit. n. Bogdanovich, GEDREHT, S. 240. Bennett: „Für mich bleibt Fritz Lang für immer einer der großen Regisseure in der Geschichte des Filmgeschäfts, und die Zusammenarbeit mit ihm war für mich eine faszinierende Übung in der Kunst des Filmemachens." Bennett/Kibbee, BENNETT, S. 287.

[26] *THE WOMAN ON THE BEACH* (Renoir) von 1947, *THE RECKLESS MOMENT* (Ophüls) von 1949 und *THERE'S ALWAYS TOMORROW* (Sierck) von 1956.

[27] Bennett/Kibbee, BENNETT, S. 283.

[28] Ebd. S. 283.

[29] Ebd. S. 286.

[30] Vgl. McGilligan, LANG, S. 315 f.

"Was auch immer ihre Beziehungen jenseits der Leinwand waren[31], jedenfalls war Bennett Anfang der 40er-Jahre Zeugin von Langs Schwierigkeiten mit den Bossen der 20th Century-Fox, Darryl F. Zanuck und William Goetz, geworden. ‚Sie behandelten ihn wie irgendetwas', erinnerte sie sich später, ‚und er war doch viel mehr als das.'"[32] Tatsächlich war es dann Joan Bennett, die die Gründung einer unabhängigen Produktionsfirma eigens für Lang anregte.[33] Im Frühjahr 1945 riefen Joan Bennett, Walter Wanger und Fritz Lang so Diana Productions ins Leben, die für den Vertrieb eng mit der Universal zusammenarbeitete.[34] Lang, der der Ansicht war, daß die „großen Studios" bei ihren Stoffen „zu vorsichtig" seien, wie er Ende der Jahres der Presse mitteilte.[35], wollte seine eigene Ufa in Hollywood. Bereits nach seinen schlechten Erfahrungen mit der MGM (*FURY*) und den positiven hiernach mit Walter Wanger (*YOU ONLY LIVE ONCE*) hatte Lang erwogen, künftig mit unabhängigen Produzenten zu arbeiten.[36] Der Erfolg von *THE WOMAN IN THE WINDOW* für Nunnally Johnsons International Pictures bestärkte ihn nun hierin. Lang wurde Präsident der neuen Firma, hielt die Mehrheit der Anteile, Wanger, der (offiziell) keine eigenen Anteile hielt, ihr „Executive Vice-President."[37] Matthew Bernstein: „Diana Productions war vielleicht nicht die Ufa, aber es ging darum, so nah an diese heranzukommen, wie es bei einer amerikanischen Firma im Studiosystem überhaupt nur möglich war, um das ihn unterstützende Arbeitsumfeld wiederherzustellen, das Lang aus Europa gewohnt war."[38]

---

[31] McGilligan schreibt ebenso, daß Bennett, die von 1940 bis 1965 mit Langs Produzenten Walter Wanger verheiratet war, irgendwann Mitte der 40er-Jahre eine „zeitweilige Affäre" mit Lang gehabt hätte. Dies hätten „mehrere enge Freunde und Mitarbeiter Langs" behauptet, so McGilligan, hierbei Matthew Bernstein zitierend. Nach Langs gutem Freund und Cutter Gene Fowler, Jr., ist Lang in Bennett zumindest „verliebt" gewesen. Joan Bennett hingegen sagte stets, sie habe ihren Ehemann niemals betrogen. Vgl. ebd., S. 315 f.; Bernstein, WANGER, S. 198.
[32] Ebd., S. 198 f.
[33] Ebd. S. 198.
[34] Benannt nach dem Vornamen von Bennetts ältester Tochter. Vgl. Grob, LANG, S. 290 f.
[35] Lang, CAUTIOUS, S. 3.
[36] Vgl. Grob, LANG, S. 232.
[37] Vgl. ebd. S. 290. Von den 1000 Anteilen der Firma (zu je 75 Dollar) hielt Lang 503. Joan Bennett, die die Minderheit der Anteile hielt, hatte das Geld für ihr Investition in die Firma von Wanger erhalten, was Lang allerdings nicht wußte. Vgl. Bernstein, WANGER, S. 202 u. 205 f.
[38] Ebd., S. 207.

## THE WOMAN IN THE WINDOW
(Gefährliche Begegnung, 1944)

Als Fritz Lang im Herbst 1943 von dem Drehbuchautor und Produzenten Nunnally Johnson[1] für eine Verfilmung von J.H. Wallis' Bestseller „Once Off Guard" (1942) angesprochen wurde, lag *MINISTRY OF FEAR* immer noch auf Eis.[2] „Lang las Roman und Skript und war begeistert."[3] Er schlug Johnson vor, die Geschichte als Traum darzustellen und durch einen „normal" gestalteten Prolog und einen ebensolchen Epilog einzurahmen, so wie er es bereits Erich Pommer für *DAS CABINET DES DR. CALIGARI* (1920), bei dem er ursprünglich Regie führen sollte, vorgeschlagen habe. „Ich kam überhaupt nicht auf den Gedanken, daß ich mich ja selbst wiederholte, als ich die Idee für *THE WOMAN IN THE WINDOW* hatte", so Lang.[4] Er wurde ein Schlüsselfilm Fritz Langs in Amerika, mit dem nicht nur seine erfolgreichste Phase in Hollywood begann, er wurde auch zum Urfilm aller individuellen Abgründe, die in ihren Protagonisten selbst angelegt sind (Untergruppe B"). Nun begann er „die Unter- und Nebenwelten, die in seinen deutschen Filmen die Gesellschaft bedrohten ..., in die Gefühls- und Gedankenwelt seiner Figuren zu verlagern."[5] *THE WOMAN IN THE WINDOW* sollten noch *SCARLET STREET*, *SECRET BEYOND THE DOOR*, *RANCHO NOTORIOUS*, *CLASH BY NIGHT*, *HUMAN DESIRE*, *MOONFLEET* und *BEYOND A REASONABLE DOUBT* folgen.

---

[1] Johnson zählte seit Mitte der 30er-Jahre zu den profiliertesten Drehbuchautoren der 20th Century-Fox und schrieb dort u. a. für John Ford das Drehbuch zu *THE GRAPES OF WRATH* (1940), dem Hollywoodfilm der Roosevelt-Ära. 1943/1944 gründete Johnson zusammen mit Leo Spitz und William Goetz International Pictures, die ihre Filme über RKO vertrieben und Anfang Oktober 1946 mit der Universal zu Universal-International fusionierten.

[2] Paramount hielt den Film über ein Jahr zurück, „in der Absicht, erst nach einer erfolgreichen Invasion einen Film präsentieren zu können." Grob, LANG, S. 282. *MINISTRY OF FEAR* erschien am 19. Oktober 1944 in den USA fast zeitgleich mit *THE WOMAN IN THE WINDOW*, nach der Landung der Alliierten in der Normandie im Juni des Jahres.

[3] Ebd., S. 287.

[4] Zit. n. Bogdanovich, GEDREHT, S. 246 f. Allerdings gibt es außer der Aussage Langs keinen weiteren Nachweis für seine Idee für *DAS CABINET DES DR. CALIGARI*.

[5] Grob, LANG, S. 287.

* * *

Frau und Kinder des College-Professors Richard Wanley (Edward G. Robinson) sind verreist und am Abend unterhält er sich mit seinen beiden Freunden, dem Bezirksstaatsanwalt Frank Lalor (Raymond Massey) und dem Arzt Dr. Michael Barkstane (Edmund Breon), in einem Herrenclub über das Ölporträt einer schönen jungen Frau, das er zuvor im Schaufenster einer Galerie gesehen hatte. Aus dem Alter sei er raus, so Wanley. Als er nach dem Herrenabend noch einmal in das Schaufenster blickt, erscheint plötzlich die auf dem Gemälde abgebildete Frau (Joan Bennett) in Fleisch und Blut neben ihm. Sie stellt sich als Alice Reed vor und lädt ihn zu sich nach Hause ein. Dort taucht unerwartet ihr reicher Liebhaber Claude Mazard (Arthur Loft) auf.[6] Wanley tötet den eifersüchtigen und jähzornigen Mazard mit einer Schere (die ihm Reed reicht) in Notwehr. Die beiden beschließen, die Sache zu vertuschen. Wanley entsorgt den Toten mit dem Auto auf dem Lande.

Im Herrenclub und bei einem Ortstermin am Fundort der Leiche macht sich Wanley hiernach mehr als einmal im Beisein Lalors verdächtig. Jetzt aber dringt Mazards ehemaliger Leibwächter Heidt (Dan Duryea) in Reeds Wohnung ein. Er hat Wind von dem Mord bekommen, entdeckt hierfür den Beweis (ein Stift Wanleys mit dessen Initialen[7]) und erpresst die beiden. Wanley gibt Reed das Geld, empfiehlt ihr aber auch, Heidt zu vergiften. Er besorgt ihr hierfür große Mengen eines starken Medikaments, das ihm Dr. Barkstane zuvor zur Beruhigung empfohlen hatte. Doch Heidt wird beim nächsten Besuch Reeds misstrauisch, nimmt das Geld und geht. Reed ruft Wanley an, der sich daraufhin umbringen will und das Medikament zuhause selbst nimmt. Dann wird Heidt bei einer Schießerei vor Reeds Haus von der Polizei getötet. Diese findet das Geld bei Heidt und hält ihn für den Mörder. Reed, die mit einigen Schaulustigen die Szenerie beobachtet hat, ruft Wanley erneut an, um Entwarnung zu geben. In diesem Augenblick erwacht Wanley im Herrenclub, wo er

---

[6] Reed hatte Wanley zuvor erzählt, daß Mazard nie mit ihr ausgegangen sei, aber sie regelmäßig in ihrer Wohnung besucht habe. Dies, das überdimensionierte Bett (mit Spiegel) der Alleinstehenden sowie ihre sehr freizügige Kleidung deuten an, daß sie von Männerbekanntschaften zu leben scheint.

[7] Siehe die Abbildung auf S. 199 (unten).

nur über einem Buch im Sessel eingeschlafen war, und geht. Er trifft die scheinbar toten Mazard und Heidt als Angestellte des Clubs wieder und schaut noch einmal auf das Ölporträt im Schaufenster der Galerie. Als ihn dort eine Frau um Feuer bittet, rennt er weg: "Nicht für eine Million Dollar!"

\* \* \*

*THE WOMAN IN THE WINDOW* ist sicherlich eine "schwarze, bitterböse Phantasie um die Abgründe einer bürgerlichen Existenz"[8], vor allem aber ist er ein filmisches Meisterstück, dabei geradezu ein Lehrbeispiel dafür, daß Langs Filme, nach Antony Rayns[9], im Wesentlichen nicht auf *montage*, sondern auf *mise en scène* basieren. Der (Alp-)Traum Edward G. Robinsons beginnt mit dem Spiegelbild Joan Bennetts, das wir mit ihm im Schaufenster der Galerie erblicken. Dabei scheint diese Spiegelung neben ihrer Abbildung auf dem Gemälde aus der Tiefe dieses Gemäldes aufzutauchen: "Innere und äußere Vorgänge fusionieren" zu "Wahrnehmung" und "die Barriere zwischen Personen des Films und Zuschauern vor der Leinwand hebt sich auf"[10], wie Frieda Grafe über die *mise en scène* Langs schreibt. Solch eine Spiegelung in einer Schaufensterscheibe, die mehrere Bild- und dadurch Wahrnehmungsebenen erzeugt, inszenierte Lang bereits in *M – EINE STADT SUCHT EINEN MÖRDER*.[11]

Aber auch "für den Übergang von der Katharsis[12] zur Realität, die auf den Traum folgt, setzt Lang eine virtuose Kameraarbeit ein", so Eisner. Derart virtuos, daß Nunnally Johnson noch am 23. Januar 1969 in einem Brief schrieb: "Diese Szene, die einen kompletten Wechsel der Garderobe und des Sets erforderte, wurde ohne einen Schnitt gemacht, derart perfekt, daß man es mir erklären mußte."[13] Nachdem sich Robinson gegen Ende in seiner Wohnung (scheinbar) vergiftet hat, fährt Lang mit der Kamera langsam auf

---

[8] Grob, LANG, S. 288.
[9] Wie von diesem in seinem Videoessay zur britischen Blu-ray-Veröffentlichung von *THE BIG HEAT* (S. 313 f.) dargelegt.
[10] Grafe, LANG, S. 39.
[11] Siehe die Abbildung auf S. 197 (oben).
[12] Auf die Bedeutung der "Katharsis" nach Aristoteles in Fritz Langs amerikanischen Filmen wird im nächsten Kapitel zu *SCARLET STREET* eingegangen.
[13] Vgl. Eisner, LANG, S. 255.

sein Gesicht zu, während seine Garderobe und das Set außerhalb ihres Blickfeldes gewechselt werden. Robinson wacht aus seinem Traum auf, und als die Kamera wieder zurückfährt, befinden wir uns mit ihm nun wieder in dem Herrenclub vom Beginn. Innere und äußere Vorgänge fusionieren auch hier allein durch Langs *mise en scène*, über den Wechsel des Ortes (Herrenclub/Wohnung) und der Zeit (Beginn/Ende) ohne Schnitt. Kein „unsichtbarer" Schnitt wohlgemerkt, sondern einer, der überhaupt nicht existiert.[14] Hierdurch läßt uns Lang als Zuschauer „im Filmraum zirkulieren"[15], der zugleich das Innere Edward G. Robinsons ist. Dies, die Fusion eines psychologischen Innen mit einem räumlichen Außen, ist die *raison d'être* der Rahmenhandlung von THE WOMAN IN THE WINDOW, und nicht eine vermeintliche Abmilderung dieser „schwarzen, bitterbösen Phantasie" für den Zuschauer. Der sichtbare filmische Raum ist also nicht mehr eine die Protagonisten „ein- und ausschließende Raumordnung einer Gesellschaft" (S. 48), wie noch in YOU ONLY LIVE ONCE, sondern ein innerer Raum des Protagonisten, wie von Johannes Binotto präzise erfaßt: „Die ‚Exteriorisierung' der Psychoanalyse, welche Henri Chapier als besondere Leistung von Langs Film hervorgehoben hat[16], geht also noch weit darüber hinaus, psychische Vorgänge bloß im Außen abzuspiegeln. Vielmehr ist das Äußere selbst schon das Psychische."[17] Als Beispiel hierfür eine achteinhalbminütige Sequenz, die eine geradezu sogartige Wirkung entfaltet und eine der faszinierendsten im gesamten Werk Fritz Langs ist: Wanleys Beseitigung der Leiche.

### EIN (INNERER) FILMISCHER RAUM

In Reeds Wohnung: Sie öffnet ihre Wohnungstür, verläßt die Wohnung, betritt den Hausflur und blickt die Flurtreppe nach oben. Sie entriegelt eine Zwischentür, geht dann durch die Haustür nach draußen. Ein Blick nach links: eine regennasse nächtliche,

---

[14] Es handelt sich also auch nicht um einen *match cut*, der zwei Orte und/oder Zeiten verbindet, wie etwa bei dem diesbezüglich berühmt gewordenen Schnitt von dem Knochen auf das Raumschiff in Stanley Kubricks *2001: A SPACE ODYSSEY* von 1968.

[15] Grafe, LANG, S. 39.

[16] Chapier bezieht sich hierbei (in der Zeitschrift „Combat" vom 20. Februar 1968) auf SECRET BEYOND THE DOOR, doch trifft dies auch bereits auf THE WOMAN IN THE WINDOW zu. Vgl. Eisner, LANG, S. 284.

[17] Binotto, TAT/ORT, S. 244.

von Laternen erleuchtete Straße, an einem Häuserwinkel eine überdimensionierte Uhr, die kurz nach 3 Uhr anzeigt. Ein Kameraschwenk über die leere Straße auf das am Bordstein geparkte Auto Wanleys. Sie geht wieder durch die Haustür sowie die Zwischentür zu ihrer Wohnung, blickt noch einmal die Treppe hoch. Ein Taxi parkt vor dem Haus, ein Mann steigt aus und geht die Treppe zur Haustür hoch, während Wanley die in einer Decke eingewickelte Leiche aus der Wohnung in den Hausflur trägt. Der Mann betritt den Flur. Noch bevor er die Zwischentür erreicht, schließt sich Reeds Wohnungstür. Während der Mann die Treppe zu seiner Wohnung hochgeht, öffnet Reed vorsichtig erneut ihre Wohnungstür und schließt diese wieder, als der Mann sie erblickt. Der Mann geht in seine Wohnung. Von außerhalb des Hauses sehen wir, wie Reed nun nacheinander die Zwischentür und die Haustür öffnet (es beginnt zu regnen). Wanley verläßt die Wohnung mit der Leiche, legt diese auf den Rücksitz des Wagens und bringt die Decke zurück ins Haus. Da die Zwischentür zugefallen ist, kommt Reed wieder aus ihrer Wohnung, um diese wieder zu entriegeln. Reed gibt Wanley die Sachen des Toten, und die beiden verabschieden sich. Sie blickt ihm durch die Glasscheibe der Haustür nach (es regnet jetzt sehr stark). Wanley fährt los, durch die menschenleeren nächtlichen Straßen der Stadt und aus dieser heraus. An einer Mautstation versucht Wanley einem Bediensteten in Uniform im Vorbeifahren eine Münze in die Hand zu drücken, doch fällt diese herunter. Wanley fährt zurück, hält an und gibt dem Mann ein andere Münze. Wir sehen den Toten mit geöffneten Augen hinten im Wagen liegen. Wanley fährt weiter, die Straße führt ihn in eine ländliche Gegend. Er hält an einem „Stop"-Signal einer Ampel, sieht einen Polizisten mit seinem Motorrad am Straßenrand stehen, der ihn beobachtet. Die Ampel schaltet wieder auf „Go" und Wanley fährt weiter, bis zu einer dicht bewaldeten Stelle. Er hält an, zerrt die Leiche aus dem Wagen und trägt diese auf den Schultern ins Unterholz, wo er sie über einen Stacheldrahtzaun wirft (dabei verletzt er sich die Hand am Draht). Er geht zurück zum Wagen und sieht, daß der Hut des Toten noch auf dem Rücksitz liegt. In dem Moment hört er ein Hupen. Rasch steigt Wanley in den Wagen und fährt weiter, bis er hinter einer Straßenbiegung verschwunden ist. Die Kamera schwenkt auf die Reifenspuren, die Wanleys Wagen im Matsch des Straßenrandes hinterlassen hat.

Ein Filmraum, der von Lang bewußt als eine in sich abgeschlossene „Studiowelt" inszeniert ist, in der wir mit den „Bewegungen der *mise en scène*[18] zirkulieren, vom Inneren der Wohnung Joan Bennetts bis zur letzten Abbiegung, hinter der Edward G. Robinsons Wagen verschwindet. Dazwischen: drei Türen. Während die erste (die Wohnungstür) etwas verbirgt, muß die zweite (die Zwischentür) entriegelt und durchschritten werden, um durch die dritte (die Haustür) nach draußen zu gelangen (und sich damit einer Gefahr auszusetzen); dann die Straßen, auf ihnen eine Mautstation und ein „Stop"-Signal. Keine Menschen sonst, außer einem Nachbarn als möglicher Zeuge (an den Türen) und zwei Uniformierten (an den beiden Haltepunkten) als Repräsentanten der Ordnung, denn „das Leben hat die seltsame Eigenschaft, einen für alles bezahlen zu lassen" (S. 23) – ob nun im wortwörtlichen oder im übertragenen Sinne.

Wir wissen während dieser Sequenz (noch) nicht, daß Robinson dies alles nur träumt, daß ihm sein Traum als „Hüter des Schlafs" (Sigmund Freud)[19] einen Blick in die Abgründe seiner „bürgerlichen Existenz" gewährt. Wenn wir dies aber gegen Ende erfahren, dann beginnen wir damit auch zu begreifen, daß wir nicht ihm gefolgt sind, sondern daß „das Setting zur Hauptfigur"[20] geworden ist. Spätesten beim zweiten Anschauen von THE WOMAN IN THE WINDOW werden wir die Wohnung, den Flur, die Türen, die Uhr, die Straßen, die Haltpunkte, den Wald und den Stacheldrahtzaun dann ebenso als eine „Topologie des Unbewußten"[21] Robinsons wahrnehmen wie jeden Schußwinkel oder Schwenk der Kamera, jeden Schnitt, jede Veränderung des Wetters oder des Lichts. „Ein Filmregisseur", so Lang, habe „ein Psychoanalytiker zu sein"[22], und „was wäre damit gewonnen, wenn man die Geschichte nicht als Traum nehmen würde?"[23] Diese Frage Fritz Langs ist berechtigt, da vielleicht ohnehin jeder „Film ... ein Traum" ist – mit Sicherheit aber „ist ein Traum niemals eine Illusion."[24]

---

[18] Vgl. Grafe, LANG, S. 39.
[19] Vgl. Freud, WERKE, Band II/III, S. 691.
[20] Binotto, TAT/ORT, S. 245.
[21] Ebd., S. 244.
[22] 1967 gegenüber Jean-Luc Godard. Zit. n. ebd., S. 243.
[23] Gegenüber Peter Bogdanovich. Zit. n. Bogdanovich, GEDREHT, S. 246.
[24] „Ein Film ist ein Traum, aber ein Traum ist niemals eine Illusion", so Orson Welles. Zit. n. Welles/Bogdanovich, WELLES, S. 280.

# SCARLET STREET
(Straße der Versuchung, 1945)

Fritz Lang vertrat keineswegs die Ansicht, daß der Mensch allein von seinem „Schicksal" bestimmt sei, sondern meinte selbst, „daß dieses Schicksal nur eine folgerichtige Schlußerscheinung ist von dem, was der Mensch jeweilig getan hat."[1] Seine Suche galt vielmehr den individuellen wie gesellschaftlichen Ursachen in einer deterministischen und zugleich kontingenten Welt, die dazu führen können, daß jemand im Sinne der griechischen Tragödie „schuldlos schuldig" (S. 24) wird: in der Psyche, den Beziehungen, im Begehren und im Wesen des Menschen, in gesellschaftlichen oder politischen Konventionen und Institutionen, selbst in materiellen Dingen (Objektbeziehungen) und der Raumordnung[2] einer Gesellschaft.

Die konventionelle Erzählform eines Hollywoodfilms, von Cornelius Schnauber „Dreischnitt-Dramaturgie"[3] genannt, lehnte Lang dementsprechend ab: Geordneter Zustand – Entfremdung hiervon und moralische Konflikte – Rückkehr zur inneren und äußeren Ordnung und Tugend. Es ist dies „die vereinfachte Lessing'sche Katharsis-Dramaturgie"[4], auf der die Erzählformen Hollywoods letztlich beruhen. Doch die Dramentheorie Gotthold Ephraim Lessings war bereits eine christliche Auslegung („Barmherzigkeit", „Tugend") der griechischen Tragödie, die sich entsprechend im „amerikanischen Calvinismus" Hollywoods wiederfand, „der als Grundphilosphie des ‚American way of life' sogar Katholiken wie Hays[5] erfaßt hatte."[6]

---

[1] Zit. n. Schnauber, LANG, S. 70.
[2] So wie hier anhand von *YOU ONLY LIVE ONCE* (S. 46) beschrieben.
[3] Vgl. Schnauber, LANG, S. 97 f.
[4] Ebd., S. 97.
[5] William H. Hays (1879-1954) wurde 1922 erster Vorsitzender der „Motion Picture Producers and Distributors of America" (MPPDA) und war als solcher maßgeblich für den Production Code, auch „Hays Code" genannt, veranwortlich, der 1930 eingeführt und ab dem 1. Juli 1934 durchgesetzt wurde und mit dem sich die amerikanische Filmindustrie eine Reihe moralischer Richtlinien als Selbstzensur auferlegte.
[6] Ebd., S. 101.

Das Kino Fritz Langs hingegen entspricht der vorchristlichen, klassischen Tragödiendefinition des Aristoteles: Der Mensch „erleidet" (συμπαθεῖν), im Sinne eines passiven Affiziertwerdens, eine Einwirkung von außen. Die „Betrübnis" (λύπη) über ein solch „unverdientes" (ἀναξίου) Übel, welches ebenso uns selbst zuteilwerden könnte, erzeugt dann eine gewisse Identifikation mit dem Opfer. Der Betrachter der Tragödie wird vom Geschehen ergriffen, empfindet eine „Erschütterung" (ταραχή), wenn er ahnt, welches Leid ihm selbst widerfahren könnte.[7] Während die „Katharsis" (κάθαρσις) einer Tragödie nach Lessing (und des christlich geprägten Hollywood) darin bestehen soll, „Furcht" zu erzeugen, um zur „Tugend" zurückzuführen, soll sie nach Aristoteles[8] (und Fritz Lang) „Jammer" (ἔλεος) und „Schauder" (φόβος) über ein unverdientes Übel hervorrufen, das dem Menschen aufgrund seiner selbst und der Wirklichkeit der Welt widerfährt. Da sich aber unsere Gefühle (Affekte) auf die wirkliche Welt beziehen, erfahren wir diese dann, nach Aristoteles, in der Kunst als rational begreifbar.[9]

Die „Katharsis" ist daher keine religiöse, sondern vielmehr eine gesellschaftliche und soziale, da wir durch sie eine „rechte Art des Umgangs mit Liebe oder Hass"[10] einüben. Die griechische Tragödie zielt nicht auf ein moralisch (normativ) richtiges Verhalten ab, sondern auf eines, das der Wirklichkeit – der Natur – angemessen (adäquat) ist. Langs filmische „Suche nach den Ursachen, den Dingen in einer deterministischen und zugleich kontingenten Welt, die seinen Protagonisten Gerechtigkeit widerfahren lassen" (S. 24), ist eine nach solch adäquaten Ursachen (Wirkzusammenhängen) in den Ereignissen, den „Ursprungsgeschehen" (S. 12) seiner Erzählungen.[11] Es ist eine Suche nach den Determinismen in der Welt und in

---

[7] Gerhartz, SCHULD, S. 27 f.
[8] Vgl. Aristotelis, RHETORICA, 1382a21 u. 1385b1 ff.
[9] Vgl. Aristotelis, POLITICA, 1340a1 ff.
[10] Gerhartz, SCHULD, S. 29.
[11] Noch einmal auf Spinoza (S. 23 f.) bezugnehmend, heißt das: „Adäquate Ursache nenne ich eine Ursache, deren Wirkung durch sie allein klar und deutlich wahrgenommen werden kann. Inadäquate oder Teil-Ursache heiße ich dagegen eine solche, deren Wirkung durch sie allein nicht verstanden werden kann." Spinoza, ETHIK, III. Teil, Definition 1.

uns selbst, die uns *notwendigerweise* handeln oder leiden lassen.[12] *SCARLET STREET*, eines von Langs großen Meisterwerken, stellt diese Suche und die dieser entsprechende Kunst der griechischen Tragödie in reinster Form dar.

*  *  *

New York, 1934: Nach 25 Jahren in der Firma erhält Christopher „Chris" Cross (Edward G. Robinson), Kassierer in einem Kaufhaus, bei einer Betriebsfeier vom Firmenchef J.J. Hogarth (Russell Hicks) eine goldene Uhr. Hogarth steigt daraufhin in ein Auto zu seiner Geliebten, einer schönen Blondine, und Chris sinniert mit einem Kollegen darüber, wie es wohl sein würde, noch einmal von einer jungen Frau wie dieser geliebt zu werden. Wehmütig geht Chris durch Greenwich Village nach Hause. Als er sieht, wie eine junge Frau überfallen wird, eilt er ihr zu Hilfe und schlägt den Angreifer nieder. Katherine „Kitty" March (Joan Bennett) nimmt Chris zu ihrer kleinen Wohnung in Greenwich Village mit, in der sie mit ihrer Freundin Millie Ray (Margaret Lindsay) lebt. In einem Lokal im Keller von Kittys Wohnhaus erzählt Chris Kitty, daß er Maler sei (in Wirklichkeit ist er nur ein autodidaktischer Hobbymaler) und Kitty glaubt irrtümlich, daß er viel Geld mit seinen Gemälden verdienen müsse. Kitty erzählt Chris aber nicht, daß der vermeintliche Angreifer ihr Freund, der dubiose Johnny Prince (Dan Duryea), ist.

Chris, verliebt sich in Kitty, erzählt ihr von seiner Ehe mit Adele (Rosalind Ivan), die ihn und seine Malerei nur verachtet und immer noch ihren früheren Ehemann, einen inzwischen verstorbenen Polizisten, vergöttert. Kitty heuchelt Interesse an Chris, doch längst hat Johnny sie auf ihn angesetzt, um den vermeintlich reichen Künstler ausnehmen zu können. Chris stiehlt nun von seiner

---

[12] Und folglich auch, nach Spinoza, eine Suche nach „dem Ursprung und der Natur der Affekte": „Ich sage, wir handeln, wenn etwas in uns oder außer uns geschieht, wovon wir die adäquate Ursache sind, das heißt ... wenn aus unserer Natur etwas in uns oder außer uns folgt, das durch sie allein klar und deutlich verstanden werden kann. Dagegen sage ich, wir leiden, wenn in uns etwas geschieht oder aus unserer Natur etwas folgt, wovon wir bloß eine Teil-Ursache sind." Spinoza, ETHIK, III. Teil, Definition 2.

Frau Versicherungsanleihen und 1000 Dollar aus der Firma, um Kitty eine Wohnung zu mieten, die sie angeblich als Kunstatelier nutzen will. Johnny versucht erfolglos, einige von Chris' Gemälden zu verkaufen, doch dann wird der Kunstkritiker David Janeway (Jess Barker) zufällig auf diese aufmerksam. Janeway hält die naive Malerei für außergwöhnlich und will Kitty vertreten, die ihm ihrerseits – auf Drängen Johnnys – erzählt, daß die Gemälde von ihr stammen würden. Mit „Katherine March" signiert, werden Chris' Gemälde ein Erfolg auf dem Kunstmarkt. Chris entdeckt bald den Schwindel, doch legt Kitty ihm nahe, daß sie das öffentliche Gesicht seiner Kunst sein könne. Chris geht darauf ein, fühlt sich als Künstler anerkannt, obwohl er nie etwas von dem Geld erhält.

Dann taucht Adeles vermeintlich toter erster Ehemann Higgins (Charles Kemper) bei Chris auf, um Geld von ihm zu erpressen. Der korrupte Polizist war untergetaucht, auch um Adele loszuwerden. Chris stiehlt im Betrieb noch einmal 200 Dollar, diesmal für Higgins, und faßt den Plan, Higgins mit Adele zusammenzubringen, damit seine Ehe annuliert werde. Chris geht zu Kitty, will ihr erzählen, daß er nun für sie frei ist, doch entdeckt er dabei ihre Beziehung mit Johnny. Er bittet Kitty dennoch inständig, ihn zu heiraten, aber sie lacht ihn aus, weist ihn als alten, häßlichen Mann harsch zurück. Wütend ersticht Chris Kitty mit einem Eispickel. Nachdem Higgins der Polizei erzählt hat, daß Chris Geld in der Firma veruntreut hat, wird Chris von Hogarth entlassen. Johnny wird wegen des Mordes an Kitty verhaftet. Bei der Verhandlung bestreitet Chris, die Bilder gemalt zu haben, stattdessen wird Johnny für den Mord an Kitty zum Tode verurteilt.

Die vermeintlichen Gemälde Katherine Marchs erreichen nun Höchstpreise. Chris' Leben aber ist zerstört, und in der Nacht von Johnnys Hinrichtung versucht er vergebens, sich zu erhängen. Fünf Jahre später ist Chris obdachlos. Zufällig sieht er, wie ein von ihm gemaltes Porträt von Kitty für 10000 Dollar verkauft wird. Die Stimmen der toten Kitty und Johnnys in seinem Kopf, wandelt er durch die Nacht ...

\* \* \*

„'Das Leben ist schön!' – so die letzten Worte in Jean Renoirs *LA CHIENNE* ..., ausgesprochen von Michel Simon, dem das Leben zuvor alles genommen hat, bis auf 20 Francs, die der zum Stadtstreicher gewordene Liebende und Mörder einer Prostituierten auf der Straße findet."[13] Fritz Lang, der Renoir verehrte[14], drehte *SCARLET STREET* erklärtermaßen nicht nach der Romanvorlage[15], sondern nach dem Vorbild von Renoirs Film.[16] Obwohl Lang hierbei weitestgehend der Erzählung Renoirs folgt, hätten die beiden Enden dennoch nicht unterschiedlicher ausfallen können: „Wenn Renoir Humanismus ist, ist Lang Determinismus. Geht es Renoir um die Not seiner Figuren, ist Lang besessen von der Struktur der Falle."[17] Renoir hasste zudem Perfektionismus[18], während Lang diesen verlangte. So hält Renoir die Tragödie der Figur Michel Simons in *LA CHIENNE* als eine Reihe poetischer, komischer und auch tragischer Momentaufnahmen für die Ewigkeit fest, während Lang mit *SCARLET STREET* „Erschütterung", „Jammer" und „Schauder" bei uns erzeugt und so das Tragische als etwas ewig Gültiges für den Moment festhält.

Und dieses ewig Gültige, das ist die „Struktur der Falle", in die Chris durch sich selbst gerät und die ihn, einem Alptraum gleich, in einen Abgrund fallen läßt (Untergruppe B"). In Godards *LE MÉPRIS* wird Brigitte Bardot, in der Badewanne liegend, aus einem Fritz-Lang-Buch ein Zitat eines Interviews vorlesen, das Lang 1959 Jacques Rivette gegeben hatte – gleichsam als Schlußfolgerung der nach Aristoteles' Definition zwar rational erfaßbaren aber unabwendbaren Tragödie, die Chris in *SCARLET STREET* widerfährt: „Der Mensch kann gegen etwas rebellieren, das schlecht und falsch ist. Er muß rebellieren, wenn ihn äußere Umstände oder die

---

[13] Zion, EDITORIAL, S. 3.
[14] Cornelius Schnauber hat Lang „immer wieder mit höchster Achtung von Renoir und anderen Regisseuren (Buñuel, Godard, Murnau) sprechen hören." Schnauber, LANG, S. 11.
[15] *LA CHIENNE* von 1931, der zweite Tonfilm Renoirs, basiert auf Georges de La Fouchardières Roman „La Chienne" (dt. „Die Hündin") von 1929 sowie auf der gleichnamigen Theateradaption André Mouëzy-Éons von 1930.
[16] Vgl. Bogdanovich, GEDREHT, S. 247.
[17] Sarris, CINEMA, S. 64.
[18] „Ich bin der Überzeugung, daß Perfektion das Filmemachen behindert", so Renoir. Zit. n. Bookletessay der deutschen DVD-Veröffentlichung von *LA BÊTE HUMAINE* (S. 314).

Gewohnheit gefangenhalten. Jedoch ist der Mord meiner Meinung nach nie eine Lösung. Das Verbrechen aus Leidenschaft ist sinnlos. Ich liebe eine Frau mehr als mein Leben. Sie betrügt mich. Ich bringe sie um. Was habe ich damit erreicht? Ich habe meine Geliebte verloren, sie lebt nicht mehr. Töte ich aber ihren Liebhaber, verachtet sie mich, und außerdem verliere ich ihre Liebe. Der Mord kann also niemals eine Lösung sein."[19] Der Mord aus Leidenschaft ist keine Lösung, nicht etwa, weil er etwas moralisch Verwerfliches (Lessing), sondern weil er eine falsche „Art des Umgangs mit Liebe und Hass" (Aristoteles) darstellt und den Mörder selbst affektiv zerstört.

\* \* \*

Gegenüber Peter Bogdanovich erklärte Lang, daß die von seinem „sehr guten Freund" John Decker[20] gemalten Bilder nach dem Vorbild des naiven Malers Henri Rousseau[21] entstanden sind und er sich ebenso bei der Inszenierung hat „stark von seinen Bildern leiten lassen."[22] In den Bildern des gänzlich in den Universal-Studios entstandenen[23] *SCARLET STREET* spiegelt sich die Malerei John Deckers und damit Chris Cross' kindlich-naive Wahrnehmung der Welt wider, in abstrakt wirkenden Linien und Flächen sowie pedantisch gezeichneten Details. Langs Bilder, insbesondere die der nächtlichen Straßen Greenwich Villages[24], sind dabei äußerst subtil ausgeleuchtet und weisen zudem eine enorme Schärfentiefe auf. Hiermit ist *SCARLET STREET* einer der ersten Filme nach *CITIZEN*

---

[19] Vgl. Lang, INTERVIEWS, S. 18.

[20] John Decker, geboren 1895 in Berlin als Leopold von der Decken und Sohn des niedersächsischen Adeligen Graf Ernst August von der Decken, wanderte 1921 in die USA aus, arbeitete ab 1928 in Hollywood und porträtierte u. a. viele Filmstars. Im März 1946 wurden zwölf von Deckers Gemälden für *SCARLET STREET* im New Yorker Museum of Modern Art ausgestellt. Decker, der das Leben eines Bohemiens führte, starb bereits im Juni 1947 im Alter von 51 Jahren. Vgl. Jordan, DECKER, passim.

[21] Henri Rousseau (1844-1910) war ein autodidaktischer naiver Maler, der beim französischen Zoll arbeitete (und daher auch „Der Zöllner Rousseau" gennant wurde) und einen erheblichen Einfluß auf die Malerei der Moderne ausübte. Vgl. Rousseau, GEGENWART, passim.

[22] Vgl. Bogdanovich, GEDREHT, S. 249.

[23] Vgl. ebd.

[24] Siehe die Abbildungen auf S. 148 (oben) u. 190 (unten).

*KANE* (1941), der Orson Welles' Rauminszenierung mit ihrer bildscharfen Tiefenstaffelung beinahe durchgängig aufgreift.[25]

Zwar erlaubte es der Production Code Hollywoods Lang nicht, eine Prostituierte mit ihrem Zuhälter zu zeigen, so wie Jean Renoir in *LA CHIENNE*, ebensowenig wie den folgerichtigen Selbstmord seiner Hauptfigur, dennoch bleibt Renoirs grundlegende Erzählung auch in *SCARLET STREET* noch intakt. Dabei erscheint der Humanismus Renoirs, den dieser mit dem abschließenden „Das Leben ist schön!" zum Ausdruck bringt, letztlich als ein utopischer, hierin seinem Pazifismus von *LA GRANDE ILLUSION* (1937)[26] ähnelnd. Und anders als derjenige Renoirs, ist Langs Realismus auch kein Poetischer, sondern ein dezidiert tragischer. Nicht Chris' Rebellion gegen „äußere Umstände oder die Gewohnheit" macht ihn zu einem tragischen Charakter, denn er *muß* nach Lang rebellieren – gegen seine triste bürgerliche „Buchhalter"-Existenz und seine lieblose Ehe –, sondern seine Naivität. Als sein von ihm gemaltes Porträt von Kitty am Ende vor ihm aus einer Galerie getragen wird, bemerken wir erst vollständig in dieser autodidaktischen Malerei die abgründige Naivität Chris' – zugleich erscheint Kitty nun vor ihm mit Fledermausschwingen, als ihn verfolgende Rachegöttin Tisiphone (altgriechisch Τισιφόνη)[27], eine der drei Erinnyen (altgriechisch Ἐρινύες), der Wächterinnen der sittlichen Ordnung und Rachegöttinnen der griechischen Mythologie nach Apollodor.[28]

\* \* \*

---

[25] *CITIZEN KANE* war aber aber nicht nur durch seine – seinerzeit revolutionär erscheinenden – filmsprachlichen Ausdrucksmittel bedeutend, sondern ebenso durch seine Hauptfigur und seine Thematiken. Auch an diese wird Fritz Lang mit *WHILE THE CITY SLEEPS* später anschließen.
[26] „Ein Meilenstein nicht nur des Kinos, sondern auch des Humanismus und dadurch zugleich eine große Utopie, ein Nicht-Ort des Menschlichen in einem zutiefst unmenschlichen Jahrhundert. Zugleich ist er ein Sinnbild des Kinos schlechthin, des Kinos eben als *LA GRANDE ILLUSION*. Binnen nur weniger Jahre werden die Vernichtungslager die ganze Verzweiflung, die Jean Renoir zu seiner Utopie, zu seinem Optimismus getrieben haben muß, bestätigen." Zion, ILLUSION, S. 29.
[27] Siehe die Abbildung auf S. 181 (unten).
[28] Vgl. Apollodor, BIBLIOTHEKE, 1, 3. Als „die den Mord Rächende" wird Tisiphone auf griechischen Amphoren häufig mit Fledermausschwingen und einem Hundekopf dargestellt. Auch Cornelius Schnauber deutet den Schluß von *SCARLET STREET* als „Verfolgung durch die Erinnyen." Vgl. Schnauber, LANG, S. 75.

Joan Bennetts Darstellung in *SCARLET STREET* steht derjenigen in *MAN HUNT* in nichts nach. Ihre Kitty ist eher eine „Schlampe"[29] als eine klassische *Femme Fatale*, was Lang entsprechend seinem „Lang-Touch" mit dem Chaos in ihrer Wohnung verdeutlicht. Ihr Spiel ist dabei enorm präsent, lebendig und zugleich *down to earth*. Als von Chris aufgegabelte „Bordsteinschwalbe" („alley cat") ergreift Kitty die sich ihr bietenden Gelegenheiten eher spontan, ohne dabei besonders berechnend zu wirken. Ihre soziale Herkunft prägt ihr Verhalten ebenso wie Johnny, den sie wirklich liebt, obwohl er sie schlägt. Dan Duryea war im Film Noir auf solche Rollen frauenschlagender Kleingangster geradezu spezialisiert, und Lang zeigte sich in einem Brief an Lotte Eisner vom 30. Oktober 1970 darüber irritiert „daß ein ganz eindeutig Unschuldiger hingerichtet wird und daß *man* das so ohne weiteres akzeptiert."[30] Schließlich ist Edward G. Robinsons Chris Cross nicht mehr der träumende Richard Wanley aus *THE WOMAN IN THE WINDOW* und ebensowenig „das Monster, das Beckert in *M - EINE STADT SUCHT EINEN MÖRDER* war, aber auch er tötet. Langs Interesse, und das ist das Revolutionäre dieses Films, gilt allein der Pein des Mannes, der mit dem Mord an einer Frau, die alles für ihn war, zugleich sich selbst auslöscht."[31] Darum wirkt die „Erschütterung" (ταραχή) am Ende, als Kitty als „die den Mord Rächende" Tisiphone vor Chris' auf seinem Gemälde auftaucht, noch so lange nach: Dieses Bild stößt uns mit Chris in seinen Abgrund, weil wir zu begreifen beginnen, welches Leid auch uns aufgrund unserer selbst und der Wirklichkeit der Welt widerfahren könnte. Das eigentlich Revolutionäre an *SCARLET STREET* ist, daß Lang dem Publikum diese „Katharsis" (κάθαρσις) nach Aristoteles ermöglicht und damit die Erzählformen Hollywoods, die „Verabredung dieser Kulturindustrie" (S. 21), im Grunde widerlegt hat – denn er wurde sein erfolgreichster Film in Amerika.

---

[29] „Hier in Amerika kann man einen Film unmöglich ‚Die Schlampe' nennen, was eigentlich mit dem Wort gemeint ist", so Lang. Zit. n. Bogdanovich, GEDREHT, S. 247.
[30] Zit. n. Schnauber, LANG, S. 75.
[31] Grob, LANG, S. 296.

## *CLOAK AND DAGGER*
(*Im Geheimdienst*, 1946)

1944: Deutsche Transporte größerer Mengen Pechblende und anderer Rohstoffe, die der Entwicklung und dem Bau einer Atombombe dienen könnten, veranlassen den US-Auslandsgeheimdienst Office of Strategic Services (OSS) dazu, den amerikanischen Atomphysiker Professor Alvah Jesper (Gary Cooper) zu kontaktieren. Dieser arbeitet zwar selbst an der Entwicklung der Bombe („Manhatten-Projekt"), steht dieser aber äußerst skeptisch gegenüber. Da auch er die Gefahr einer deutschen Atombombe sieht, willigt Jesper dennoch ein, für den OSS die ungarische Nuklearphysikerin Katerin Lodor (Helene Thimig) aufzusuchen, die an dem deutschen Atombomben-Projekt gearbeitet hat und nun in die Schweiz geflohen ist. In der Schweiz wimmelt es bereits von deutschen Agenten. Nur kurz kann Jesper mit der Nuklearphysikerin sprechen, bevor diese von den Deutschen entführt wird. Über die deutsche Agentin Ann Dawson (Marjorie Hoshelle) findet er den Aufenthaltsort Katerin Lodors heraus, doch stirbt diese bei einem Befreiungsversuch durch den OSS. In dem Gespräch hatte sie Jesper zuvor noch erzählt, die Deutschen hätten von ihr verlangt, mit dem italienischen Nuklearphysiker Polda (Vladimir Sokoloff) zusammenzuarbeiten.

Mit einem U-Boot wird Jesper vom OSS nach Italien gebracht und dort vom italienischen Widerstand, darunter die junge und attraktive Gina (Lilli Palmer), versteckt. Jesper und Gina nähern sich bei der Untergrundarbeit einander an und bald gelingt es Jesper, verdeckt mit Polda in Kontakt zu treten. Polda will allerdings nur mit dem OSS zusammenarbeiten, wenn dieser seine Tochter Maria befreit, die von den Deutschen gefangengehalten wird. Tatsächlich scheint dies zu gelingen, aber die Polda vorgeführte Frau ist nicht seine Tochter, sondern eine deutsche Agentin. Gina erschießt die Agentin, bevor diese Polda töten kann. Als der Unterschlupf von den Deutschen angegriffen wird, gelingt es Jesper und Gina, Polda durch einen Tunnel in Sicherheit zu bringen. Die drei werden nun von deutschen Agenten durch Italien gejagt, während Jesper und Gina einander ihre Liebe eingestehen. Es kommt zu einem erbitterten

Kampf um Leben und Tod zwischen Jesper und einem Nazi-Agenten, den Jesper gewinnt. Ihr einziges Ziel ist es nun, Polda durch den OSS aus Italien herauszubringen. CLOAK AND DAGGER endet als banale Agentenkolportage, mit dem Herausfliegen von Jesper und Polda durch ein britisches Flugzeug und einer kitschig-melodramatischen Abschiedsszene zwischen Gary Cooper und Lilli Palmer: Auch sie könnte das Flugzeug besteigen, so Palmer tränenreich, doch muß sie ihr Land befreien. „Ich komme zurück", verspricht ihr Cooper, bevor das Flugzeug mit ihm in den nächtlichen Himmel entschwindet.

\* \* \*

Ist eigentlich ein noch tieferer, von ihr selbst determinierter Abgrund für eine Gesellschaft (Untergruppe A') vorstellbar als der einer ihr drohenden vollständigen Auslöschung? „Dies war für Lang die *raison d'être*[1] von CLOAK AND DAGGER, „der Grund, warum ich den Film machen wollte."[2] Noch ist etwas zu spüren von Langs Absicht, wenn Gary Coopers Atomphysiker Professor Jesper, entworfen nach dem Vorbild des „Vaters der Atombombe" J. Robert Oppenheimer[3], ganz zu Beginn sagt: „Zum ersten Mal tut es mir leid, daß ich Wissenschaftler bin." Langs letzter „Kriegsbeitrag" sollte eine frühe Warnung vor einem Dritten Weltkrieg werden, kein abschließendes Wort zum Zweiten. Doch die USA hatten die Atombombe in Hiroshima und Nagasaki inzwischen selbst eingesetzt, der Kalte Krieg gegen die neue kommunistische Bedrohung stand den USA nun ebenso unmittelbar bevor wie Hollywood die McCarthy-Ära. So wurde die *raison d'être*, „das gesamte Ende von den Warner Brothers Studios herausgeschnitten und wahrscheinlich vernichtet"[4], ersetzt durch eines der banalsten Enden aller Filme Langs. Ursprünglich stirbt Professor Polda, enthüllt aber Jesper noch den geheimen Standort einer deutschen Forschungsanlage für Atombomben in den Bayerischen Alpen. Der Schluß von CLOAK AND DAGGER nach Fritz Lang: „Cooper springt mit amerikanischen Falschirmjägern über der Alpenfestung ab, im Zentrum der NS-Macht. Ohne auf Widerstand zu

---

[1] Eisner, LANG, S. 272.
[2] Zit. n. Bogdanovich, GEDREHT, S. 250.
[3] Der bekanntermaßen seine Mitarbeit an der Entwicklung der Atombombe später bedauerte.
[4] Schnauber, LANG, S. 86.

stoßen, finden sie einen zweistöckigen Bergbunker, von seinen Herren verlassen – die haben sich nach Südamerika abgesetzt –, im oberen Stock die Spuren von kürzlich erst entfernten Maschinen, im unteren die Leichen von sechzigtausend Sklavenarbeitern."[5] Und Gary Cooper sollte sagen:

### EIN SCHLUSSMONOLOG

„Das ist das Jahr 1 des Atomzeitalters. Gott erbarme dich unser, wenn wir jemals glaubten, wir könnten wissenschaftliche Entdeckungen geheimhalten. Gott erbarme dich unser, sollten wir jemals glauben, wir könnten weitere Kriege führen, ohne uns selbst zu zerstören ... und Gott erbarme dich, wenn wir nicht die Vernunft haben, der Welt Frieden zu geben."[6]

Ein Film, dem sein Grund genommen wurde, ein heute wieder erfahrbarer, unmittelbar einsichtiger Grund. Lilli Palmer, die in *CLOAK AND DAGGER* eine zwar kompetente aber eben auch melodramatische Filmpartnerin Gary Coopers gibt, versuchte einmal das Eis mit Lang zu brechen, der sich in Drehpausen von der Crew fernhielt. Sie setzte sich neben ihn, erzählte ihm von den „unvergeßlichen Eindrücken", die *DIE NIBELUNGEN* bei ihr als Schülerin hinterlassen hatte, sang ihm hintereinander das Siegfried- und das Hagen-Motiv vor und wollte gerade mit dem Volker-Motiv beginnen, als Lang unvermittelt aufsprang und sie brüsk in Englisch (!) anfuhr: „None of that interests me anymore."[7] Lilli Palmers ehrenwerter Versuch, „das Eis mit Lang zu brechen", zeugt wohl von einem Mißverständnis vieler Deutscher mit Lang, die die „hohle Monumentaliät"[8] seines Frühwerkes und Langs spätere Distanz zu diesem noch bis heute gerne übersehen. Das, was er selbst „den romantischen deutschen Charakter"[9] nannte, das interessierte ihn jedenfalls im *hier* und *jetzt* nicht mehr. Aus dem irrational „Schicksalsschwangeren" ist längst das Dokumentarische geworden, eine rationale Analyse der

---

[5] Patalas, FILMOGRAFIE, S. 120.
[6] Schnauber, LANG, S. 86.
[7] Vgl. Palmer, LOBSTERS, S. 142.
[8] So Klaus Mann, der als einer von wenigen Deutschen relativ früh „Fritz Langs amerikanische Filme weit höher einschätzte als dessen deutsche Werke." Vgl. Schnauber, LANG, S. 56.
[9] Zit. n Bogdanovich, GEDREHT, S. 220.

die Menschen, die Gesellschaft und die Welt determinierenden Wirkzusammenhänge. Als sich Gary Cooper in *CLOAK AND DAGGER* einmal im Inneren eines Pferdekarussells versteckt hält, schreibt er eine Integralrechnung an die Wand, wertet mit dieser aus, wie weit er mit den Pferden kommen könnte, wenn man mit diesen nicht im Kreis, sondern „über Berg und Tal reiten" würde. Zu Beginn hatte Cooper noch bemerkt, daß wir Menschen niemals einen Apfel erschaffen, doch diesen zu einer Bombe machen könnten, sobald wir seine atomare Struktur erst einmal begriffen hätten[10]: Alles ist determiniert vom Zusammenhang von Ursache und Wirkung, und als Menschen greifen wir selbst in diesen Zusammenhang ein – kein „Schicksal", sondern Verantwortung für das eigene Tun oder Unterlassen, dafür, sich zu den Wirkzusammenhängen adäquat zu verhalten, denn: „Jedes Ding strebt, soviel an ihm ist, in seinem Sein zu beharren."[11] Dies sollte für Lang nach *CLOAK AND DAGGER* – jedenfalls nach seiner ursprünglichen *raison d'être* – auch für unsere Zivilisation gelten.

Lang verdeutlicht dieses Streben nach Selbsterhalt einmal beeindruckend, mit einem Kampf auf Leben und Tod. Denn *CLOAK AND DAGGER*, so wird seit der Renaissance ein Kampf bezeichnet, der mit einem Umhang („Cloak") und einem Dolch („Dagger") geführt wird, und seitdem als Synonym für verdeckte Operationen wie Intrigen und Spionage gilt. Als Gary Cooper einen Nazi-Agenten entdeckt und sieht, daß dieser ein Messer trägt, läßt er sich von Lilli Palmer ihren Mantel geben. Der nun folgenden Kampf zwischen Cooper und dem Agenten in einem engen Hausflur dauert gerade einmal etwa anderthalb Minuten, doch Lang drehte an der Szene ganze sechs Tage. Nachdem sich beide Männer entwaffnet haben, macht er „aus dem Kampf zweier Männer einen tödlichen Tanz: mit Griffen in Auge und Mund, Biegen von Fingern, Tritten an Kopf und Körper, Schläge mit der Handkante an den Hals, Würgen bis zum Tod – ein Tanz, bei dem am Ende zwei Füße erschlaffen."[12] Lang lud zwei ihn beratende Ex-Mitarbeiter der Spionageabwehr „oft zum Dinner ein und wollte alles von ihnen wissen, sogar, welches die effektivste Technik wäre,

---

[10] Später wird Cooper in solch einen einen Apfel beißen, weil er „viel Kraft" enthalte.
[11] Spinoza, ETHIK, III. Teil, Lehrsatz 6.
[12] Grob, LANG, S. 284.

einen Menschen mit bloßen Händen zu töten."[13] Wie so viele Filmpioniere, die bereits in der Stummfilmzeit angefangen hatten (S. 40), so inszeniert Lang auch diese Schlüsselszene stumm. Dieser Kampf wirkt auch hierdurch erschreckend intensiv: das Töten als reine Physik, als Abfolge von Ursache und Wirkung, zugleich das Streben danach, „in seinem Sein zu beharren" (Spinoza).

Haben Fritz Langs amerikanische Filme diesbezüglich überhaupt einen Nachfolger im Kino gefunden? Ist der Einfluß seiner „Sensationsfilme" der Weimarer Republik auf „Blockbuster" der 80er-Jahre nur allzu offensichtlich[14], so erschöpfte sich dieser doch weitestgehend in Abenteuerkolportagen und Filmarchitektur. Die „hohle Monumentaliät" (Klaus Mann) seines Frühwerks schien für die hohle Mentalität der Reagan-Ära nach dem Ende New Hollywoods wie gemacht. Es hat jedenfalls sehr lange gedauert, bis sich wieder jemand filmisch einer „rationalen Analyse der die Menschen, die Gesellschaft und die Welt determinierenden Wirkzusammenhänge" angenommen hat, nun nicht mehr im Kino, für Lang ohnehin die Kunstform des 20. Jahhunderts (S. 8), sondern als Streamingserie im 21. Jahrhundert: Erst in Alex Garlands achtteiliger Serie *DEVS* von 2020 kehrte Fritz Langs Kino der Determinismen und Kontingenzen mit der Erschaffung eines Laplace'schen Dämons[15] zurück, und dies derart beeindruckend, daß dem sogar eine kulturgeschichtliche Bedeutung[16] beigemessen wurde. Bezeichnenderweise wurde die Urheberschaft Langs hierfür bisher vollständig übersehen, obwohl Garland gleich in der zweiten Episode von *DEVS* eindeutig auf *CLOAK AND DAGGER* Bezug nimmt: Zwei Männer entwaffnen sich. In einem nun folgenden, enorm intensiven Kampf von etwa anderthalb Minuten, „mit Griffen in Auge und Mund, Biegen von Fingern", tötet Zach Grenier einen Spion in der Enge des Raums mit bloßen Händen.

---

[13] Ebd., S. 284.
[14] Insbesondere von *DIE SPINNEN* auf Steven Spielbergs *RAIDERS OF THE LOST ARK* (1981) und von *METROPOLIS* auf Ridley Scotts *BLADE RUNNER* (1982).
[15] Dieser bezeichnet ein Gedankenexperiment des Mathematikers Pierre-Simon Laplace (1749-1827), das ziemlich genau Fritz Langs Betrachtungsweise des Universums als „mechanistisch und entropisch" (S. 23) entsprach: Laplace nahm hierin an, den gesamten Verlauf des Universums als Zusammenhang von Ursache und Wirkung mathematisch beschreiben zu können. Vgl. Laplace, WAHRSCHEINLICHKEIT, passim.
[16] Vgl. Kurianowicz, DEVS, passim.

## *SECRET BEYOND THE DOOR*
(*Geheimnis hinter der Tür*, 1947)

Eine amerikanische Linke, „schlank, hochgewachsen, das Gesicht voller Sommersprossen und immer ein Lachen auf den Lippen"[1], zudem noch eine Drehbuchautorin: Als Fritz Lang im Frühjahr 1946 Silvia Richards[2] in den Burbank-Studios kennenlernte und sich in sie verliebte, schien es so, daß er in Amerika mit *SCARLET STREET* nicht nur endlich seinen großen Erfolg, sondern auch eine neue Thea von Harbou gefunden hatte. Es entstand eine intensive Arbeitsbeziehung, nicht gerade zur Freude von Joan Bennett. 1948 arbeitete er mit Richards an seinem persönlichsten Film, *RANCHO NOTORIOUS*[3], zuvor bereits an einem Western-Skript mit dem Titel „Winchester '73", für das Diana Productions im Januar 1946 die Rechte von Universal gekauft hatte.[4] Vor allem aber hatte sich Richards einer Psychoanalyse unterzogen[5]; im Juli 1947 erschien mit Curtis Bernhardts[6] *POSSESSED* ein psychologisches Drama nach einem Drehbuch Richards' (und Ranald MacDougalls), das stark freudianisch beeinflußt war und für das die Hauptdarstellerin Joan Crawford für einen „Oscar" nominierte wurde. Lang schätzte zudem Hitchcocks Blaubart-Geschichte *REBECCA* (1940), wollte nun „etwas ähnliches ma-

---

[1] Grob, LANG, S. 300.
[2] Richards, die Tochter eines englischen Professors und am 11. Mai 1915 als Silvia Hope Goodenough in Iowa geboren, wuchs in Colorado Springs auf und brachte zwei Söhne aus erster Ehe (mit dem Drehbuchautor Robert L. Richards) in die Beziehung mit. Die Beziehung hielt bis 1950 und Lang drängte sie mehrfach, ihn zu heiraten, obwohl er Kinder nicht sonderlich mochte. Nachdem Richards Lang verlassen hatte, heiratete sie den Drehbuchautor A.I. Bezzerides. Sowohl Richards wie auch ihre beiden Ehemänner gerieten in der McCarthy-Ära ins Visier des HUAC. Sie starb am 21. Dezember 1999 in Kalifornien. Vgl. Wright, RICHARDS, S. 17; Grob, LANG, S. 300 u. 304; McGilligan, Lang, S. 353.
[3] Vgl. Grob, LANG, S. 310.
[4] Vgl. McGilligan, LANG, S. 351. Langs Verlängerung der Option auf die Idee von „Winchester '73" verfiel allerdings im Juni 1948, da er nicht rechtzeitig ein fertiges Drehbuch vorweisen konnte, und die Rechte gingen zurück an Universal. Vgl. Bernstein, WANGER, S. 207 ff. *WINCHESTER '73* wurde schließlich 1950 von Anthony Mann, nach einem Drehbuch von Silvia Richards' erstem Ehemann Robert L. Richards, realisiert.
[5] Vgl. Wright, RICHARDS, S. 17.
[6] Eigentlich: Kurt Bernhardt.

chen", auch wenn er später zugab: „Bei mir hat es leider nicht geklappt."[7] Nach SECRET STREET glaubte Lang nun, mit Diana Productions, seiner „Ufa in Amerika", alle Freiheiten zu haben[8], und mit Silvia Richards nahm er sich diese für SECRET BEYOND THE DOOR auch.[9] Walter Wanger und das „Universal-Frontoffice" waren vom Ergebnis entsetzt, sie „verschnitten" den Film „um mir einen Mißerfolg zu machen", so daß Lang sie „durch Rechtsanwälte zwingen lassen mußte, den ursprünglichen Schnitt wiederherzustellen."[10] Auch wollte Lang das, am Ende von Joan Bennett gesprochene, voiceover von einer anderen Schauspielerin sprechen lassen, „denn es wäre eine andere Person – etwas in uns, das wir vielleicht nicht kennen."[11] Lang bedauerte diese Entscheidung, aber tatsächlich „stellte er später wieder eine Kompromißfassung her, nachdem er gedroht hatte, seinen Namen von dem Film zurückzuziehen."[12] SECRET BEYOND THE DOOR war eine schwierige Produktion, die in einen künstlerischen Kompromiß mündete, eine mißlungene Referenz auf REBECCA, wurde ein Desaster an den Kinokassen und bei der Kritik, zerstörte Diana Productions und beendete Langs bisher so fruchtbare und erfolgreiche Zusammenarbeit mit Walter Wanger und Joan Bennett – und ist doch so vieles mehr. „Lang ist der zerebrale Tragiker des Kinos, und seine Ausflüge ins Absurde sind der Beweis für einen weitsichtigen Scharfsinn, einen Intellekt, der Bilder in Ideen verwandelt"[13], so Andrew Sarris. SECRET BEYOND THE DOOR besteht ausnahmslos aus solchen in Ideen verwandelten Bildern und treibt hiermit das Kino bis zu dem Punkt einer *absoluten Umkehr* seiner Perspektive.

* * *

---

[7] Zit. n. Bogdanovich, GEDREHT, S. 252. Die zweite Hitchcock'sche Referenz von SECRET BEYOND THE DOOR ist dessen SPELLBOUND (1945), der die Freud'sche Psychoanalyse allerdings sehr lehrbuchhaft vorführt und vor allem durch seine Traumsequenz Berühmtheit erlangte, die von dem Surrealisten Salvador Dalí entworfen wurde.

[8] Bei der Universal hieß es sogar, SCARLET STREET sei „der beste Film, der je bei Universal gemacht wurde." Vgl. Bernstein, WANGER, S. 205.

[9] Lang überzog den Drehplan um 18 Tage, so daß das Budget auf 1,3 Millionen Dollar anstieg. Vgl. Grob, LANG, S. 301. Mit Stanley Cortez, den er für zu langsam und einen „absolut unfähigen Kameramann" hielt, stritt er sich ständig. Vgl. Binotto, S. 235.

[10] So Lang in einem Brief an Lotte Eisner vom 19.02.1969. Zit. n. Grob, LANG, S. 301.

[11] Zit. n. Bogdanovich, GEDREHT, S. 252.

[12] Bernstein, WANGER, S. 214.

[13] Sarris, CINEMA, S. 64.

Celia (Joan Bennett) heiratet Mark Lamphere (Michael Redgrave), der ihr in der Kirche als eine schwarze Silhouette, wie ein Fremder, gegenübertritt. Im Rückblick erfahren wir, daß sie ihn in Mexiko während eines Messerkampfes zweier Männer um eine Frau kennengelernt hatte. In den Flitterwochen auf einer Hacienda in Mexiko erzählt Mark ihr, daß er „gelungene Räume" sammle, und Celia bemerkt hiernach erstmals sein seltsames Verhalten, als sie ihr Zimmer abschließt und Mark daraufhin unvermittelt abreist. Doch Mark kehrt wieder zurück und nimmt Celia mit nach Levender Falls in sein Haus. Dort trifft sie auf Marks Schwester Caroline (Anne Revere). Aber auch Marks Sekretärin Miss Robey (Barbara O'Neil), die einen Schleier über der linken Gesichtshälfte trägt, sowie David (Mark Dennis), Marks Sohn, leben in dem Haus. Von beiden hatte Mark Celia nichts erzählt. Von Caroline erfährt Celia, daß Marks erste Frau Eleanor gestorben und Miss Robeys Gesicht entstellt sei, seitdem sie David bei einem Brand des Sommerhauses gerettet hat.

Mark verhält sich eigenartig gegenüber Celia, schreckt vor ihren Narzissen zurück, und auch David wirkt ihr gegenüber seltsam distanziert. Mark erzählt Celia, daß er Eleanor keine Liebe geben konnte. Celia will vergeblich, daß Mark sich ihr öffnet. Als Mark bei einer Party seine Gäste durch seine „gelungenen Räume" führt, erfährt Celia erstmals, daß er Räume sammelt, in denen Morde geschehen sind. Im Zimmer des Serienmörders Don Ignacio sehen wir zweimal einen Schal, sein bevorzugtes Mordinstrument.[14] Das Zimmer mit der Nummer 7 öffnet Mark jedoch nicht; was sich hinter dieser Tür verbirgt, soll sein Geheimnis bleiben. Celia ist entsetzt über die Sammlung ihres Mannes. Als sie ihn fragt, was in dem siebten Zimmer sei, wird er schroff. Dann erzählt David Celia, daß Mark seine Mutter getötet hätte. Celia versucht der Sache auf den Grund zu gehen, verschafft sich heimlich eine Kopie des Schlüssels zu der verbotenen Tür. Sie erfährt dann per Zufall von Miss Robey, daß diese Mark liebt und ihre Entstellung nur vorgetäuscht hat, um nicht entlassen zu werden. Celia verspricht Miss Robey, Mark davon nichts zu erzählen, und betritt das geheimnisvolle Zimmer.

---

[14] Siehe die Abbildung auf S. 200 (unten).

Es ist ihr eigenes Schlafzimmer aus dem Obergeschoß. Hinter den Vorhängen befindet sich nur Mauerwerk, die Schubladen sind leer. Celia hält es daher zunächst für eine Kopie, doch dann erkennt sie an ihren Kerzen, daß es tatsächlich ihr Originalzimmer ist. Sie gerät in Panik und flieht, sieht die geöffnete Tür von Don Ignacios Zimmer und findet dessen Mörderschal auf der Treppe. In einem nebelverhangenen Wald nähert sich ihr die schwarze Silhouette eines Mannes und wir hören einen Schrei, während die Leinwand schwarz wird.

Mark, Don Ignacios Schal in der Hand haltend, klagt sich in einem imaginären Prozeß selbst des Mordes an. Vor dem Richter und den Zeugen, von denen wir nur schwarze Silhouetten sehen, verteidigt sich Mark zugleich und sagt, er habe Eleanor nicht getötet und auch ernsthaft versucht, Celia nicht zu töten. Es sei sein Unbewußtes gewesen, das sich dies vielleicht gewünscht habe, da er immer von Frauen bevormundet worden sei, nie ein eigenes Leben leben konnte. Er fühlt sich schuldig für Eleanors Tod, die gestorben sei, weil er ihr keine Liebe geben konnte. Nach dem Prozeß entläßt Mark Miss Robey, da diese versucht habe, in sein Leben einzudringen. Dann kehrt Celia wieder zu Mark zurück. Caroline verläßt mit David das Haus. Mit Mark allein, bringt Celia ihn dazu, sich seinem Trauma zu stellen. Mark, wieder Don Ignacios Schal in der Hand haltend, erzählt Celia von den Narzissen seiner Mutter und davon, daß sie ihn als kleinen Jungen eingesperrt hatte und tanzen gegangen ist, als er ihre Liebe am meisten benötigte. Celia sagt ihm nun, daß Caroline sein Zimmer damals abgeschlossen habe. Dies habe sie ihr gestanden. Mark läßt den Schal sinken. Dann brennt das Haus, von Miss Robey angezündet, nieder und Mark rettet Celia aus den Flammen. „Wir haben noch einen weiten Weg vor uns", sagt Celia abschließend zu Mark auf der Hacienda in Mexiko.

\* \* \*

*SECRET BEYOND THE DOOR* ist ein schwieriger Film, dessen stetigem Fluß faszinierender, in Ideen verwandelter Bilder[15] nicht allein die Psychoanalyse zugrundeliegt, sondern der auch ein Film

---

[15] Siehe die Abbildungen auf S. 152, 153 u. 191 (unten).

*über* Psychoanalyse ist. Wir müssen als Zuschauer daher die Position des Analytikers einnehmen, um Fritz Langs Film überhaupt zu verstehen, denn seine Erzählung ergibt für sich genommen keinen Sinn.[16] Für den Psychoanalytiker aber kann es *per se* keinen Un-Sinn geben. Der Schweizer Filmwissenschaftler Johannes Binotto, der bisher als einziger diesen Weg beschritten hat, weist zunächst darauf hin, daß das *voiceover* des Films mit der körperlosen (da außerhalb des Blickfeldes des Patienten) Stimme des Analytikers gleichzusetzen ist.[17] Gemäß unserem Analyseschema (S. 12): Als immaterielles Medium repräsentiert diese Stimme das „Triebhaft-Unbewußte", während das „‚Optisch-Unbewußte' der materiellen Welt" (S. 47) für uns sichtbar (innerhalb unseres Blickfeldes) von Langs Rauminszenierung repräsentiert ist.[18] Mark sammelt dieses „Optisch-Unbewußte" sogar, indem er Räume sammelt, in denen Verbrechen geschehen sind, die er seine „gelungenen Räume" („felicitous rooms") nennt.[19] An entscheidender Stelle spricht Mark aus, wonach er überhaupt sucht: „Meine Hauptthese ist, daß die Art und Weise, wie ein Ort gebaut ist, bestimmt (‚determines'), was an ihm geschieht." In diesen Räumen glaubt Mark seine individuellen Abgründe (Untergruppe B") zu finden, und zugleich stehen sie für die filmische Suche der Tragödien Fritz Langs, denn diese sind „eine Suche nach den Determinismen in der Welt und in uns selbst, die uns *notwendigerweise* handeln oder leiden lassen" (S. 96 f.).

Mark betont, daß seine Räume Originale sind, keine Kopien. Celia, deren sexuelle Erregung ganz zu Beginn in Mexiko deutlich gemacht hat, daß sie für das „Triebhaft-Unbewußte" steht, entdeckt

---

[16] Was keineswegs daran liegt, daß das Drehbuch misslungen wäre oder daß Walter Wanger und die Universal den Film verstümmelt hätten. Lang hatte mit Silvia Richards intensiv und im Detail acht Monate am Drehbuch gearbeitet und zudem einen Endschnitt durchgesetzt. Die Szenen, insgesamt 17 Minuten, die von der Universal entfernt wurden, hatten zudem für die Struktur des Films keine Relevanz. Vgl. Bernstein, WANGER, S. 207 u. 213.

[17] Vgl. Binotto, TAT/ORT, S. 227.

[18] „Mit Vorliebe läßt Lang neue Szenen mit einem leeren Raum beginnen, in den die Figuren erst nach einem Moment eintreten." Ebd., S. 234. Siehe auch die Abbildung auf S. 192 (oben).

[19] „Blaubart sammelt im verbotenen Zimmer die Leichenteile seiner Opfer. Dieser Blaubart hingegen sammelt nur die Schauplätze von Verbrechen, in der Überzeugung, daß die Opfer ohnehin nur eine automatische Folge des richtigen architektonischen Settings sind." Binotto, TAT/ORT, S. 234.

irgendwann das titelgebene „Geheimnis hinter der Tür" in dem Zimmer mit der Nummer 7. Doch daß Mark zwei Schlafzimmer Celias hat, eines im Obergeschoß, in dem sie bisher gelebt hatte, und eines im Untergeschoß, das sie nun als unbewohnte Kulisse und dennoch als ihr Originalzimmer identifiziert, ergibt keinen Sinn. Es sei denn, daß Celia nicht das Geheimnis Marks, sondern in Wirklichkeit Joan Bennett dasjenige Fritz Langs entdeckt: Es gibt nur ein Zimmer, „das wahre Original, nämlich eine Kulisse, jenes Filmset, das der Regisseur Fritz Lang für seinen Film *SECRET BEYOND THE DOOR* hat anfertigen lassen. Auch auf einem Filmset hat es in den Schubladen der Möbel keine Gegenstände und hinter geschlossenen Vorhängen sind keine Fenster, sondern die Mauern jenes Filmstudios, in dem man das Set aufgebaut hat. Wenn Celia in das geheimnisvolle Zimmer eintritt, ist es also, als wenn sie von der intradiegetischen Ebene der Filmhandlung in die extradiegetische Ebene der Filmproduktion getreten wäre."[20] Ab hier wechselt folgerichtig die Perspektive, wir hören fortan als *voiceover* nicht mehr die Stimme Celias, sondern die Marks, und wir sehen, wie er sich in dem Prozeß vor schattenhaften Gestalten selbst anklagt, seinen Schuldgefühlen und damit seinem Über–Ich[21] stellt. Gegen Ende dann offenbart Mark Celia sein im Alter von 10 Jahren erlittenes Trauma, seinen individuellen Ödipus-Komplex[22] als Eingeschlossensein (= von der Mutter Ausgeschlossensein) in einem Raum.

Lang und Silvia Richards waren sich sicherlich bewußt, daß *SECRET BEYOND THE DOOR* die Dauer und Komplexität eine Psychoanalyse nicht darstellen konnte.[23] Daher der Perspektivwechsel des Films, der ein doppelter ist. Zunächst diegetisch (innerhalb der Handlung), als klassischer „Handlungsumschwung" („Peripetie", altgriechisch περιπέτεια) der griechischen Tragödie nach Aristoteles[24]: Die Perspektive wechselt auf Mark, und hiernach ist es dessen

---

[20] Ebd., S. 240.

[21] „Je strenger der Ödipus-Komplex war, je beschleunigter ... seine Verdrängung erfolgte, desto strenger wird später das Über-Ich als Gewissen, vielleicht als unbewußtes Schuldgefühl über das Ich herrschen." Freud, WERKE, Band XIII, S. 263.

[22] Zum Ödipus-Komplex nach Freud vgl.: Freud, WERKE, Band XIII, S. 260 f.

[23] Daher betrachtete Lang das Ende des Films auch als dessen Schwäche: „Kein Kranker wird so schnell geheilt oder von einer Tat abgehalten!", meinte er gegenüber Peter Bogdanovich. Zit. n. Bogdanovich, GEDREHT, S. 253.

[24] Vgl. Aristoteles, POETIK, 1452a22 f.

*voiceover* (körperlose Stimme), das für das „Triebhaft-Unbewußte" steht. Aber auch extradiegetisch wechselt die Perspektive des Films, als absoluter „Umschlag in das Gegenteil"[25], die den Zuschauer nun die des Autors Fritz Lang einnehmen läßt.[26] Denn Celia/Joan Bennett hat uns bis hierhin und zugleich zu dem Geheimnis Marks/Fritz Langs geführt, indem sie uns aus der filmischen Illusion heraus auf das Filmset geführt hat. Lang zwingt uns damit, aus der Zuschauerrolle hinauszutreten, so wie der Regisseur für ihn „ein Psychoanalytiker zu sein" (S. 94) hat. Daher blicken wir ab dem Punkt seiner Peripetie gewissermaßen aus *SECRET BEYOND THE DOOR* heraus auf uns selbst, so wie Mark ab diesem Punkt auf sich selbst blickt, und das Kino wird zu „etwas in uns, das wir vielleicht nicht kennen." Allein hierfür scheint Lang bereit gewesen zu sein, den sehr hohen Preis zu zahlen, den ihn dieser Film gekostet hat.[27] Und daß Lang bereits zum zweiten Mal nach *YOU AND ME* die „Verabredung der Kulturindustrie" (S. 48) bewußt aufgekündigt hat, da es das Sujet verlangte[28], zeigt, wie ernst es ihm mit dem Kino als der „Kunst unseres Jahrhunderts" (S. 8) war, was er diesem zutraute, insofern es seine eigene „Neuerfindung in Permanenz" (S. 14) bleiben würde. Für Frieda Grafe ist *SECRET BEYOND THE DOOR* daher „ein Diskurs übers Filmemachen, so wie es für Lang sich darstellt, ein Diskurs in Bildern."[29]

---

[25] Vgl. Gerhartz, SCHULD, S. 192.

[26] „*Peripetie* nennt man in der Dramentheorie jenen entscheidenden Höhepunkt der Handlung, hier wird der Begriff wörtlich genommen, als eine *Umkehrung* der Perspektive." Binotto, TAT/ORT, S. 240.

[27] Universals „Produktionsboß William Goetz und sein Kompagnon Leo Spitz stoppten alle zukünftigen Projekte und lehnten danach jede weitere Zusammenarbeit mit Diana Productions ab ... Nach der Trennung von Silvia Richards folgte die Auflösung der Diana Productions. Lang mußte bis auf seine Sekretärin Hilda Rolfe und seine Produktionsassistentin Min Selvin alle Angestellten entlassen. Das traf und schmerzte ihn. Er hatte jedoch zu der Zeit keine andere Wahl und erledigte die Liquidierung seiner Produktionsfirma mit Feingefühl und Stil." Grob, LANG, S. 303 f.

[28] Der Kapitalismus als der „American way of life" (S. 41) von *YOU AND ME* und nun die Psychoanalyse von *SECRET BEYOND THE DOOR*.

[29] Grafe, LANG, S. 64.

Bildteil: On Set

Mit Spencer Tracy am Set von "FURY", Metro-Goldwyn-Mayer (MGM), 1936.

Dreharbeiten zu "YOU ONLY LIVE ONCE", Walter Wanger Productions, 1937.

Mit George Raft am Set von "YOU AND ME", Paramount Pictures, 1938.

Bildteil: On Set | 119

Mit Joan Bennett und Walter Pidgeon am Set von "MAN HUNT", Twentieth Century-Fox, 1941.

Mit Joan Bennett am Set von "SCARLET STREET".
A FRITZ LANG Production/A Diana Production, 1945.

Mit Joan Bennett am Set von "SECRET BEYOND THE DOOR",
A Diana Production, 1947.

Mit Robert Ryan am Set von "CLASH BY NIGHT",
Wald/Krasna Productions, 1952.

# Bildteil: On Set | 123

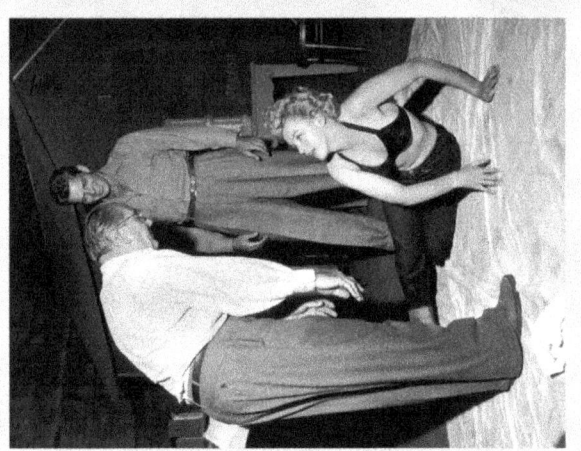

Mit Marilyn Monroe (links) und Paul Douglas (rechts) am Set von "CLASH BY NIGHT", Wald/Krasna Productions, 1952.

Mit Barbara Stanwyck am Set von "CLASH BY NIGHT", Wald/Krasna Productions, 1952.

Mit Anne Baxter am Set von "THE BLUE GARDENIA", Blue Gardenia Productions, 1953.

Mit Gloria Grahame und Glenn Ford am Set von "HUMAN DESIRE", Columbia Pictures, 1954.

Mit Rhonda Fleming und Bert E. Friedlob am Set von "WHILE THE CITY SLEEPS", Bert E. Friedlob Productions, 1956.

Mit Howard Duff, Ida Lupino und Bridget Duff am Set von "WHILE THE CITY SLEEPS", Bert E. Friedlob Productions, 1956.

Mit Ida Lupino und Dana Andrews am Set von "WHILE THE CITY SLEEPS". Bert E. Friedlob Productions, 1956.

Mit Joan Fontaine am Set von "BEYOND A REASONABLE DOUBT", A Bert Friedlob Productions, Inc. Production, 1956.

Bildteil: Die Filme

## FURY
Metro-Goldwyn-Mayer (MGM), 1936

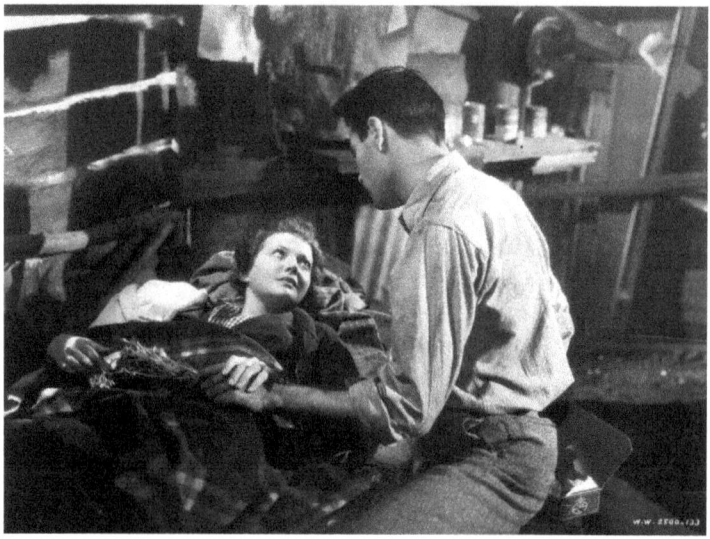

## YOU ONLY LIVE ONCE
Walter Wanger Productions, 1937

## *YOU AND ME*
Paramount Pictures, 1938

# THE RETURN OF FRANK JAMES
Twentieth Century-Fox, 1940

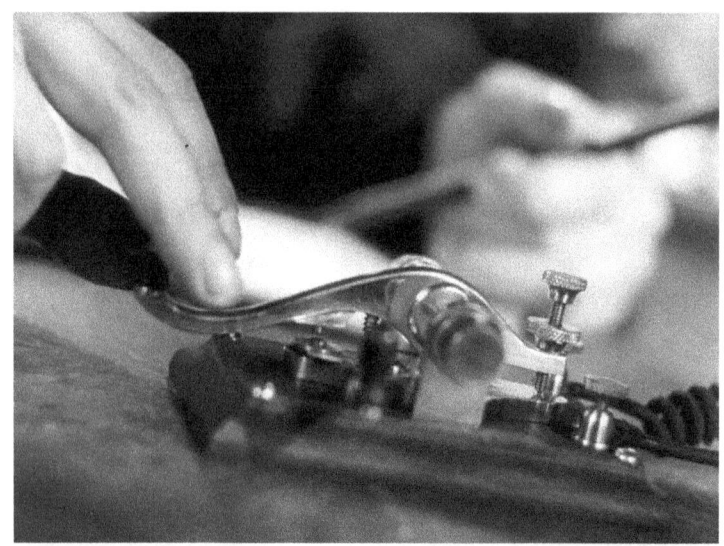

## *WESTERN UNION*
Twentieth Century-Fox, 1941

Bildteil: Die Filme | 141

### *MAN HUNT*
Twentieth Century-Fox, 1941

# HANGMEN ALSO DIE!
Arnold Productions, Inc., 1943

Bildteil: Die Filme | 145

## *MINISTRY OF FEAR*
Paramount Pictures, Inc., 1944

## *THE WOMAN IN THE WINDOW*
Christie Corporation/International Pictures, 1944

## *SCARLET STREET*
A FRITZ LANG Production/A Diana Production, 1945

### *CLOAK AND DAGGER*
A United States Pictures Production, 1946

## *SECRET BEYOND THE DOOR*
A Diana Production, 1947

### *RANCHO NOTORIOUS*
Fidelity Pictures, Inc., 1952

## *RANCHO NOTORIOUS*
Fidelity Pictures, Inc., 1952

Bildteil: Die Filme | 159

# *HOUSE BY THE RIVER*
Fidelity Pictures Corporation, 1950

# AMERICAN GUERILLA IN THE PHILIPPINES
Twentieth Century-Fox, 1950

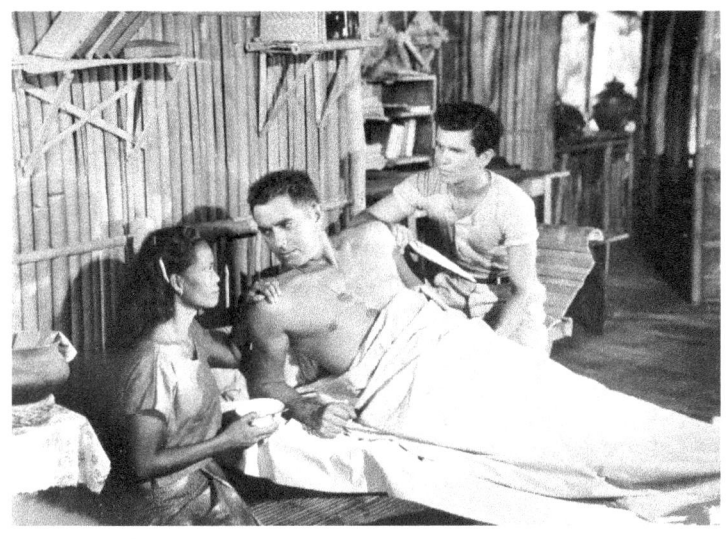

## *CLASH BY NIGHT*
Wald/Krasna Productions, 1952

# THE BLUE GARDENIA
Blue Gardenia Productions, 1953

Fritz Lang in Amerika | 166

***THE BIG HEAT***
Columbia Pictures, 1953

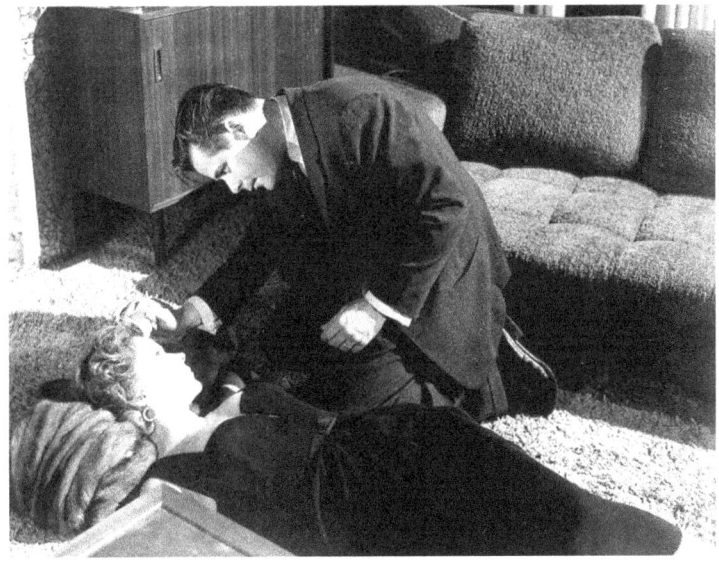

### *HUMAN DESIRE*
Columbia Pictures, 1954

### *MOONFLEET*
Metro-Goldwyn-Mayer (MGM), 1955

## *WHILE THE CITY SLEEPS*
Bert E. Friedlob Productions, 1956

# BEYOND A REASONABLE DOUBT
A Bert Friedlob Productions, Inc. Production, 1956

## *BEYOND A REASONABLE DOUBT*
A Bert Friedlob Productions, Inc. Production, 1956

Bildteil: Medien/Indizien

"M – EINE STADT SUCHT EINEN MÖRDER"
Nero-Film AG, 1931

Bildteil: Medien/Indizien | 179

"FURY"
Metro-Goldwyn-Mayer (MGM), 1936

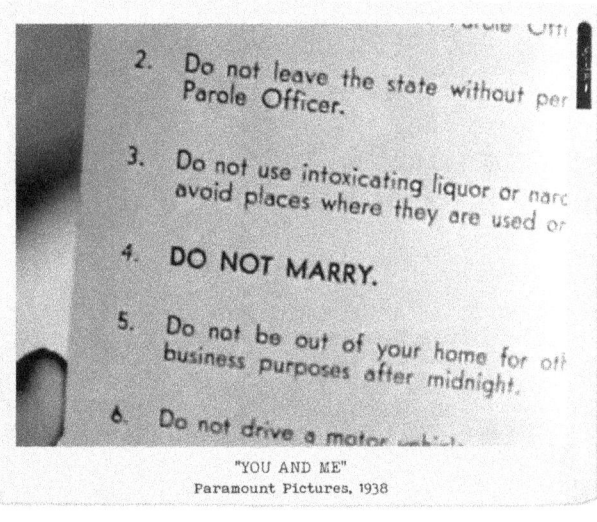

"YOU AND ME"
Paramount Pictures, 1938

"THE RETURN OF FRANK JAMES"
Twentieth Century-Fox, 1940

"MAN HUNT"
Twentieth Century-Fox, 1941

"MINISTRY OF FEAR"
Paramount Pictures, Inc., 1944

"SCARLET STREET"
A FRITZ LANG Production/A Diana Production, 1945

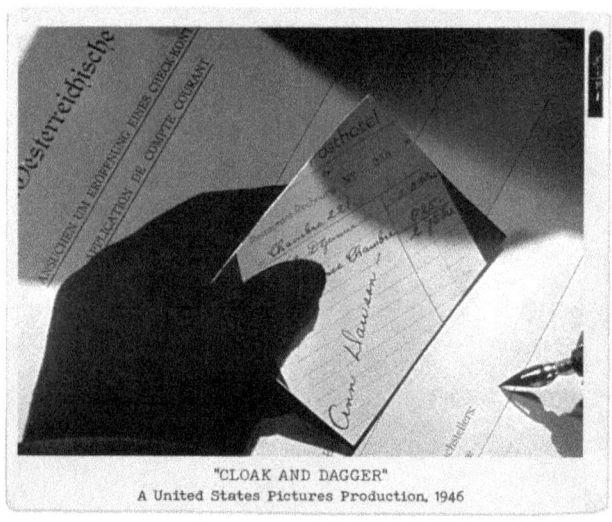

"CLOAK AND DAGGER"
A United States Pictures Production, 1946

"HOUSE BY THE RIVER"
Fidelity Pictures Corporation, 1950

"THE BIG HEAT"
Columbia Pictures, 1953

"WHILE THE CITY SLEEPS"
Bert E. Friedlob Productions, 1956

"BEYOND A REASONABLE DOUBT"
A Bert Friedlob Productions, Inc. Production, 1956

Bildteil: Der filmische Raum

"FURY"
Metro-Goldwyn-Mayer (MGM), 1936

"YOU AND ME"
Paramount Pictures, 1938

Bildteil: Der filmische Raum | 187

"YOU ONLY LIVE ONCE"
Walter Wanger Productions, 1937

"THE RETURN OF FRANK JAMES"
Twentieth Century-Fox, 1940

"WESTERN UNION"
Twentieth Century-Fox, 1941

Bildteil: Der filmische Raum | 189

"MAN HUNT"
Twentieth Century-Fox, 1941

"MINISTRY OF FEAR"
Paramount Pictures, Inc., 1944

"THE WOMAN IN THE WINDOW"
Christie Corporation/International Pictures, 1944

"SCARLET STREET"
A FRITZ LANG Production/A Diana Production, 1945

"CLOAK AND DAGGER"
A United States Pictures Production, 1946

"SECRET BEYOND THE DOOR"
A Diana Production, 1947

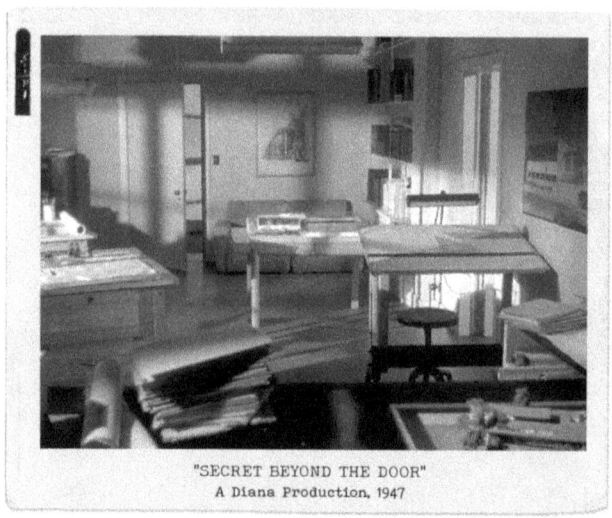

"SECRET BEYOND THE DOOR"
A Diana Production, 1947

"HOUSE BY THE RIVER"
Fidelity Pictures Corporation, 1950

Bildteil: Der filmische Raum | 193

"THE BIG HEAT"
Columbia Pictures, 1953

"HUMAN DESIRE"
Columbia Pictures, 1954

"WHILE THE CITY SLEEPS"
Bert E. Friedlob Productions, 1956

Bildteil: Das Fotogramm

"M – EINE STADT SUCHT EINEN MÖRDER"
Nero-Film AG, 1931

Bildteil: Das Fotogramm | 197

"M – EINE STADT SUCHT EINEN MÖRDER"
Nero-Film AG, 1931

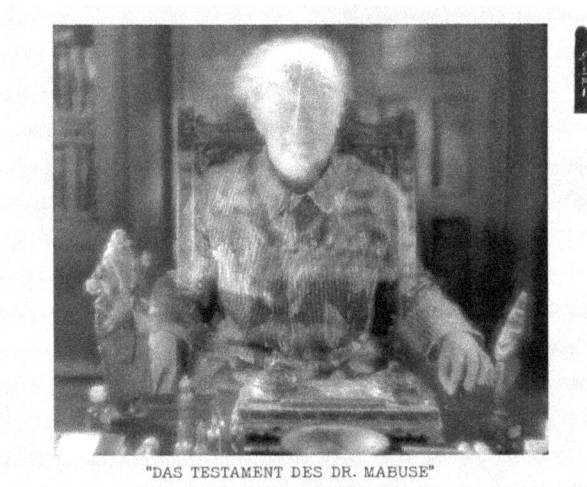

"DAS TESTAMENT DES DR. MABUSE"
Nero-Film AG, 1933

"YOU ONLY LIVE ONCE"
Walter Wanger Productions, 1937

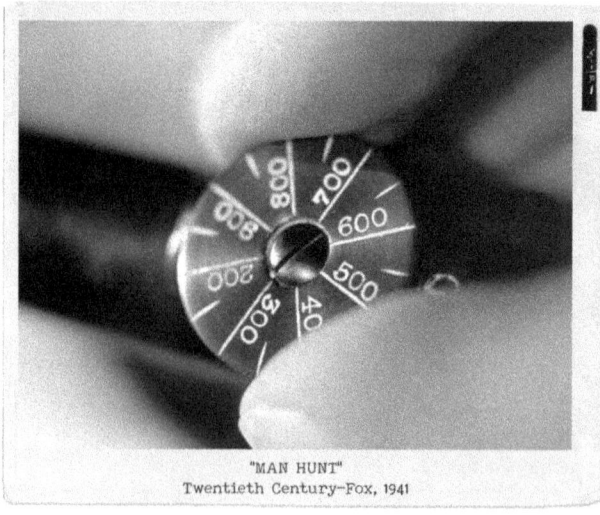

"MAN HUNT"
Twentieth Century-Fox, 1941

Bildteil: Das Fotogramm | 199

"HANGMEN ALSO DIE!"
Arnold Productions, Inc., 1943

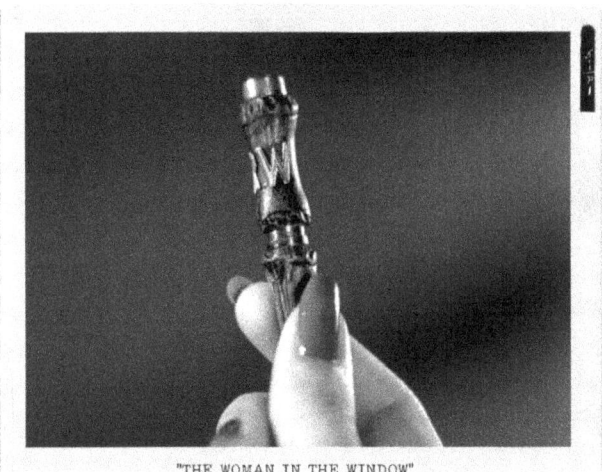

"THE WOMAN IN THE WINDOW"
Christie Corporation/International Pictures, 1944

"MINISTRY OF FEAR"
Paramount Pictures, Inc., 1944

"SECRET BEYOND THE DOOR"
A Diana Production, 1947

"THE BLUE GARDENIA"
Blue Gardenia Productions, 1953

"WHILE THE CITY SLEEPS"
Bert E. Friedlob Productions, 1956

"WHILE THE CITY SLEEPS"
Bert E. Friedlob Productions, 1956

"BEYOND A REASONABLE DOUBT"
A Bert Friedlob Productions, Inc. Production, 1956

Bildteil: „... so genannte Stars"

Bildteil: "… so genannte Stars" | 205

Sylvia Sidney (1910–1999)

Henry Fonda (1905–1982)

Joan Bennett (1910–1990)

Randolph Scott (1898-1987)

Ray Milland (1907–1986)

Bildteil: "… so genannte Stars" | 211

Edward G. Robinson (1893-1973)

Gloria Grahame (1923–1981)

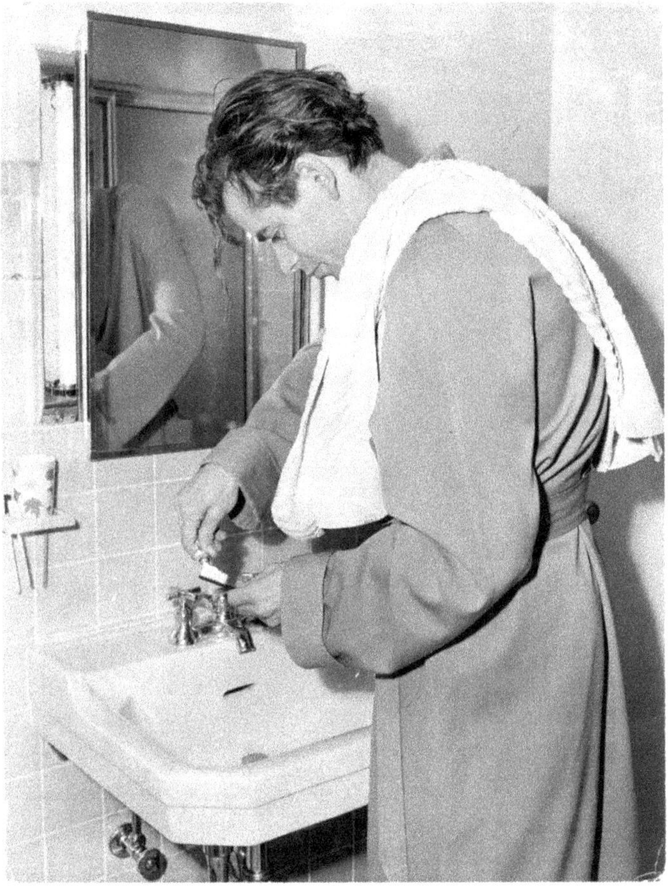

Bildteil: "… so genannte Stars" | 213

Glenn Ford (1916–2006)

Rhonda Fleming (1923–2020)

Dana Andrews (1909–1992)

Joan Fontaine (1917–2013)

# Exkurs 2

## Der schwarze Engel der Geschichte(n):
## *RANCHO NOTORIOUS* (*Engel der Gejagten*, 1952)

Für Cornelius Schnauber „ist dieses Ereignis mitentscheidend für gewisse Grundmotive und Grundstimmungen der meisten seiner – vor allem amerikanischen – Filme gewesen."[1] Dieses Ereignis im Leben Fritz Langs jedenfalls, von dem hier die Rede ist, „das er stets mit sich und folglich auch mit nach Amerika getragen hat" (S. 13); über dieses ist viel geschrieben worden, doch im Ganzen nur wenig bekannt.[2] Als gesichert kann nur Folgendes gelten: Am 25. September 1920 um 19 Uhr starb Fritz Langs erste Ehefrau Elisabeth Rosenthal durch einen Schuß aus einer unbekannten Pistole in deren gemeinsamer Berliner Wohnung. Der aufnehmende Arzt protokollierte: „Brustschuß, Unglücksfall". Lang hatte zu dieser Zeit bereits eine Affäre mit seiner späteren Ehefrau Thea von Harbou.[3] Auch die Kriminalpolizei ging von einem „Unglücksfall" aus.[4] Mehr scheinen wir nicht zu wissen, auch nicht von Fritz Lang selbst, denn dieser hat „über seine erste Ehe und über den Tod seiner ersten Ehefrau ein Leben lang Stillschweigen bewahrt."[5] Dennoch dürfte es „ihn sein Leben lang beschäftigt haben, was eigentlich gewesen wäre, wenn dieser Tod aufgrund möglicher Indizien seine Karriere und sein Leben bereits früh beendet hätte."[6] Aber, wissen wir wirklich nicht mehr? Indizien: „Lang setzt seine Filme zusammen wie ein Indizienbeweis, der ein Geschehen rekonstruiert", schrieb Friede Grafe (S. 9 f.). Abgrund: „Fast jeder Film von Fritz Lang eröffnet einen Abgrund. Der von *RANCHO NOTO-*

---

[1] Schnauber, LANG, S. 8.
[2] Vgl. Conrad, MORDVERDACHT, passim.
[3] Die zu dieser Zeit noch mit Rudolf Klein-Rogge verheiratet war.
[4] Vgl. Aurich/Jacobsen/Schnauber, LANG, S. 60 ff.
[5] Ebd., S. 64.
[6] Zion, NOIR WESTERN, S. 25. Die Tatsache, daß Lang dieses Ereignis stets im Dunkeln ließ, führte auch noch in Hollywood zu Spekulationen und Mythen über ihn. So behauptete Gloria Grahames Biograph Vincent Curcio noch 1989 fälschlicherweise: „Er war des Mordes angeklagt und hatte große Schwierigkeiten, seinen Aufenthaltsort zum Zeitpunkt des Verbrechens nachzuweisen." Curcio, GRAHAME, S. 150.

*RIOUS*, seinem dritten und letzten Western nach *THE RETURN OF FRANK JAMES* und *WESTERN UNION*, ist sein persönlichster."[7]

Tatsächlich ist es dieser Abgrund, der Fritz Langs Leben mit seinem Werk zusammenführt: So wie jenes Ereignis im Zentrum seines Lebens, so steht auch *RANCHO NOTORIOUS* im Zentrum seines filmischen Werkes. Denn hier ist dieser Abgrund, determiniert von dem Individuum, nicht allein ein individueller (Untergruppe B"), sondern auch ein persönlicher, er strukturiert als solcher das gesamte Werk Fritz Langs, mehr noch, er kehrt nun in diesem Film „gespiegelt" und „gedoppelt" zurück, und wird *in ihm* gleichsam noch einmal gespiegelt und gedoppelt, während ein Ereignis – *das* Ereignis – als Ursprungsgeschehen in der Erzählung als ein Geflecht von Indizien rekonstruiert wird (S. 12). Denn es sind eben „die Umstände, die bei Fritz Lang aus einem Menschen das machen, was er ist ..., die Kontingenzen, Wahrscheinlichkeiten, das, was dazu führt, daß manches Mögliche Wirklichkeit wird, manches eben nicht" (S. 10).

In *RANCHO NOTORIOUS* sind es ebenso die „Umstände, die Vern Haskell (Arthur Kennedy) zu seinem Rachefeldzug treiben, nachdem seine Verlobte Beth Forbes (Gloria Henry) von einem Gangster erschossen wurde. Vern nimmt die Verfolgung des Mörders auf, landet schließlich in einem Zufluchtsort für Banditen, ‚Chuck-a-Luck' genannt, der von der Matrone Altar Keane (Marlene Dietrich) betrieben wird. Vern bandelt mit Altar, die für den Schutz auf ihrer Ranch Prozente von ihren ‚Jungs' verlangt, an, gerät dabei in Konkurrenz zu dem Gauner Frenchy Fairmont (Mel Ferrer). Doch wir sind hier längst in einer anderen Welt. Denn sobald der rachsüchtige Vern in ‚Chuck-a-Luck' einreitet, überschreitet er gewissermaßen eine Grenze: Wir finden uns mit ihm in einer Art Traumwelt wieder, in einer künstlichen, düsteren Studiowelt mit Matte Paintings, gemalten Häusern, Bäumen und Landschaften, einem purpurnen Himmel, bevölkert von flüchtenden Figuren, allesamt an Körper oder Seele gezeichnet und ebenso von den Umständen getrieben wie Vern selbst. Altar, einem alternden schwarzen Engel gleich – schwarz und verbraucht, aber mit einem großen Herzen in der Mitte gleichwohl –, hätte auch ein anderes Leben führen können, wenn die Umstände es

---

[7] Zion, NOIR WESTERN, S. 25.

zugelassen hätten. Einmal sogar äußert sie gegenüber Vern ihr Bedauern, ihm nicht früher begegnet zu sein. Längst ergibt Verns Rache keinen Sinn mehr an diesem Ort[8], doch er ist zu dieser Rache selbst geworden. Es kommt zum unvermeidlichen Schußwechsel, bei dem Altar *unabsichtlich* getroffen wird, während sie sich schützend vor Vern wirft. Wieder ist etwas Wirklichkeit geworden, was zuvor nur im Bereich des Möglichen lag, wieder hat sich ein Abgrund geöffnet. *RANCHO NOTORIOUS* hat die Atmosphäre und folgt der Logik eines Horrorfilms."[9]

Lang hat es stets abgelehnt die Auswirkungen von Gewalt auch graphisch zu zeigen[10], zudem meinte er, wie bereits bemerkt, daß sein Leben niemanden etwas angehe und daß, wenn man ihn beurteilen wolle, man es durch seine Filme tun solle (S. 8). Mehrmals sagte er: Wirkliche Aufschlüsse über seine Filme und seinen Schaffensprozeß könne nur die Psychoanalyse geben (S. 13 f.). „Darum auch ist *RANCHO NOTORIOUS* ein in seinem Werk wohl einmaliger, dabei zutiefst verstörender Film. Denn tatsächlich sehen wir hier die Wirkung der Gewalt: die zu einer Kralle erstarrte, blutverschmierte Hand in *rigor mortis* von Gloria Henry, später die sterbende Marlene Dietrich, die Augen aufgerissen in schierer Todespanik, das Gesicht weiß wie die Wand; tatsächlich steckt die Kugel hier gleich zweimal in einer Frau, genau dort, wo die Kugel in Elisabeth Rosenthal gesteckt hatte."[11] Denn so hatte es Lotte Eisner in ihren Memoiren beschrieben: „Aus Eitelkeit, weil sie eine makellose Brust hatte, hat die junge Frau sich die Kugel nicht in die linke Brust gegeben, sondern in die Mitte, weil ihr Herz zufällig in der Mitte saß."[12] Die Vertrautheit Lotte Eisners mit Lang, die Präzision ihrer Beschreibungen sowie ihre feste Überzeugung, daß es sich um einen „Selbstmord" Rosenthals gehandelt habe, läßt eigentlich keine andere Schlußfolgerung mehr zu als die, daß Fritz Lang eben *doch nicht* „ein Leben lang Stillschweigen bewahrt" hat. Und wie auch

---

[8] Daß die Rachgeschichten des Genres in Langs Western stets ins Leere laufen, traf, wie bemerkt (S. 57), bereits auf *THE RETURN OF FRANK JAMES* zu.
[9] Ebd., S. 25.
[10] „Brutalität der Brutalität wegen lehnte er ebenso ab wie das allzudeutliche Zeigen der Brutalität selbst." Schnauber, LANG, S. 20.
[11] Zion, NOIR WESTERN, S. 25.
[12] Eisner, MEMOIREN, S. 113.

sollten die akribischen Tagesprotokolle anders erklärt werden, die Lang seitdem anfertigte – und von Besuchern anfertigen ließ –, die sie darauf zurückführte, „daß Lang und Thea von Harbou sich vor Gericht rechtfertigen mußten wegen unterlassener Hilfleistung, weil angeblich zuviel Zeit verstrichen war zwischen dem Selbstmord und der Benachrichtigung der Polizei. Von diesem Tag an hat Fritz Lang stets Buch geführt über sein Tun und Lassen und auch seine Gäste gezwungen, jeden Anruf, jeden Besuch und jeden Ausgang schriftlich festzuhalten."[13]

\* \* \*

Schlußendlich ist es dieser Film – neben Nicholas Rays *JOHNNY GUITAR* (1954) einer der außergewöhnlichsten und tiefgründigsten Western Hollywoods überhaupt[14] –, der die Indizienkette zu schließen scheint, indem er Lotte Eisners Angaben bestätigt, wo die Kugel in *der* Frau gesteckt hatte. In *RANCHO NOTORIOUS* wird Walter Benjamins „Engel der Geschichte" zu Altar, zu Marlene Dietrichs schwarzem Engel aller vom Leben Gezeichneten und von den Umständen Getriebenen in „Chuck-a-Luck" – und zugleich wird Marlene Dietrich damit zum Engel aller Geschichten Fritz Langs, zugleich „sieht *er*", dabei „das Antlitz der Vergangenheit zugewendet", durch *sie* „eine einzige Katastrophe, die unablässig Trümmer auf Trümmer häuft und sie ihm vor die Füße schleudert. Er möchte wohl verweilen, die Toten wecken und das Zerschlagene zusammenfügen" (Walter Benjamin). Doch lassen sich die Toten ebensowenig (wieder-)wecken wie *die* Tote, fügt sich das Zerschlagene nicht mehr zusammen, nicht Langs von den Nazis beraubte Heimat und sein verblaßter Ruhm als deren Starregisseur, nicht seine längst beendete Beziehung mit

---

[13] Eisner, MEMOIREN, S. 113 f. Auch Vincent Curcio erwähnt diese Tagesprotokolle und führt diese sowie Langs „mechanistische und entropische Sicht" auf die Welt auf dieses Ereignis zurück. Vgl. Curcio, GRAHAME, S. 150.

[14] Sich den großen Western-Mythen Hollywoods (S. 52) zu entziehen und stattdessen tief in die Essenz des Melodrams (Ray) beziehungsweise, wie im Falle Langs, der griechischen Tragödie (S. 96 f.) vorzudringen, war beiden wohl nur in einem B-Western möglich. *JOHNNY GUITAR* entstand für die B-Film-Fabrik Republic Pictures, während Lang *RANCHO NOTORIOUS*, wie bereits *HOUSE BY THE RIVER*, für Howard Welschs kleine Produktionsfirma Fidelity Pictures drehte.

Marlene Dietrich.[15] Was bleibt, sind „traurige Dokumente"[16], Tagesprotokolle als Zugeständnisse an den Determinismus und die Kontingenzen der Welt sowie seine stetige „Suche nach den Determinismen in der Welt und in uns selbst, die uns *notwendigerweise* handeln oder leiden lassen" (S. 96 f.) - die Katharsis, das Ziel und die Kunst der griechischen Tragödie.

\* \* \*

Auch für Lotte Eisner ist *RANCHO NOTORIOUS* „einzigartig unter den Western und geht sogar noch über die Schule des ‚psychologischen Western' hinaus", denn für sie ist „die Welt des Films eine geschlossene, in der moralische Alternativen begrenzt sind, in der es buchstäblich keinen Ausweg mehr gibt. Die gemalten Kulissen, obwohl schön anzuschauen, dienen nur dazu, diese moralische Situation hervorzuheben."[17] Mit dem Kulissenhaften und den begrenzten moralischen Alternativen des Films verläßt Lang nun erneut die Erzählformen Hollywoods und nähert sich einem Brecht'schen Lehrstück, dessen „epischem Theater" an, in dem es nie um die Darstellung einer Rolle, im Sinne einer Identifikation mit dieser, sondern immer um ein Spiel, im Sinne einer Distanzierung von dieser Rolle, geht. Und ebenso wie in *YOU AND ME* führt Lang hierfür wieder einen Chor ein, gleich einem griechischen Theaterchor, um mit diesem als „eigenständigem Handlungsträger" den „Schritt von der narrati-

---

[15] Fritz Lang und Marlene Dietrich, die sich erstmals 1934 in Paris nähergekommen waren, begannen ihre Beziehung im Frühjahr 1937, die Lang jedoch bald darauf beendete, „als sie eines Tages, während sie noch noch zusammen im Bett lagen, zum Telefon griff und sich mit einem anderen Mann verabredete." Grob, LANG, S. 241 f. Noch viele Jahre später gestand Lang gegenüber Peter Bogdanovich, daß er ihr „sehr zugetan" gewesen sei, obwohl sie in seinem Leben „einige Unannehmlichkeiten" verursacht habe. Vgl. Bogdanovich, GEDREHT, S. 255. Die beiden waren sich wohl auch zu ähnlich: Der Starregisseur der Weimarer Republik und ihr schillerndster Star seit Josef von Sternbergs *DER BLAUE ENGEL* (1930), beide später von Goebbels umworben, die sich jedoch aus dem Staub machten und stattdessen antinazistisch engagierten, deren Rückkehr nach Deutschland - trotz aller Ehrungen - nicht wirklich gelang, die ihr Leben schließlich zurückgezogen im dauerhaften „Exil" beendeten - Fritz Lang und Marlene Dietrich teilten ebenso eine Unfähigkeit oder einen Unwillen, dauerhafte Bindungen einzugehen.
[16] Eisner, MEMOIREN, S. 114.
[17] Eisner, LANG, S. 301 f.

ven (erzählenden) zur dramatischen Kunst" zu vollziehen.[18] Genauer ist es ein Lied[19], "Chuck-a-Luck", nach dem Lang den Film eigentlich auch benennen wollte: "Das ursprüngliche Chuck-a-Luck ist ein sehr berühmtes Spiel, eine Art vertikales Roulette mit einem runden, rotierenden Rad. Ich habe es selbst in einer mexikanischen Grenzstadt gespielt", so Lang.[20] "Chuck-a-Luck" in *RANCHO NOTORIOUS*, das ist zugleich der kulissenhafte Ort dieser Tragödie wie auch dieses Roulette, als "wheel of fate", Sinnbild für den Determinismus und die Kontingenzen der Welt schlechthin[21], aber eben auch dieses Lied, wie ein griechisches Chorlied in "Strophen und Gegenstrophen" aufgeteilt.[22] "Die Drehbewegung des ,vertikalen Roulettes', das an die Scheibe in dem Schaufenster erinnert, vor dem Lorre in *M - EINE STADT SUCHT EINEN MÖRDER* steht, ist auch der Rhythmus des Songs, der die Handlung weniger kommentiert als antreibt."[23] Sein Refrain:

> Listen to the legend of Chuck-a-Luck, Chuck-a-Luck,
> Listen to the wheel of fate;
> As round and round with a whisperin' sound
> It spins,

---

[18] Vgl. Gerhartz, SCHULD, S. 57.
[19] Tatsächlich hat die griechische Tragödie "ihre musikalischen Wurzeln im Lied (ἡ ᾠδή) – auch: ,Gesang', ,Gedicht' –, welches uns im ausgestalteten Drama als Chorlied entgegentritt." Ebd., S. 53.
[20] Zit. n. Patalas, FILMOGRAFIE, S. 125.
[21] Das Bild des Roulette-Rades als "wheel of fate" ("Rad des Schicksals") verweist auch auf Langs "Sicht auf die Welt als ein deterministischer Wirkzusammenhang" (S. 23): Wann das Rad stehenbleibt, ist selbstverständlich von den gegebenen physikalischen Ausgangsbedingungen determiniert. Als "schicksalhaft" oder "zufällig" (kontingent) erscheint dies (dem Spieler) nur, da er im allgemeinen Zusammenhang von Ursache und Wirkung nicht alle Ausgangsbedingungen kennen *kann*. Das "Schicksalhafte" oder Transzendente als das, was uns als Menschen "übersteigt", ist daher der Welt in Wirklichkeit immanent, eine von außen in die Welt eingreifende Macht gibt es nicht. Vgl. Spinoza, ETHIK, I. Teil, passim. 1967 bekräftigte Fritz Lang im Radio der BBC seine Sichtweise, daß das Transzendente ("Gott") der Welt immanent ist: "Natürlich glaube ich nicht an Gott als den Mann mit einem weißen Bart oder so etwas, aber ich glaube an etwas, das man Gott nennen kann – eine ewiges Gesetz oder ewiges mathematisches Konzept des Universums. Als man in den USA sagte, Gott sei tot, hielt ich das für falsch. Ich sagte zu ihnen: ,Gott hat nur eine andere Adresse, er ist nicht wirklich tot'." Lang, INTERVIEWS, S. 79.
[22] Vgl. Gerhartz, SCHULD, S. 55.
[23] Patalas, FILMOGRAFIE, S. 125 f.

It spins the old, old story of HATE,
MURDER,
AND REVENGE ...

Dieser Song treibt die Handlung an, illustriert diese, wird aber irgendwann, nach Lotte Eisner, tatsächlich auch zum distanzierenden Kommentar, der „dazu dient, Brechts ‚epische' Theorie zu demonstrierten."[24] Denn anders als der Gefängnischor in *YOU AND ME* (S. 40) ist dieser Song in *RANCHO NOTORIOUS* rein extradiegetisch, obwohl seine Strophen und Gegenstrophen alle Handlungselemente und Wendepunkte dieser Tragödie erzählen. Lediglich ein Song, den Lang Marlene Dietrich singen läßt, wird diegetisch präsentiert. Als Altar singt sie hierin über ihre Erfahrungen mit ihren Männern, davon, daß die jungen zwar „unbekümmert", „bereit" und „stark" seien, daß sie aber keinen Sinn dafür hätten, „to come in out of the rain" – kurz: daß sie noch strohdumm sind. Diesen alles andere als distanzierenden Kommentar innerhalb der Erzählung gestand Fritz Lang Marlene Dietrich, seinem „alternden schwarzen Engel" der Geschichte(n), in *RANCHO NOTORIOUS* zu, handelt der Film doch auch von der Tragödie seiner eigenen Dummheiten als noch junger Mann, davon, wo das „Rad des Schicksals" einmal beinahe für ihn stehengeblieben wäre: „Der eine Moment, in dem wir auf der Hut sein müssen. Das ist mein Hobby. Für jeden gibt es solch einen Moment, einen der Schwäche, in dem er einen Fehler machen kann. Es ist eine der Lebensregeln, die unumgänglich sind" (1945).[25]

---

[24] Eisner, LANG, S. 310.
[25] Lang, INTERVIEWS, S. 5.

# 4. Teil
# Bestie Mensch

## Wie auf Schienen gesetzt

Bei *RANCHO NOTORIOUS* arbeitete Fritz Lang erneut mit der Drehbuchautorin Silvia Richards zusammen, nur eine seiner zahlreichen - mal kürzeren, mal längeren - Frauenbeziehungen in Amerika[1], die von seinen Biographen entweder präzise dokumentiert (Norbert Grob[2]) oder ausufernd kolportiert (Patrick McGilligan[3]) wurden. Die, die ihn persönlich gut kannten, benutzten hierfür auffallend häufig das Adjektiv „groß"[4], und auch er selbst meinte gegenüber Peter Bogdanovich, daß jeder wisse, „daß ich ein großer Frauenliebhaber bin" (S. 86). In anderen Worten: Lang war ein „Womanizer"; seit den 20er-Jahren suchte er (auch) hierin die „Grenzüberschreitung", lebte diesbezüglich „bis in hohe Alter" wie auf Schienen gesetzt: „Das schloß Sex für eine Nacht und Besuche in Bordellen ein, auch Versuche mit Drogen."[5]

Für alle sichtbarer Fetisch hierfür war „Peter", das Vorbild für „Jean Sebergs kleinen Stoffaffen" (S. 35) aus Jean-Luc Godards *À BOUT DE SOUFFLE*: „Peter war ein Stoffaffe, der ihm vor Jahren von einer Freundin geschenkt wurde[6] und seit dieser Zeit fast ständig neben ihm saß, mit ihm schlafen ging und auch mit ihm begraben wurde. Die Geschichte von Peter war folgende: Fritz Lang hatte, wie bekannt, im Leben sehr viele Frauenbekanntschaften gehabt, und da er ein schlechtes Gedächnis für Namen besaß, verwechselte er oft die Namen seiner Freundinnen, bis er sich entschlossen hatte, sie alle Peter zu nennen. Wer also Peter genannt wurde, ge-

---

[1] Fritz Langs Ehen, Frauenbeziehungen und Affären sind in der Zeittafel am Ende dieses Buches (S. 304-307) aufgeführt.

[2] Vgl. Grob, LANG, passim.

[3] Vgl. McGilligan, LANG, passim.

[4] Etwa Cornelius Schnauber, der schrieb, Lang habe eine „große Hochachtung vor Frauen" gehabt (S. 86). Lotte Eisner nannte Lang einen „großen Frauenverehrer bis ins hohe Alter" (S. 72).

[5] So Norbert Grob über Langs Lebensführung noch in Deutschland in den 20er- und 30er-Jahren. Grob, LANG, S. 107.

[6] Anfang der 30er-Jahre von Gerda Maurus, die sich von Lang trennte, da er „immer wechselnde Frauen an seiner Seite, meistens blond, meistens schlank" hatte. Vgl. ebd., S. 180.

hörte zum ‚inneren Kreis' der Frauenbeziehungen."[7] Unterschied sich Lang hierin auch kaum von seinem österreichischen Migranten-Kollegen Otto Preminger, so hatte er allerdings keine „Besetzungscouch", wie so viele Studiobosse und Produzenten Hollywoods.[8] Lang mißbrauchte das Machtgefälle des Studiosystems nicht[9], hatte ohnehin, außer bei Diana Productions, so gut wie keinen Einfluß auf die Besetzung seiner Filme. Die Umstände der einzigen Ausnahme, der blasse Auftritt seiner Geliebten Virginia Gilmore in *WESTERN UNION* auf seine Fürsprache hin (S. 59), legt diesbezüglich sogar das genaue Gegenteil nahe. Frauen genossen bei Lang „tiefste Verehrung"[10], zugleich lebte er überzeugt promiskuitiv.[11] Wohl aus beidem dürfte seine enorme „Sensibilität im Umgang mit Schauspielerinnen" (S. 86) entsprungen sein. Ebenso entstanden sehr enge und fruchtbare Arbeitsbeziehungen, sei es noch in Deutschland mit Thea von Harbou oder nun in Hollywood mit Sylvia Sidney, Joan Bennett oder Silvia Richards.

Die körperlichen Aspekte der „Liebe" hatten für Fritz Lang jedenfalls eine nicht geringere Bedeutung als die inszenatorische „Durchmessung der Materialität der Welt" (S. 69) in seinen Filmen. So sehr, daß er selbst einmal das Mißverständnis über die Rolle des Schicksals in seinen Filmen, die „Verantwortung für das eigene Tun oder Unterlassen" (S. 106) – die *raison d'être* von *CLOAK AND DAGGER* – derart zu erklären versuchte: „Der plötzliche Schlag einer Kukkucksuhr während eines Geschlechtsaktes und damit das Verzögern eines Orgasmus – auch wenn dadurch andere Spermien in die Frau eindringen, als wenn diese Verzögerung nicht stattgefunden hätte – macht den Menschen nicht anders, wenn es um sein Verhalten und

---

[7] Schnauber, LANG, S. 17.
[8] Vgl. Zion, FLEMING, S. 71 f.
[9] „Keine von Langs Freundinnen und Liebhaberinnen in Amerika", so McGilligan, „hat irgendwelche Behauptungen über ungebührliches Verhalten aufgestellt. Wenn überhaupt, so haben sie das Gegenteil bezeugt: daß der Regisseur im Bett ungewöhnlich höflich und sanft, ja sogar fügsam war." McGilligan, LANG, S. 237.
[10] Schnauber, LANG, S. 19.
[11] Nach Gottfried Reinhardt fand diese Promiskuitivität Langs seine Entsprechung darin, daß die Schauspielerinnen, mit denen er Affären oder Liebesbeziehungen hatte, selbst promiskuitiv und für ihn „leicht zu haben" gewesen seien. Zit. n. McGilligan, LANG, S. 236.

seine Verantwortung geht."[12] Ständig versuchte Lang den prüden Production Code und den – ohnehin bigotten[13] – Puritanismus Amerikas zu unterlaufen, mit den mehr oder minder offensichtlichen Rollen Joan Bennetts als „Straßenmädchen" in *MAN HUNT, THE WOMAN IN THE WINDOW* und *SCARLET STREET* vor allem, aber ebenso mit seinem „Lang-Touch". So handelt *THE BLUE GARDENIA* auch von einer – im Hollywood der 50er-Jahre vollkommen außergewöhnlich – Wohngemeinschaft dreier alleinstehender Frauen, darunter Ann Baxter als Norah, sowie von dem Journalisten Casey Mayo (Richard Conte), einem Junggesellen, was Lang mit seinem „Lang-Touch" verdeutlichte, wie er es Lotte Eisner in einem Brief vom 8. Juni 1969 erklärte: „Casey Mayo wirft seinen erstaunten aber sich freuenden Freunden sein ‚schwarzes Büchlein' zu, das angeblich jeder etwas auf sich haltende amerikanische Junggeselle hat und das die Telephonnummern von Prostituierten, Callgirls und anderen bereitwilligen Mädchen enthält! Damit drückt er für das amerikanische Publikum aus, daß er es nicht mehr braucht, daß er und Norah das berühmte glückliche Paar sein werden."[14] Ob Fritz Lang wohl selbst solch ein „schwarzes Büchlein" besaß? Auf jeden Fall lag in seinem Arbeitszimmer „ein dicker brauner Briefumschlag, vollgefüllt mit Zeitungsausschnitten, auf dem er außen in seiner klaren Handschrift ‚Ethics and Violence' (Ethik und Gewalt) geschrieben"[15] hatte. Die Bedeutung, die Lang der Sexualität beimaß, zeigte sich auch darin, daß er nach seinem Gespräch mit Howard Vernon über dessen Homosexualität (S. 72) die Überschrift dieses Umschlags abänderte: „Ethics, Violence and Homosexuality."[16]

\* \* \*

In den für ihn so schwierigen 50er-Jahren wirkte auch Fritz Langs Filmarbeit wie auf Schienen gesetzt, von denen einige ihn sogar gezielt aufs Abstellgleis führen sollten. Nach dem Desa-

---

[12] Zit. n. Schnauber, Lang, S. 70.
[13] Als Fritz Lang Virginia Gilmore einmal salopp „meine Mätresse" genannt haben soll, soll ihn sein Agent Sam Jaffe gewarnt haben: „In Amerika benutzen wir dieses Wort nicht." Zit. n. McGilligan, LANG, S. 270.
[14] Zit. n. Schnauber, LANG, S. 120.
[15] Eisner, MEMOIREN, S. 116.
[16] Zit. n. ebd., S. 117.

ster von *SECRET BEYOND THE DOOR* und der für ihn schmerzlichen Abwicklung von Diana Productions „gab es einen Bruch, der tiefer reichte. Keine Seiten- und keine Zwischenpfade mehr."[17] Lang galt in Hollywood als erledigt, nur noch sein Agent Sam Jaffe stand noch kurzzeitig[18] zu ihm und auch Theodor W. Adorno lud ihn mehrfach ein, führte beim Dinner ausführliche Gespräche mit ihm.[19] In einem Interview sagte Lang später, er habe zu dieser Zeit „auf der Bank nur noch 125 Dollar gehabt, um damit im Monat über die Runden zu kommen."[20] Dieser Bruch fiel zudem in eine Zeit, in der sich das Studiosystem Hollywoods selbst in einem tiefen Umbruch befand. Dieses „hatte seit dem wettbewerbsrechtlichen Gerichtsurteil gegen die Paramount 1948 und dem Durchbruch des Fernsehens Anfang der 50er-Jahre ständig gegen sinkende Umsatzzahlen zu kämpfen ... Ende des Jahrzehnts wurde bereits die Hälfte aller Filme unabhängig produziert."[21] Lang arbeitete nun mit kleineren Produktionsfirmen zusammen, wie mit Howard Welschs Fidelity Pictures für *HOUSE BY THE RIVER* und *RANCHO NOTORIOUS*, oder sah sich gezwungen, ihm ferne Auftragsarbeiten anzunehmen, wie erneut von der 20th Century-Fox mit *AMERICAN GUERILLA IN THE PHILIPPINES*.

Das, was ihn aber *gezielt* aufs Abstellgleis führen sollte, war, daß er nun ernsthaft ins Visier des „Komitees für unamerikanische Umtriebe" (HUAC) geriet. „Lang war nie Kommunist. Um auf McCarthys Schwarze Liste zu kommen, genügte es, erzählte er, in den Kommunisten die einzigen entschiedenen Gegner des Faschismus gesehen zu haben."[22] Dies bestätigte das Büro des FBI in Los Angeles in einem Bericht über Lang, in dem es hieß, er sei zwar „extrem antifaschistisch" eingestellt und als solcher „ein Trottel für Förderer- und Spenderlisten" gewesen, aber nie Mitglied der kommunistischen Partei.[23] Doch Bertolt Brecht, John Wexley und Hanns Eisler, mit denen Lang bei *HANGMEN ALSO DIE!* zusammengeareitet

---

[17] Grob, LANG, S. 305.
[18] Im Oktober 1950 trennte sich Lang auch von Sam Jaffe nach mehr als zehn Jahren und begann mit dem Agenten Nat C. Goldstone zusammenzuarbeiten. Vgl. ebd., S. 309.
[19] Vgl. ebd., S. 303.
[20] Lang, INTERVIEWS, S. 63.
[21] Zion, FLEMING, S. 266.
[22] Grafe, LANG, S. 35.
[23] Vgl. Grob, LANG, S. 315 f.

hatte, standen der kommunistischen Bewegung nahe; Ring Lardner Jr. und Albert Maltz, die das Drehbuch für Langs *CLOAK AND DAGGER* verfaßt hatten, zählten zu den berühmten „Hollywood Ten", die sich 1947 weigerten vor dem Ausschuß auszusagen und daraufhin zu Haftstrafen verurteilt wurden. Ihr ursprüngliches Drehbuch (S. 104 f.) für *CLOAK AND DAGGER* mit der darin enthaltenen Aussage, daß „die USA keine nuklearen Geheimnisse vor der UdSSR bewahren könnten", wurde dabei explizit als Angklagepunkt gegen die beiden aufgeführt.[24]

Aus einer Reihe von Briefen an „The American Legion"[25], seinen Agenten Nat C. Goldstone und an Columbia Pictures von Mai 1952 bis Januar 1953 geht hervor, daß Langs Name tatsächlich auf einer Liste[26] stand, „die zusammen mit einem Brief an alle größeren Filmstudios geschickt wurde. Mein Agent berichtet mir, daß es für mich schwierig und wahrscheinlich unmöglich sein wird, eine weitere Position in der Filmindustrie zu erhalten, es sei denn, ich schreibe einen Brief und erkläre meine Verbindungen" (an „The American Legion").[27] „Nach einer umfangreichen Untersuchung aller meiner Unterlagen zurück bis in die Anfänge der dreißiger Jahre, die ich vorgenommen habe", sei er sich „sicher und gewiß, daß diese Organisation[28] niemals in der Verruf geraten wird oder nach meinem Wissen jemals bezichtigt wurde, kommunistisch oder kommunistisch beeinflußt zu sein" (an Nat C. Goldstone).[29] „Zu meinem besten Wissen kann ich fest bestätigen, daß ich niemals wissentlich ein Mitglied einer Organisation war, die als kommunistisch oder subversiv angesehen wurde" (an Columbia Pictures).[30] Nach sechsmonatiger Pause konnte Lang schließlich wieder arbeiten und er drehte für War-

---

[24] Vgl. Kalat, MABUSE, S. 101.
[25] Die Veteranenorganisation der US-Streitkräfte, der Lang schrieb, weil er ein Förderer der unter „Kommunismus-Verdacht" stehenden „United Negro and Allied Veterans of America" war.
[26] Keiner „schwarzen", aber nach Norbert Grob „einer ‚grauen Liste', die den Studios übergeben wurde mit der Bitte, die Genannten genauer zu prüfen." Grob, LANG, S. 316.
[27] Zit. n. Schnauber, LANG, S. 92 f.
[28] Gemeint ist die Organisation der „United Negro and Allied Veterans of America".
[29] Zit. n. ebd., S. 93.
[30] Zit. n. ebd.

ner *THE BLUE GARDENIA*, den er als Auftragsarbeit ansah und nicht sonderlich mochte.[31] Langs Brief an Harry S. Cohns Columbia Pictures zeigte Wirkung und der als Kommunistenhasser bekannte Patriarch des Studios sagte für Lang vor dem Komitee aus. „Harry Cohn ... machte es zu seiner persönlichen Sache, Lang zu verteidigen."[32]

Aus einem weiteren Brief Fritz Langs an Lotte Eisner vom 8. Juni 1969 geht hervor, daß er die Hintergründe des allgemeinen Denunziantentums der McCarthy-Ära sehr wohl begriffen hatte, das nicht allein von Senator Joseph McCarthy vorangetrieben, sondern auch von aufstrebenden Rechten wie Richard Nixon zur Selbstprofilierung benutzt und im Heimlichen von einem talentlosen Schauspieler mit politischen Ambitionen wie Ronald Reagan – von 1947 bis 1952 Präsident der Schauspielergewerkschaft „Screen Actors Guild"[33] – unterstützt wurde: „In Hollywood erschienen Listen, verfaßt von mehr oder weniger unbekannten und vermutlich untalentieren Leuten, die Begabtere verdrängen wollten, um sich selbst an ihre Stelle zu setzen. In diesen Listen waren Schriftsteller, Schauspieler, Regisseure, Producer etc. angegeben, die angeblich – oder auch wirklich – Mitglieder der damals in Amerika völlig legalen Kommunistischen Partei sein sollten."[34] Lang hat in dieser Zeit niemals jemanden denunziert oder sich auch nur von irgendwem distanziert, sein Brief an Harry S. Cohn entsprach einfach der Wahrheit – und er beendete eine für ihn schlimme Zeit mit 125 Dollar die Woche, ungeliebten Auftragsarbeiten und der über ihm schwebenden Drohung, endgültig keine Filme mehr machen zu können: „Das Studio hatte Langs Einlassungen wohlwollend geprüft und akzeptiert. So erhielt er, der mit Cohn ohnehin gut zurechtkam, da er dessen Sinn für Timing und Pointen schätzte, Anfang 1953 noch einmal die Chance, an Filmen zu arbeiten, die ihm am Herzen lagen. Ab dem 8. Januar 1953 stand er für ein Jahr bei Columbia unter Vertrag – für 1500 Dollar die Woche."[35]

---

[31] Vgl. Grob, LANG, S. 319.
[32] Aurich/Jacobsen/Schnauber, LANG, S. 294.
[33] Als solcher nannte Reagan dem FBI Namen von Schauspielern, die er für Sympathisanten der Kommunisten hielt. Vgl. Critchlow, RIGHT, S. 83.
[34] Zit. n. Schnauber, LANG, S. 94.
[35] Grob, LANG, S. 323.

Fritz Lang „dankte" es Cohn, Hollywood und Amerika nun mit zwei Filmen, die zu Höhepunkten seines Werkes wurden, mit einem Film, der heute nicht selten als der beste Film Noir überhaupt angesehen wird[36] sowie mit einer erneuten Neuverfilmung eines Klassikers des Poetischen Realismus und des europäischen Kinos von Jean Renoir, dem Regisseur, von dem Lang stets „in einem Ton" sprach, „in dem fast heilige Verehrung steckte."[37] *THE BIG HEAT* handelt dabei von der Korrumpierbarkeit des Menschen schlechthin, doch gerade hierin wird er einer „seiner bedeutendsten und kritischsten Filme gegenüber der amerikanischen Gesellschaft."[38] Und in *HUMAN DESIRE* wird aus Jean Renoirs *LA BÊTE HUMAINE* von 1938, der „Bestie Mensch", der „Alptraum eines unschuldigen Mannes, der in die verschlungenen Stränge des Schicksals verstrickt" wird, dem wir auf diesen Strängen durch „geometrische Muster von Zügen und Gleisen"[39] folgen – wie auf Schienen gesetzt.

---

[36] So einhellig die Autoren und Filmemacher Lem Dobbs, Julie Kirgo und Nick Redman in ihrem Audiokommentar zur britischen Blu-ray Veröffentlichung von *THE BIG HEAT* (S. 313 f.).
[37] Schnauber, LANG, S. 11.
[38] Ebd., S. 94.
[39] Sarris, CINEMA, S. 64.

# HOUSE BY THE RIVER
(Das Todeshaus am Fluß, 1950)

Nach *SECRET BEYOND THE DOOR*, für ihn geradezu eine künstlerische Explosion, für Diana Productions und die Universal allerdings „ein Megadesaster" und bei der Kritik sowie beim Publikum „ein fulminanter Mißerfolg", folgte der radikalste Bruch Hollywoods mit Fritz Lang. Seine „mühsam erarbeitete Reputation" war dahin und er mußte (erneut) von vorne anfangen.[1] Daß *HOUSE BY THE RIVER*, für Lotte Eisner immerhin ein „Melodram, das sich in ein Kunstwerk verwandelt"[2], noch bis heute eher als ein Nebenwerk wahrgenommen wird, lag aber weder am Produzenten Howard Welsch noch am Republic-Boss Herbert J. Yates[3] noch am Drehbuchautor Mel Dinelli. Letzterer hatte zuvor die Drehbücher für zwei Schlüsselwerke deutscher Emigranten in Hollywood verfaßt – für Robert Siodmaks *THE SPIRAL STAIRCASE* (1946) sowie für Max Ophüls' *THE RECKLESS MOMENT* (1949) – und schien daher geradezu prädestiniert für *HOUSE BY THE RIVER*. Denn der Film, basierend auf dem 1920 erschienenen gleichnamigen Roman des britischen Schriftstellers Alan Patrick Herbert, verwandelt sich, nach Eisner, von einem Melodram nicht allein in „ein Kunstwerk", sondern auch in einen „moralischen Alptraum", da „'nette' Menschen in ihrer bürgerlichen Moral Mitverantwortung für einen Mord übernehmen müssen"[4] – und hierin ähnelt Langs Film tatsächlich denen von Siodmak und Ophüls. Doch Lang wollte noch mehr. Der Zusammenbruch der bürgerlichen Moral und damit der Abgrund, der sich mit dem Mord eines Schriftstellers an seinem Dienstmädchen in einem an einem Fluß gelegenen Herrenhaus auftut, sollte ein gesellschaftlicher, dabei nicht nur individuell, sondern auch von dieser Gesellschaft selbst determiniert

---

[1] Vgl. Grob, LANG, S. 302 f.
[2] Eisner, LANG, S. 294.
[3] Schließlich hatte Yates mit seiner B-Film-Fabrik, obwohl eigentlich auf Western spezialisiert, kurz zuvor auch einem Orson Welles gewissermaßen „künstlerisches Asyl" gewährt, der mit seiner Mercury Productions 1948 seinen *MACBETH* in den Republic Studios an der Radford Avenue im Norden Hollywoods drehen konnte, wo auch Langs *HOUSE BY THE RIVER* und *RANCHO NOTORIOUS* für Fidelity Pictures entstanden sind. Für alle diese Filme übernahm Republic Pictures ebenso den Vertrieb.
[4] Ebd., S. 294.

sein (Untergruppe A"). Lang verlegte das Herrenhaus, in der Romanvorlage in England an der Themse gelegen, in den amerikanischen Süden[5] und er wollte „das Hausmädchen, zu dem der Protagonist plötzlich erotische Begierde empfindet und sie aus ,Selbstschutz' tötet, von einer farbigen Darstellerin gespielt haben, doch wurde ihm dies nicht erlaubt, da nach dem damaligen Hollywood-Code ... erotische Begierde zwischen Weißen und Schwarzen nicht gezeigt werde durfte."[6] „Abgelehnt. Rundweg abgelehnt. Ich kämpfte wie ein Stier, aber ich konnte es nicht durchsetzen", so Lang.[7] Nicht Welsch oder Yates, sondern das Hays Office ließ dies nicht zu.

Hat Fritz Lang tatsächlich geglaubt, er könne der amerikanischen Gesellschaft nun solch einen Spiegel vorhalten, daß der Krieg und der gemeinsame Kampf gegen Nazideutschland etwas am Rassismus dieser Gesellschaft und Hollywoods geändert hätten? Es scheint so. Doch stattdessen wiederholten sich seine Erfahrungen mit *FURY* und MGM von ganz zu Beginn seiner Hollywoodkarriere, denn der Hays Code schrieb den – auch anthropologisch falschen[8] – Rassenbegriff geradezu fest.[9] Bei den mächtigen Studiomogulen Hollywoods, von denen die meisten aus dem osteuropäischen Judentum stammten[10], war dieser Rassismus ebenso verankert. Dafür steht nicht allein jene bereits zitierte (S. 50) Aussage Louis B. Mayers. Wieder einmal mußte Lang, diesmal durch das Hays Office, etwas ähnliches erfahren wie André de Toth (S. 52). Als ungarischer Migrant in Hollywood brachte dieser „unmittelbar seine Erlebnisse

---

[5] Kostüme, Ausstattung, Architektur, Interieur des Herrenhauses, Vegetation sowie ein auf einer Party von Louis Hayward gesungenes Lied deuten darauf hin, daß es sich hierbei um Tennessee Ende 19. Jahrhunderts handelt, und bei dem gewaltigen Fluß folglich um den Mississippi, jenen „Ol' Man River", wie er von einem afro-amerikanischen Schiffsheizer seit 1927 in dem Musical „Show Boat" und 1936 auch von Paul Robeson in James Whales gleichnamiger Verfilmung besungen wurde. Robeson wurde zum afroamerikanischen Bürgerrechtler und in der McCarthy-Ära, just in dem Jahr der Entstehung von *HOUSE BY THE RIVER*, auf „Schwarze Listen" gesetzt.
[6] Schnauber, LANG, S. 87.
[7] Zit. n. Bogdanovich, GEDREHT, S. 253.
[8] Vgl. American Anthropological Association, „RACE", passim.
[9] Wortwörtlich hieß es in diesem: „Sexuelle Beziehungen zwischen der weißen und der schwarzen Rasse sind verboten!" Zit. n. Schnauber, LANG, S. 88.
[10] Darunter Barney Balaban (Paramount), Harry S. Cohn (Columbia), William Fox (Fox), Louis B. Mayer (MGM), David O. Selznick (Selznick International), Jack Warner (Warner) und Adolph Zukor (Paramount).

aus den faschistischen Umbrüchen Europas ein, sein erster größerer Spielfilm von 1944, *NONE SHALL ESCAPE*, ist zugleich der erste Film Hollywoods über den Holocaust. Der Film zeigt ein Gerichtsverfahren gegen einen Nazi-Kriegsverbrecher – dabei die Nürnberger Prozesse und die Vereinten Nationen erstaunlich weitsichtig vorwegnehmend –, der in Polen Massenerschießungen an Juden vornehmen ließ ... In dem Kriegsverbrecher-Tribunal sollten ursprünglich auch mehrere Afroamerikaner sitzen, doch Columbia-Boss Harry S. Cohn lehnte dies ab."[11]

Fritz Lang wollte mit seiner Geschichte von jenem in Tennessee am mächtigen „Ol' Man River" gelegenen Weiße-Herren-Haus ursprünglich die Geschichte über einen amerikanischen Rassismus erzählen, der nicht nur auf individuelle Gesinnungen, sondern vor allem auf historische Linien und gesellschaftliche Machtverhältnisse zurückzuführen ist – kurz: eine Geschichte des Glaubens eines „weißen Amerika" an die „white supremacy".[12] Es ist ein Glaube an die eigene – zivilisatorische oder kulturelle – Überlegenheit, der besonders im amerikanischen Süden mit seiner Geschichte der Sklaverei verankert[13], doch der auch heute noch keineswegs überwunden ist, dient er doch im Grunde nur zur Legitimierung schierer Gewalt- und Ausbeutungsverhältnisse.[14] Der „moralische Alptraum", den Lotte Eisner in *HOUSE BY THE RIVER* sah, sollte für Lang ursprünglich ein umfassenderer sein.

\* \* \*

---

[11] Zion, GESETZLOSEN, S. 9. „‚O.k', bellte Cohn. ‚Ein Nigger, einer! O.k. Geh'", so de Toth. De Toth/Slide, DE TOTH, S. 47.
[12] Bekanntermaßen bekannte sich auch John Wayne offen zu dieser. So sagte er noch im Mai 1971 in einem Interview für den Playboy, er „glaube an die weiße Überlegenheit." Vgl. Rosenberg, SUPREMACY, passim.
[13] Umfassender noch in der Vorstellung einer „Manifest Destiny" (S. 52) und im hieraus entspringenden Umgang mit den indigenen Stämmen Amerikas.
[14] Die Aktualität und prinzipielle Fragwürdigkeit dieses Glaubens brachte wohl niemand deutlicher zum Ausdruck als Samuel P. Huntington 1996 in seinem berühmten Buch über den „Kampf der Kulturen" („Clash of Civilizations"): „Der Westen eroberte die Welt nicht durch die Überlegenheit seiner Ideen oder Werte oder seiner Religion ..., sondern vielmehr durch seine Überlegenheit bei der Anwendung von organisierter Gewalt. Oftmals vergessen Westler diese Tatsache; Nichtwestler vergessen sie niemals." Huntington, KULTUREN, S. 68.

„Der Fluß", so Enno Patalas, sei „ein zweideutiges Gewässer; bei Flut drückt das Meer das Wasser zurück, nichts verschwindet, das man ihm anvertraut."[15] In *HOUSE BY THE RIVER* ist dieser Fluß der Mississippi, schwarz und gewaltig, auf dem die Gärtnerin Mrs. Ambrose (Ann Shoemaker) eine tote Kuh entdeckt. Sie kämen zurück wie seine Manuskripte, so der erfolglose Schriftsteller Stephen Byrne (Louis Hayward), der mit seiner Frau Marjorie (Jane Wyatt) und seinem körperlich versehrten Bruder John (Lee Bowman) in dem Herrenhaus am „Ol' Man River" lebt, versorgt vom Dienstpersonal, neben Mrs. Ambrose von der Wirtschafterin Flora (Jody Gilbert), der Köchin Mrs. Beach (Sarah Padden) sowie dem neuen Dienstmädchen Emily (Dorothy Patrick). Ein schwarzer Käfer[16] krabbelt über Stephens Manuskript und lenkt seinen Blick auf eine Wasserleitung am Haus. Sein Blick folgt der Leitung nach oben auf das Fenster des Badezimmers, in dem Emily gerade ein Bad nimmt – Lang zeigt uns, „wie aus Architektur Begehren geboren wird."[17] Stephen lauert Emily nach ihrem Bad auf. Als diese sich seinen Annäherungen widersetzt, bringt er sie im Affekt um. Stephens Bruder John kehrt zurück und hilft ihm noch nach anfänglichem Zögern, die Leiche im Fluß zu versenken. „Die Vorstellungswelt des Mörders wird zur Darstellungswelt des Films"[18], und zugleich macht uns Lang in dieser zu Komplizen, denn noch bevor die beiden Brüder einen Holzsack, in dem sie die tote Emily beseitigen werden, im Keller finden, entdecken wir als Zuschauer diesen an einem Balken hängend.

Stephen kehrt nach der Vertuschungstat zurück, betrachtet sich in einem der zahlreichen Spiegel des Hauses. Als seine Frau Marjorie aus dem Dunkel auftauchend auf der Treppe erscheint,

---

[15] Patalas, FILMOGRAFIE, S. 123.

[16] Mit dem schwarzen Käfer veweist Lang auf einen anderen gewaltigen, Hochwasser tragenden Fluß, denn dieser (der Skarabäus) kündigte bereits nach den alten Ägyptern das Nilhochwasser und damit eine Zeit der Fruchtbarkeit an. Die Verhaltensweisen des Skarabäus, der den alten Ägyptern auch als Totenbeigabe diente, wurde von diesen auch mit dem Lauf der Gestirne (und damit der Gezeiten) „wie auch mit dem menschlichen Lebensweg verglichen." Vgl. Lurker, SYMBOLIK, S. 365 f.

[17] So Chris Fujiwara über André de Toths noch in Ungarn entstandenen *TWO GIRLS ON THE STREET* (1939), der dann ebenso bemerkt, de Toth zeige uns dies „mit der Willkür eines Films von Luis Buñuel oder von Fritz Lang." Vgl. Zion, LÜGE, S. 22.

[18] Patalas, FILMOGRAFIE, S. 124.

meint er zunächst, Emily wiederzusehen: „Erinnerungen materialisieren sich, kehren zurück als Indizien vergangener Taten. Ein springender Fisch in der Mordnacht, der Mörder sieht ihn, als er die Leiche versenkt – als er später seine Frau umarmen will, fällt sein Blick auf einen Handspiegel; aus dessen Oberfläche, auf der sich Wellen zeigen, springt wieder der fatale Fisch."[19] Auf einer Party zeigt sich Stephen gegenüber John unangemessen ausgelassen, später wird Stephen aus den Ereignissen der Mordnacht einen Stoff für einen erfolgreich Roman machen. Er forciert dafür zunächst einen Bericht über das „Rätsel im Haus des Autors" in der Zeitung. Emily gilt offiziell als verschwunden, Flora führt dies auf deren ohnehin zweifelhaften Ruf im Ort zurück. Nur John, der die Wahrheit kennt, verteidigt noch das Dienstmädchen. Dann erfährt John, daß auf dem Holzsack sein Name stand, doch ist es nicht er, der nun im Fluß nach der toten Emily sucht, sondern Stephen, nachdem Mrs. Ambrose etwas „Sackähnliches" in diesem gesehen zu haben glaubt. Stephen findet die Leiche, doch sie schwimmt ihm davon, wieder springt vor ihm ein Fisch aus dem Wasser. Marjorie entfremdet sich von Stephen, der John auch noch fälschlicherweise erzählt hat, daß seine Frau ein Kind von ihm erwarte. Es ist schließlich die Polizei, die den Holzsack mit Emilys Leiche findet. Es kommt zu einer gerichtlichen Untersuchung, bei der das tote Dientsmädchen nicht nur als leichtlebig, sondern auch noch – durch ein Arrangement Stephens – als Diebin erscheint. Durch seinen Namen auf dem Holzsack gerät nun John unter Verdacht, dem Flora auch noch öffentlich unterstellt, er habe eine Affäre mit Emily gehabt. Die Untersuchung verläuft im Sande. Stephen scheint gewonnen zu haben, wenn auch die Polizei sowie die Staatsanwaltschaft des Distrikts ihn weiterhin zu verdächtigen scheinen.

Marjorie plagen mittlerweile mehr als nur Zweifel über ihren Mann, der sich ihr gegenüber immer unverschämter aufführt, nennt ihn ein Schwein. Immer wieder taucht Stephen durch die Flure des Hauses in ihrem Zimmer auf, von Lang so inszeniert[20], als ob das Haus selbst ihn zu ihr führen, als ob diese Flure ihn gleichsam

---

[19] Ebd., S. 124.
[20] Als visuelle Dynamik, die Lang durch die Kombination von Ausleuchtung, linearen Perspektiven und Größenperspektiven erzeugt: von dunkel zu hell, von eng zu weit, von klein zu groß.

ausstoßen würden. *HOUSE BY THE RIVER* wird nun vollständig zur „Vorstellungswelt des Mörders" (Ennos Patalas) und diese zugleich zu Langs Inszenierung des filmischen Raums. Nun sind es nicht, wie in *YOU ONLY LIVE ONCE*, Henry Fonda und Sylvia Sidney, die so erscheinen, als seien sie „wie ein- und zuweilen auch voneinander abgeschlossen durch die schiere Materialität der Welt" (S. 46), sondern Louis Hayward und Jane Wyatt, die der Raumordnung dieses Hauses ausgeliefert sind. Wie bereits im Anschluß an Walter Benjamin erwähnt, dringt Fritz Lang hiermit erneut „tief ins Gewebe der Gegebenheit ein" (S. 47).

Marjorie und der nun von der Gemeinde gemiedene John nähern sich einander immer mehr an. Als dieser auf einem Pier seinem Bruder sagt, er werde der Polizei die Wahrheit erzählen, schlägt Stephen John nieder und wirft ihn in den Fluß. Nachdem Marjorie heimlich Stephens letztes Manuskript „Tod am Fluß" gelesen hat und in der Geschichte des Mörders die ihres Mannes erkennt, will Stephen, durch die dunklen Flure des Hauses gleichsam zu ihr geführt, auch sie umbringen. Doch der „Ol' Man River" bringt alles zurück, auch John, der nun im letzten Moment im Haus auftaucht. Stephen glaubt einen Toten zu sehen, gerät in Panik, er verfängt sich dabei in einem Vorhang, „so daß dieser ihn stranguliert. Vorher hat er in dem wehenden Vorhang Emily im Morgenrock gesehen."[21] Stephen in seiner Vorstellungswelt und wir als Zuschauer, wir sind in unserem gemeinsamen Drang nach Sühne[22] längst mit den Dingen und dem Haus eins, diesem Herrenhaus, das sich am Ende gegen ihn richtet – und mit dem wir ihn zugleich zu richten scheinen.

\* \* \*

Gleich dreimal zeigt Lang den springenden Fisch, dessen Symbolik allerdings sehr vielschichtig ist.[23] Als beim zweiten Mal

---

[21] Ebd., S. 123.
[22] Denn schließlich hat uns Lang von Beginn an zu Komplizen Stephens gemacht. Und bezüglich Stephen stellt Enno Patalas zurecht fest: „Alle seine Handlungen richten sich darauf, seine Tat zu verstecken, aber so, daß sie entdeckt werden muß. Er wünscht die Strafe ebensosehr, wie er sie fürchtet." Ebd., S. 123.
[23] Diese kann Leben oder Tod bedeuten, aber auch als „ein Bild der Verdammten" aufgefaßt werden. Vgl. Lurker, SYMBOLIK, S. 209.

der Fisch (für Stephen) am Schminktisch Marjories aus ihrem Handspiegel springt, ist er allerdings ein Fotogramm, diesmal als wirkliches Kontaktbild in das Filmnegativ gekratzt.[24] Als „Objektzeichen" ist der Fisch für Lang ein „Assoziativsymbol"[25] und bei aufmerksamer Betrachtung der Symbolik sowie der Inszenierung der Topographie, Räume und Bilder des Films können wir Langs ursprüngliche Absicht immer noch erahnen. Aber dürfen wir dieses düstere Kunstwerk Fritz Langs (dann doch noch) als „eine der beeindrukkendsten Allegorien auf den amerikanischen Süden wie auch Aufdeckungen der psychologischen Verwurzelungen dessen Rassismus" (S. 50) deuten? Der Film verlangt sogar danach, denn trotz der Zensur durch das Hays Office, wir erfahren durch „Assoziativsymbole" von dem Herrenhaus am Mississippi immer noch genug vom „Optisch-Unbewußten" dieser materiellen Welt, wie auch von dem in dieser eingeschriebenen „Triebhaft-Unbewußten" (S. 47): Der - im übrigen brillant spielende - Louis Hayward ist nicht einfach nur ein Schwein, sondern ein Psychogramm der Willkür weißer Überlegenheit („white supremacy"); der „Ol' Man River" ist nicht einfach nur ein Fluß, sondern ein Opfergrab und als solches Träger der Indizien für alle Verbrechen; das Herrenhaus ist nicht einfach nur ein Haus, sondern zu Räumen gewordene Geschichte, Räume, durch die das „Triebhaft-Unbewußte" immer wieder aufs Neue geboren wird; und schließlich ist Emily nicht einfach nur Teil des Dienstpersonals, sondern ein in der Gemeinschaft allgemein nur gering geachteter Mensch. So wohnen ihre Eltern der gerichtlichen Untersuchung des Mordes auch auffallend separiert bei[26], der Richter selbst ist, wie Stephens Bruder John, körperlich versehrt.[27] Und diese Versehrungen ausgerechnet derjenigen, die für die Verantwortungsübernahme für das Verbrechen stehen, sie dürften als Hinweise auf jenen verlorenen Bürgerkrieg gelten, in dem der amerikanische Süden auch gegen die Abschaffung der Sklaverei gekämpft hatte.

---

[24] Vgl. Grafe, LANG, S. 48.
[25] Mit diesen Begriffen beschrieb Lang selbst die Veränderungen, „die mit den Zeichen in seinen Bildern vorgingen, als er begann, amerikanisch zu arbeiten." Ebd., S. 42.
[26] Was als Hinweis auf die „Rassentrennung" verstanden werden kann.
[27] John zieht ein Bein nach, während der Untersuchungsrichter (Peter Brocco) nur noch ein Auge zu haben scheint: Er trägt - wie Fritz Lang ab den 50er-Jahren selbst - eine schwarze Abdeckung über dem rechten Auge.

## *AMERICAN GUERILLA IN THE PHILIPPINES*
(Der Held von Mindanao, 1950)

Es ist „der einzige Film, den gemacht zu haben er sich schämen würde, Langs letzter Kriegsfilm"[1] und zugleich seine letzte von insgesamt drei Auftragsarbeiten (Gruppe C) in Hollywood. „Er wurde mir angeboten[2] – auch ein Regisseur muß seinen Lebensunterhalt verdienen! Ehrlich gesagt, brauchte ich Geld. Regisseure werden oft gescholten: ‚Warum hast du das gemacht? Und warum hast du dies gemacht?' Aber niemand sagt jemals: ‚Auch ein Regisseur muß essen.'"[3] Schwerwiegend für Lang wog, daß er hierfür auf die Philippinen und sich auf seinen Anwalt verlassen mußte, um eine geplante Neuverfilmung von *M – EINE STADT SUCHT EINEN MÖRDER* zu verhindern. Doch „der Film wurde gedreht[4] ... Der Finanzier hat versucht, alle Kopien und das Negativ von *M – EINE STADT SUCHT EINEN MÖRDER* zu vernichten, aber das ist ihm – ein Wink des Schicksals – nicht gelungen."[5] Hierbei handelte es sich um Seymour Nebenzahl, den Produzenten von *M – EINE STADT SUCHT EINEN MÖRDER* und *DAS TESTAMENT DES DR. MABUSE*, der zunächst Lang die Neuverfilmung angeboten hatte – was dieser strikt ablehnte – und behauptete, kurz nach dem Zweiten Weltkrieg die Rechte bei Thea von Harbou erwor-

---

[1] Patalas, FILMOGRAFIE, S. 124.
[2] Es war Darryl F. Zanuck, der Lang *AMERICAN GUERILLA IN THE PHILIPPINES* anbot: „Während des Krieges wollte ... Zanuck einen Film machen, der in der Karibik spielen sollte, doch der Film kam nie zustande. Jetzt, fünf Jahre nach Kriegsende, beschloß er, ihn stattdessen im Pazifik zu machen." Lang, INTERVIEWS, S. 116. Lang schuldete der 20th Century-Fox zudem noch einen Film aus seinem Vertrag mit dem Studio von 1941. Vgl. McGilligan, LANG, S. 372.
[3] Zit. n. Eisner, LANG, S. 295.
[4] Das amerikanische Remake, *M* (1951), entstand unter der Regie von Joseph Losey und wurde über Columbia Pictures vertrieben.
[5] Zit. n. Bogdanovich, GEDREHT, S. 254.

ben zu haben.[6] Hiernach kam es zu einem dauerhaften Bruch zwischen Lang und Nebenzahl.[7]

Für Langs Hauptdarstellerin, die 1922 in Paris geborene Micheline Presle[8], wurde *AMERICAN GUERILLA IN THE PHILIPPINES* einer von nur drei Hollywoodfilmen, nachdem Darryl F. Zanuck sie 1949 zur 20th Century-Fox geholt hatte. Patrick McGilligan erzählte sie über Fritz Lang und den Film: „Er mochte den Film nicht. Ich auch nicht. Ich erinnere mich nicht mehr an viel. Die Crew mochte ihn[9] überhaupt nicht. Ich konnte nicht verstehen, warum.[10] Er und ich haben uns sehr gut verstanden. Ich weiß noch, wie ich mit ihm auf einem Boot saß, wir zwei kontinentale Seelen, und wir uns über das Filmemachen in Europa unterhielten und darüber, wie sehr wir Hollywood hassten."[11] Da verwundert es kaum: „Als der Regisseur nach Amerika zurückkehrte, war Lang bei 20th Century-Fox bereits eine *Persona non grata*."[12]

\* \* \*

April 1942: Die Truppen des japanischen Kaiserreichs überrennen die Philippinen. Nachdem das Torpedoboot Chuck Palmers (Tyrone Power) von japanischen Flugzeugen versenkt wurde, gehen die Überlebenden auf Cebu an Land. Sie teilen sich auf und Palmer kämpft sich mit Jim Mitchell (Tom Ewell) zu Colonel Benson (Slim Martin) nach Leyte durch. Doch General Douglas MacArthur (Robert Barrat), Oberkommandierender der nur schwachen alliierten Streitkräfte auf den Philippinen, hat den Befehl erteilt, die Insel auf-

---

[6] Hierzu Lang 1965: „Sie verkaufte ihm die Rechte für um die 4000 Dollar und sie verkaufte sie diesem Halunken, obwohl zu dieser Zeit kein Amerikaner dazu berechtigt war, einen deutschen Stoff einzukaufen. Doch ich konnte dagegen nicht klagen, da ich meine persönlichen Papiere in Berlin zurückgelassen hatte, als ich vor Hitler fliehen mußte. Und mein Büro wurde ausgebombt." Lang, INTERVIEWS, S. 55.
[7] Vgl. Kalat, MABUSE, S. 110.
[8] Eigentlich Micheline Chassagne und im Vorspann des Films als „Micheline Prelle" aufgeführt.
[9] Fritz Lang, Anm. d. Verf.
[10] Tatsächlich hatte Zanuck eine Art Aufpasser auf die Philippinen geschickt, der ihm vertrauliche Berichte über Langs Arbeit abliefern sollte. Lang bemerkte dies allerdings. Vgl. McGilligan, LANG, S. 372.
[11] Zit. n. ebd., S. 373.
[12] Ebd.

zugeben. Palmer will nicht in japanische Gefangenschaft geraten, sondern sich stattdessen mit einem selbstgebauten Boot nach Australien durchschlagen. Er rekrutiert dafür einige Männer des Air Corps, doch die Mission scheitert. Zuvor hatte Palmer auf Leyte noch die Französin Jeanne Martinez (Micheline Presle) kennengelernt, die er nun wiedertrifft, nachdem er und seine Leute vom philippinischen Widerstand, darunter Miguel (Tommy Cook) und Jeannes Mann Juan (Juan Torena), gerettet wurden. Power bleibt auf den Philippinen, baut dort ein Untergrund-Netzwerk auf – und verliebt sich in Jeanne, deren Mann von Japanern zu Tode geprügelt wird. Nach dreijährigem Guerilla-Kampf scheint die Lage für Palmers Widerstandsgruppe jedoch aussichtslos, nachdem sie von Japanern in einer Kirche eingeschlossen wurden. Im letzten Moment tauchen amerikanische Flugzeuge über ihnen auf und kündigen die von General MacArthur versprochene Rückkehr[13] der Alliierten an. Die Japaner ziehen wieder ab.

\* \* \*

*AMERICAN GUERILLA IN THE PHILIPPINES* ist eigentlich ein Film des Fox-Moguls Darryl F. Zanuck, der das Projekt ursprünglich im Frühjahr 1945 begonnen, nach dem Ende des Krieges aber gestoppt hatte.[14] Doch Hollywoods „Kulturindustrie" und ihre „Exekutivgewaltigen" (S. 21) schlugen – und schlagen – noch aus jedem Krieg Profit, betrachteten dabei ihre Regisseure ledglich als ausführende Handwerker.[15] Nun, fünf Jahre später, war es Zanuck persönlich, der das Drehbuch Lamar Trottis komplett überarbeite, die gesamte Besetzung bestimmte und den Film sogar schnitt. Er sorgte auch dafür, daß seine Fertigstellung mit dem beginnenden Koreakrieg rasch abgeschlossen wurde.[16] Fritz Lang wußte aus persönlicher Erfahrung, was der moderne, industrialisierte Krieg ist. Im Ersten Weltkrieg hatte er in der österreichisch-ungarischen Armee als Aufklärungsoffizier der Feldartillerie gedient (von Januar 1915 bis Juli 1918)

---

[13] „Ich komme wieder", hatte McArthur versprochen nachdem er im März 1942 von den Philippinen abgezogen wurde.

[14] Vgl. McGilligan, LANG, S. 371

[15] Für das ursprüngliche Projekt hatte Zanuck dann auch den Fox-Vertragsregisseur Henry King vorgesehen. Vgl. ebd.

[16] Vgl. ebd., S. 372 f.

und wurde dabei mindesten zweimal schwer verwundet.[17] Wie bereits erwähnt (S. 50), hat er in Hollywood zu „kriegsfreundliche" Angebote immer abgelehnt und seine „‚Kriegsbeiträge' sind keine Propagandafilme für die USA" (S. 62). Es sind Filme des Widerstandes gegen den Nazismus und die Unterdrückung, was auch Enno Patalas feststellte: „Langs Kriegsfilme – *MAN HUNT, HANGMEN, MINISTRY OF FEAR, CLOAK AND DAGGER, AMERICAN GUERILLA* – sind ausnahmslos Untergrundfilme."[18]

Langs Inszenierung von *AMERICAN GUERILLA IN THE PHILIPPINES* ist bestenfalls kompetentes Filmhandwerk, die der Kriegshandlungen, an denen er offensichtlich keinerlei Interesse hatte, noch darunter. Interessant scheint nur seine Darstellung der japanischen Besatzer, denn „Totalitarismus, der sich gegen das Volk (oder andere Völker) richtete, lehnte er mit Sicherheit ab."[19] Während er die Japaner zunächst als – ihrem Ruf als „Preußen Asiens" entsprechend – von Disziplin, Treue und Ehre erfüllte Invasoren zeigt, werden diese bald darauf zu gnadenlosen Unterdrückern. Herausragend ist diesbezüglich die Darstellung eines japanischen Offiziers durch den auf den Philippinen geborenen Cris de Vera. Dieser geht ebenso bürokratisch genau wie brutal vor (er ist es, der Jeannes Ehemann von seinen Soldaten mit Gewehrkolben totschlagen läßt), kann aber ebenso freundlich zu Kindern sein. Lang zeigt mit der Darstellung dieses Offiziers beeindruckend, wie ein totalitäres System und der Krieg aus im Grunde gewöhnlichen Menschen das Schlimmste hervorholen kann, so wie er es bereits in *HANGMEN ALSO DIE!* mit der Figur Reinhold Schünzels als Gestapo-Offizer gezeigt hatte (S. 74). Diese Japaner, das waren für Lang eigentlich die Deutschen – „Meine Ehre heißt Treue", so lautete bekanntermaßen auch der Wahlspruch der SS.

---

[17] Vgl. Aurich/Jacobsen/Schnauber, LANG, S. 22-28.
[18] Patalas, LANG, S. 113.
[19] Schnauber, LANG, S. 147.

## *CLASH BY NIGHT*
(*Vor dem neuen Tag*, 1952)

Der kleine Fischerort Monterey, weltweit berühmt geworden zur Zeit New Hollywoods durch das Monterey Pop Festival im Juni 1967[1] sowie an der „California State Route 1"[2] gelegen, ist in Amerika als „Steinbeck Country" bekannt. In dieser Gegend siedelte John Steinbeck, der Schriftsteller der „Great Depression" und des „New Deal"[3], die Handlungen seiner Romane an. So handelt Steinbecks „Cannery Row" (dt. „Straße der Ölsardinen") von 1945 von der einfachen Welt der Arbeiter der Ölsardinenfabriken an der titelgebenden Straße in Monterey. „Selbstverständlich hatte ich John Steinbeck gelesen, ‚Straße der Ölsardinen' und die anderen Bücher"[4], so Fritz Lang, der die Innen- und Außenaufnahmen von *CLASH BY NIGHT* größtenteils vor Ort in Monterey drehte. Nach dem Bruch von *SECRET BEYOND THE DOOR*, den Schwierigkeiten mit dem Hays Office bei *HOUSE BY THE RIVER* und der ungeliebten Auftragsarbeit *AMERICAN GUERILLA IN THE PHILIPPINES* zeigte sich Lang nun „sehr glücklich darüber, wie mein nächster Film ... wurde. Ich war sehr angetan von dem Projekt."[5] Wie bei *RANCHO NOTORIOUS*, so passte für ihn auch hier alles zusammen: Die Zusammenarbeit mit dem Produzenten Jerry Wald, von der er sich begeistert zeigte[6], die mit dem Drehbuchautor Alfred Hayes und vor allem die mit Nicholas Musuraca, seinem „sehr guten Freund und ausgezeichneten Kameramann."[7] Mit Musuraca fuhr Lang zunächst ohne Darsteller nach Monterey und

---

[1] Sowie durch D.A. Pennebakers Dokumentarfilm über das Festival *MONTEREY POP* von 1968.
[2] Die „California State Route 1" (auch „Pacific Coast Highway" oder „Highway No. 1") führt fast die gesamte Pazifikküste Kaliforniens entlang. Von Los Angeles aus liegt Monterey auf etwa dreiviertel der Wegstrecke nach San Francisco.
[3] Am bekanntesten hiervon sicherlich „The Grapes of Wrath" (dt. „Früchte des Zorns") von 1939, der 1940 unter diesem Titel von John Ford mit Henry Fonda und John Carradine verfilmt wurde.
[4] Zit. n. Bogdanovich, GEDREHT, S. 259.
[5] Lang, INTERVIEWS, S. 118.
[6] Vgl. Grob, LANG, S. 315. *CLASH BY NIGHT* wurde über RKO vertrieben und von Wald/Krasna Productions produziert, die Wald gemeinsam mit Norman Krasna 1951 gegründet hatte.
[7] Zit. n. Bogdanovich, GEDREHT, S. 257.

drehte mit ihm etwas über 3000 Meter dokumentarisches Filmmaterial.[8] „Das hatte es vorher noch nie gegeben, einen richtigen Dokumentarfilm über die Fischerboote, die Maschinerie, die Konservenfabriken"[9], so Lang, der einige hundert Meter dieses Materials für die ersten 5 Minuten sowie nach etwa der Hälfte des Films verwendete. Diese Sequenzen sind stumm, etablieren zu Beginn Ton und Stimmung des Films und überbrücken nach 47 Minuten einen Zeitraum von einem Jahr. Sie stehen für den „Lauf der Dinge", die Determinismen der Natur, der industrialisierten Fischproduktion und des monotonen Alltags der hart arbeitenden Menschen. Mit kurzen Inserts stellt Lang in der Eingangssequenz zudem einige der Hauptfiguren in ihrem Arbeitsalltag vor.

EIN BEGINN

Die Natur als eine unbändige Gewalt: Von dunklen, aufgerissenen Wolkenformationen wird während der Titelsequenz auf das an die Küste brandende Meer überblendet. Wellen brechen an den schroffen Felsen.[10] Hiernach einige Seelöwen und vereinzelte Möwen, die auf den Holzbalken eines im seichten Wasser gelegenen Fischbekkens ruhen. Wir sehen die aus Holz gebauten, kleinteiligen Industrieanlagen der Fischproduktion mit ihren rauchenden Schornsteinen, die Dächer von Möwen bedeckt. Einige Fischkutter nähern sich in enger Formation der Küste. Möwen steigen von den Felsen und den Fabriken auf und fliegen diesen entgegen, die Seelöwen springen ins Wasser. Auf einem der nun von Möwen umschwärmten Fischkutter sehen wir Jerry und Joe. Eine Sirene ertönt von einem der Fabrikdächer[11] und weckt Peggy (die Uhr neben ihrem Bett zeigt 4 Uhr 30 an). Sie gähnt, steht auf, streift sich ihre Jeans über. Arbeiterinnen strömen in eines der Fabrikgebäude, während die Fischfangflotte in den Hafen einläuft. Die Fischer entladen den Fang mit riesigen Netzen an Kränen in die Fischbecken, während Möwen und Seelöwen auf ihren Anteil lauern. Die Fische, gigantische Mengen Sardinen, werden aus den

---

[8] Vgl. Eisner, LANG, S. 313.
[9] Zit. n. Bogdanovich, GEDREHT, S. 259. Lang war zunächst skeptisch, ob das Material überhaupt genommen werden würde, doch nachdem Wald dieses gesichtet hatte, schickte er Lang ein Telegramm, in dem er das Material als „die spannendsten Filmmeter seit langem" bezeichnete. Zit. n. ebd., S. 259.
[10] Lang wird diese Titelsequenz bei *MOONFLEET* (S. 273 f.) wiederholen.
[11] Auch dies inszeniert Lang stumm, indem er das Heulen der Fabriksirene über den aus ihr ausströmenden Dampf visualisiert.

Fischbecken durch unter Wasser gelegene Leitungen mit einem Wasserstrom auf einen Förderkanal und dann auf ein Förderband gepumpt, das diese nach oben in die Fabrik befördert. Über weitere Förderbänder gelangen die Fische zu den Arbeiterinnen (unter ihnen Peggy), die diese mit der Hand sortieren. Weitere Abfüllstraßen mit Förderbändern, nun mit Blechdosen, die über lange Metallschienen quer durch die Fabrikhalle zur Abfüllung rutschen. Ein Zug hält an, Mae steigt aus und schleppt mühsam ihren schweren Koffer über eine Brücke in Richtung des Fabrikkomplexes ...

*CLASH BY NIGHT* konnte Fritz Lang genauso drehen, wie er ihn drehen wollte, ohne erst „Zwischenträger überzeugen zu müssen, die von nichts eine Ahnung haben" (S. 31). Er basiert auf dem gleichnamigen Theaterstück Clifford Odets' von 1941, dessen Schwerpunkt allerdings auf den während der „Great Depression" allgegenwärtigen sozialen Folgen der Arbeitslosigkeit liegt. Peter Bogdanovich beschreibt den Stil Odets', der ein guter Freund Jean Renoirs war, als einen „poetisch überhöhten Realismus", zählt ihn gemeinsam mit Eugene O'Neill, Jesse Lynch Williams, Arthur Miller und Tennessee Williams zu den großen amerikanischen Dramatikern des 20. Jahrhunderts.[12] Jedoch verlagerten Lang und sein Drehbuchautor Alfred Hayes für *CLASH BY NIGHT* den Schwerpunkt von Odets' Theatervorlage von sozialen Problemen auf die des Ehebruchs, da der „New Deal" Franklin D. Roosevelts[13] inzwischen die von Autoren wie John Steinbeck und Clifford Odets durchaus auch verfolgten politischen Intentionen hat Wirklichkeit werden lassen: „Ich habe einige Recherchen über die Treue von Ehefrauen angestellt, soweit das möglich war. In einer der führenden Frauenzeitschriften las ich, daß etwa dreiviertel aller verheirateten Frauen außereheliche Beziehungen haben. Dieses Problem wird im Film behandelt."[14] Der soziale Hintergrund bleibt dennoch allgegenwärtig.

\* \* \*

---

[12] In seinem Audiokommentar der deutschen DVD-Veröffentlichung von *CLASH BY NIGHT* (S. 313).

[13] Bis zu dessen Tod 1945 war Fritz Lang ein überzeugter Anhänger Roosevelts, er „lobte ehrlich die USA, solange sie einen Präsidenten wie Franklin Delano Roosevelt hatten." Schnauber, LANG, S. 147.

[14] Zit. n. Bogdanovich, GEDREHT, S. 257.

Mae Doyle (Barbara Stanwyck) geht in eines der Lokale des Fischerortes, trifft dort unter den groben und lauten Gästen ihren alten Bekannten, den Fischer Jerry D'Amato (Paul Douglas), wieder. Sie ist nach 10 Jahren in ihre Heimatstadt zurückgekommen, um bei ihrem Bruder, dem Fischer Joe (Keith Andes), zu leben. Dieser ist nicht begeistert von ihrer Rückkehr. Sie habe „viele Ideen" gehabt, aber nur „wenig Resutat" erzielt, erzählt sie ihm, sich dabei mit einem verheirateten Politiker eingelassen. „Zuhause, das ist der Ort, an dem du anstrandest, wenn dir die Orte ausgegangen sind", so Mae zu Joes Freundin, der etwas unbedarften Fabrikarbeiterin Peggy (Marilyn Monroe), die sich allerdings über das „neue" Familienmitglied freut. Bei einem Abend in der Fischerkneipe trifft sie erstmals Jerrys Freund Earl Pfeiffer (Robert Ryan), den Filmvorführer des Ortes[15], einen verbitterten Mann, der Frauen verachtet, da seine eigene Frau, eine Varietékünstlerin, ständig auf Tournee ist. („Ich möchte ihr das Herz aus dem Leibe reißen, nur um zu sehen, ob Blut drin ist.") Mae beginnt sich mit Jerry zu treffen, der ihr Avancen macht, doch sie kennt sich selbst und warnt ihn: „Du weißt nicht das Geringste von mir. Was ich für ein Tier bin, aus welchem Dschungel ich komme."

Der naive Jerry ist nicht imstande, die gegenseitige Anziehung zwischen Mae und Earl wahrzunehmen, anders als Onkel Vince (J. Carrol Naish), der, ständig Bier trinkend, in Jerrys Haus ein Zimmer hat und sich dort „schmutzige Bilder"[16] an die Wand hängt. Earl macht sich nach einigen gemeinsamen Schnäpsen an Mae heran, sie ohrfeigt ihn. Beide scheinen gleichermaßen vom Leben enttäuscht, doch auch rastlos zu sein. Earl zu Mae: „Jerry ist das Salz der Erde, doch er ist nicht das richtige Gewürz für sie." Mae zu Earl: „Gibt es denn keine vernünftigen Männer mehr auf dieser

---

[15] Also „der, der für die Illusionen sorgt", so Peter Bogdanovich in seinem Audiokommentar der deutschen DVD-Veröffentlichung von *CLASH BY NIGHT* (S. 313).

[16] „Die mit den vielen nackten Frauen!", so Jerry wütend zu seinem Onkel. Solch „schmutzige Bilder" spielten auch am Set eine nicht unerhebliche Rolle. Zu dieser Zeit wurde öffentlich bekannt, daß Marilyn Monroe Nacktphotos von sich hat machen lassen. „Während der Mittagspause kamen immer Zeitungsreporter", so Lang, „meinten: ‚Wir wollen nicht Barbara sehen, wir wollen die Frau mit den großen Brüsten sprechen.'" Zit. n. Bogdanovich, GEDREHT, S. 258. Diese berühmt gewordenen Photos erschienen allerdings erst im Dezember 1953 in der ersten Ausgabe des „Playboy". Vgl. Zion, FLEMING, S. 71.

Welt. Entweder es sind kleine, freche Spatzen oder tolpatschige Teddybären." Dennoch willigt Mae in die Ehe mit Jerry – dem „Teddybären" – ein. „Du hast nicht einen schlechten Gedanken in Dir", hatte sie Anfangs zu ihm gesagt. Ein Jahr vergeht und Mae hat mit Jerry nun eine kleine Tochter. Earl ist inzwischen geschieden, als er betrunken in Maes Haus übernachtet; am Morgen bricht sie in der Küche emotional zusammen, fällt herinach geradezu über Earl her, als dieser im Unterhemd aus seinem Zimmer auftaucht.[17]

Onkel Vince weiß um die Affäre und erzählt dies Jerry. Dieser will es nicht wahrhaben, bis er ein Spitzenhemd und ein Flakon mit Parfüm in einer von Maes Schubladen entdeckt. Er stellt Mae und Earl zur Rede („Was seid ihr? Raubtiere?"), sie sagt, sie habe dieses gleichförmige Leben nicht mehr ausgehalten („Ein Jahr, wie kann ein Jahr so lang sein?") und werde ihn verlassen. Jerry greift Earl hiernach im Vorführraum des Kinos körperlich an.[18] Als Mae auftaucht, schleudert Jerry sie in seiner Raserei gegen einen Projektor. Er hält inne, entsetzt über sich selbst. Jerry nimmt das Baby mit auf seinen Fischerkutter. Jetzt versucht Earl Mae zu überreden, Jerry und „dieses Kind" zu verlassen und bei ihm zu bleiben („Du wirst immer jemandem wehtun müssen"). Doch sie entscheidet sich gegen ihn („Ich versteh das Wort ‚Liebe' nicht mehr ... Liebe aus Langeweile") und sucht Jerry auf seinem Boot auf. „Die Menschen ändern sich", so Mae zu Jerry. „Mach mir keine Versprechungen. Ich könnte dir nicht vertrauen, und man muß dem anderen vertrauen", antwort er ihr – und scheint dabei doch nur zu sich selbst zu sprechen.

\* \* \*

In einer Szene in der Fischerkneipe bestellt Earl im Beisein Maes „ein paar" Schnäpse. Der Kellner bringt ihnen drei. „Ich bestellte doch vier", so Earl. Der Kellner: „Sie sagten: ‚Ein paar'." „Und? Wieviel sind ein Paar?", fragt Earl. „Für mich drei", antwortet der Kellner (Earl und Mae lachen). Es ist dies die Geschichte von

---

[17] Barbara Stanwyck und Robert Ryan spielen diese Szene sehr körperlich und für diese Zeit ungewöhnlich explizit.
[18] Es kommt zu einem stummen Kampf, der in seiner Intensität an den aus CLOAK AND DAGGER (S. 106) erinnert.

*CLASH BY NIGHT*, die von einer Frau und zwei Männern – vielleicht die älteste Geschichte der Welt. Vor allem durch die brillanten Dialoge Clifford Odets' liegt alles – diese Geschichte, die Charaktere mit ihren Sehnsüchten, Illusionen, Reflexionen und Zweifeln – offen da, nichts wird nur angedeutet oder im Unklaren gelassen. Dennoch bleibt die Interpretation des Films ebenso offen wie dessen Ende, an dem Mae zu Jerry und ihrem Baby zurückkehrt. Denn wir kennen diese Menschen und ihre inneren Antriebe, die sie in ihre Abgründe geführt haben (Untergruppe B"), mittlerweile gut genug, um zu wissen, daß dies nicht das Ende dieser Geschichte sein *kann*. Mehrmals blendet Lang auf die Naturgewalten über – auf bedrohliche Wolkenformationen und das anbrandende Meer –, um an die Unveränderbarkeit der Natur, auch die dieser Menschen, zu erinnern. „Lang ist voller Sympathie für seine Figuren, die allesamt an der Welt leiden, ohne fähig zu sein, dieses Leid zu überwinden"[19], schrieb Norbert Grob; und Frieda Grafe urteilte: „Als Frau mit sich selbst identisch zu leben, ist in dieser Gesellschaft nicht möglich."[20] Andererseits kommt auch immer wieder die Verantwortung für den jeweils anderen zur Sprache. Alle diese Deutungen sind möglich. Determiniertheit und Verantwortung, große Themen der Tragödien Fritz Langs, „man nimmt sie an oder man läßt es sein" (S. 303), wie er in mehr als zehn Jahren nach *CLASH BY NIGHT* in Godards *LE MÉPRIS* sagen wird.

Gerade die Brillanz der Theatervorlage Odets' stellte Lang vor gleich zwei enorme Herausforderungen: zum einen das „Psychologisierende und Privatisierende des Hollywoodmelodrams" (S. 19) zu vermeiden, zum anderen beim Filmischen, beim „Bewegungs-Bild" zu bleiben „und nicht nur einfach abgefilmtes Theater" (S. 45) zu inszenieren. Daher übertrug er den Dokumentarismus der Anfangssequenz gewissermaßen auf den ganzen Film, indem er *CLASH BY NIGHT* von Anfang bis Ende seinen „Lang-Touch" verlieh. Das Leben in dieser Arbeiterstadt erscheint hierdurch ebenso vorherbestimmt, grau und monoton wie die industrielle Fischproduktion: die Wohnhäuser sehen nicht viel anders aus als die Fischfabriken, die Figuren trinken übermäßig viel Schnaps und Bier, ihre Kleidung ist

---

[19] Grob, LANG, S. 315.
[20] Grafe, LANG, S. 75.

schlicht, sie essen aus Blechtöpfen, hängen sich Bilder von nackten Frauen an die Wand, geben sich billigen Vergnügungen hin[21] oder schenken sich schlecht riechendes Parfüm. Marilyn Monroes Sexappeal wirkt natürlich, aber auch burschikos und provozierend naiv, der Barbara Stanwycks beiläufig und sogar ein wenig billig, der Robert Ryans animalisch. Lang vergegenwärtigt hierdurch den prägenden sozialen Hintergrund, macht ihn jederzeit im visuellen Subtext wahrnehmbar, so wie er diesen bereits mit seiner Inszenierung der Unterwelten der Gauner und Bettler in *M - EINE STADT SUCHT EINEN MÖRDER* wahrnehmbar gemacht hatte.

Um die Theaterhaftigkeit zu vermeiden, hält Lang zudem die Kamera beinahe ständig in Bewegung, inszeniert sehr lange Einstellungen (Plansequenzen) ohne Schnitte, bei denen die Schauspieler den filmischen Raum durchschreiten und mehrmals ihre Position zur Kamera und zu ihren Dialogpartnern wechseln mußten. Hierbei kam Lang seine als „deutsche Regieführung" (S. 33) verschriene Arbeitsweise zugute: „Er gewöhnte sich an, die Anordnung seiner Figuren im Raum am Abend vor dem Dreh auf einem Schachbrett zu proben. Er prüfte zunächst den Blickwinkel auf sie und schob sie dann, mal nur zwei, mal drei oder vier Figuren, so lange hin und her, bis er mit der visuellen Spannung zwischen den Figuren zufrieden war. Bei der Aufnahme im Studio ließ er dann Markierungen als Vorgaben dafür auf dem Boden anbringen, wo die Darsteller zu stehen und wie sie sich zu bewegen hatten."[22] Lang *inszeniert* Odets' Dialoge, übersetzt sie in Bewegungen, Kamerablickwinkel und Figurenkonstellationen im Raum, statt sie von den Schauspielern einfach nur aufsagen zu lassen. Close-Ups werden nur für sehr wenige, ausgesuchte Schlüsselmomente verwendet, manchmal schafft er mit bei Dialogen unüblichen Totalen bewußt Distanz, die in Hollywood übliche Schuß-Gegenschuß-Technik verwendet er hingegen eher selten. Auch für die Schauspieler stellte *CLASH BY NIGHT* daher eine nicht zu unterschätzende Herausforderung dar: „Es war das erste Mal, daß ich einen Produzenten dazu überreden konnte, Proben einzuführen, wie beim Theater."[23]

---

[21] Einmal bringt Robert Ryan ein Stofftier vom Rummel mit; Marilyn Monroe tanzt bei der Hochzeitsfeier vor allen Männern betrunken auf dem Tisch.
[22] Grob, LANG, S. 233.
[23] Zit. n. Bogdanovich, GEDREHT, S. 257.

Während Barbara Stanwyck[24], Robert Ryan und Paul Douglas professionell arbeiteten, forderte die Arbeit mit Marilyn Monroe Lang vor allem eines ab: Geduld. Sie vergaß selbst einfachste Textzeilen, so daß lange Plansequenzen mit ihr sehr oft wiederholt werden mußten[25], brachte zudem ihre eigene Schauspieltrainerin mit, die ihr aus dem Hintergund Anweisungen während des Drehs gab (Lang ließ diese wegschicken).[26] Lang konnte bei seiner Arbeit keine Starallüren von Hollywoodschauspielern gebrauchen, im Falle Marilyn Monroes hatte er allerdings sehr schnell erkannt: „Die arme Marilyn war ein verängstigtes Mädchen. Sie hatte vor allem Angst. Gott weiß, warum sie so verängstigt war. Ich bin überzeugt, daß sie nie sterben wollte."[27] Das vermeintliche „Monster von Hollywood" (S. 82) brachte die notwendige Geduld mit ihr auf. Dies und auch Barbara Stanwycks „kollegiales Verhalten" gegenüber Marilyn Monroe führten am Ende dazu, daß diese eine Darstellung bot, die „frei und spontan zu sein scheint"[28], wie Lotte Eisner schrieb. Es ist wahrscheinlich die beste dramatische Darstellung Monroes. Vor allem aber ist CLASH BY NIGHT, obwohl oftmals übergangen, einer der bemerkenswertesten Filme Fritz Langs in Amerika, nicht einfach nur eine Verfilmung einer an sich bereits herausragenden Literaturvorlage, sondern ein Lehrstück für die eigenständige Kunst des Kinos.

---

[24] Lang: „Mit Barbara Stanwyck zu arbeiten war eine der größten Freuden meiner Karriere." Lang, INTERVIEWS, S. 118
[25] So Peter Bogdanovich in seinem Audiokommentar der deutschen DVD-Veröffentlichung von CLASH BY NIGHT (S. 313).
[26] Vgl. Bogdanovich, GEDREHT, S. 258.
[27] Lang, INTERVIEWS, S. 118.
[28] Eisner, LANG, S. 318.

## *THE BLUE GARDENIA*
### (*Gardenia - Eine Frau will vergessen*, 1953)

Die Telephonistin Norah Larkin (Anne Baxter) lebt in L.A. mit ihren Kolleginnen Crystal Carpenter (Ann Sothern) und Sally Ellis (Jeff Donnell) in einer Wohnung. Ihr Verlobter ist noch im Koreakrieg, und just an ihrem Geburtstag öffnet sie einen Brief, in dem er ihr mitteilt, daß er eine Krankenschwester heiraten werde, die er dort kennengelernt hat. Als sich der Kalendermaler Harry Prebble (Raymond Burr), der den Frauen in der Telephonzentrale nachstellt, mit Crystal verabreden will, ist Norah zufällig an der Leitung. Am Boden zerstört, nimmt sie die Einladung anstelle ihrer Mitbewohnerin an und läßt sich von Prebble in einem Restaurant betrunken machen. Dieser nimmt Norah zu sich mit nach Hause, legt dort eine Platte von Nat King Coles romantischem Liebeslied „Blue Gardenia" auf, das dieser zuvor persönlich in dem Restaurant gesungen hatte. Doch Norah schläft betrunken ein. Als sich Prebble dennoch an sie heranmacht, ergreift sie irgendetwas und schlägt zu. Ein zerbrochener Spiegel und ein Schürhaken, an mehr kann sich Norah hiernach nicht mehr erinnern.

Am Tatort hat Prebbles Dienstmädchen (Almira Sessions) derweil unabsichtlich alle Spuren beseitigt. Der Kolumnist des Los Angeles Chronicle, Casey Mayo (Richard Conte), ermittelt auf eigene Faust, um eine große Story über die „Mörderin mit der blauen Gardenie" aufzuziehen. Er veröffentlicht einen „Brief an eine unbekannte Mörderin" in seiner Zeitung, indem er diese dazu auffordert, sich ihm zu erkennen zu geben. Er werde für Gerechtigkeit sorgen. Einige Trittbrettfahrerinnen rufen an, aber dies tut auch die vollkommen verstörte Norah. Die beiden treffen sich, sie sagt ihm allerdings, die Verdächtige sei eine Freundin. Erst auf Drängen Crystals sagt Norah Casey Mayo die Wahrheit. Dieser hat sich jedoch in Norah verliebt, gesteht ihr, daß er sein öffentliches Versprechen nur abgegeben hat, um seine Story zu erhalten. Norah sieht sich hintergangen und verläßt die Stadt, nachdem sie bereits von der Polizei verhört wurde.

Dann wird Casey Mayo zufällig darin erinnert, daß die Musik, die das Dienstmädchen auf Prebbles Plattenspieler gefunden hatte, "Tristan und Isolde", nicht die gewesen ist, die Norah in der Tatnacht bei ihm gehört hatte ("Blue Gardenia"). Er hilft Captain Haynes (George Reeves) von der Polizei nun, die wahre Täterin aufzuspüren. In einem Musikgeschäft stoßen sie auf Prebbles Ex-Freundin Rose Miller (Ruth Storey). Diese unternimmt unmittelbar danach einen Selbstmordversuch. Es stellt sich heraus, daß Rose noch bei Prebble war, als Norah dessen Wohnung bereits verlassen hatte, und ihn aus Eifersucht mit dem Schürhaken erschlagen hat. Norah ist frei, verzeiht Casey Mayo, der sein kleines schwarzes Büchlein mit Frauenadressen nun seinem Kollegen Al (Richard Erdman) gibt, der sich darüber hocherfreut zeigt.

\* \* \*

Fritz Lang betrachtete *THE BLUE GARDENIA* im Rückblick stets als Auftragsarbeit, die es ihm nach der Verdächtigungen der McCarthy-Ära ermöglicht habe, wieder zu arbeiten (S. 230 f.). Der Film, von Alex Gottlieb unabhängig produziert und über Warner vertrieben, wurde in weniger als vier Wochen gedreht, die kürzeste Drehzeit aller Filme Langs in Amerika. Auch blieb ihm nur wenig Zeit, noch Änderungen an Charles Hoffmans Drehbuch vorzunehmen.[1] Im Wesentlichen vereinfachte er die Mordszene des Originalskripts erheblich, indem er ihren Ablauf für Norah (und den Zuschauer) verundeutlichte.[2] "Dazu setzte Lang den Spiegel, in dem zu sehen ist, wie ungestüm und gewaltsam der Mann sich ihr nähert, wie eine zweite Leinwand ein, die, als Norah ihn zertrümmert, kein Bild mehr zeigt, nur Fragmente."[3] Auch wenn sich Lang mit der Darstellung Anne Baxters "sehr glücklich" zeigte[4], ist diese eine Schwäche des Films. Ihre Erscheinung ähnelt sehr derjenigen Marilyn Monroes,

---

[1] Vgl. McGilligan, LANG, S. 399. Der Film basiert auf Vera Casparys im Frühjahr 1952 erschienener Geschichte "The Gardenia". Caspary schrieb ebenfalls die gleichnamige Romanvorlage für Otto Premingers *LAURA* (1944) mit Dana Andrews, Gene Tierney, Clifton Webb und Vincent Price.
[2] Vgl. Eisner, LANG, S. 324.
[3] Grob, LANG, S. 319.
[4] Anne Baxter war ursprünglich von Darryl F. Zanuck bereits für *MAN HUNT* vorgeschlagen worden, und Lang mochte sie auch. Glücklicherweise entschieden sich Lang und das Studio für Joan Bennett. Vgl. McGilligan, LANG, S. 277 u. 399.

doch während diese für Lang in *CLASH BY NIGHT* „frei und spontan" (S. 251) spielte, scheint Anne Baxter keine exakte Vorstellung ihres Charakters als Norah gehabt zu haben: Ihre weibliche Naivität wirkt stellenweise mimisch überspielt, dadurch klischeehaft und nur auf Wirkung bedacht. Auch hierdurch erscheint *THE BLUE GARDENIA* tatsächlich eher wie „ein kleiner, aber phantasievoller Genrefilm"[5] und nicht wie das „besonders giftige Bild des amerikanischen Lebens"[6], das er für Peter Bogdanovich im Grunde darstellt.

„Anne Baxter grüßt die ‚Mörderin' schwesterlich, sie könnte auch die andere sein, wie sie anstelle einer anderen zu dem Rendezvous ging"[7], schrieb Enno Patalas. Diese „Schwesterlichkeit" sichtbar werden zu lassen, ist ein unübersehbares Anliegen, das Lang mit *THE BLUE GARDENIA* verfolgte: „Was für ein Reichtum an beobachteten Details, was für eine wunderbare Darstellung des Lebens dreier junger weiblicher amerikanischer Angestellten"[8], rief Éric Rohmer – noch unter seinem eigentlichen Namen Maurice Schérer – im Juni 1954 in den „Cahiers du cinéma" (N° 36) aus. Trotz der äußerst knappen Drehzeit ließ Lang hierfür eigens „einen kleinen, mobilen Kamerawagen entwickeln, einen ‚Crab Dolly', der es möglich machte, den Bewegungen der drei Frauen frei zu folgen, ohne schneiden zu müssen, und so dem Stand ihrer Beziehungen auf den Grund zu gehen."[9] Dem enormen Detailreichtum seines „Lang-Touches" bei der Darstellung des Alltagslebens dieser Frauen stellt Lang die Männerwelt gegenüber, der diese Frauen, die ihrerseits vollkommen auf die Männer fixiert scheinen, ausgeliefert sind: Verlobte, die sie einfachen sitzenlassen, frauenverachtende Schürzenjäger, die sie – irgendwen von ihnen – betrunken machen, um sie ins Bett zu bekommen (zur Not auch mit Gewalt), Journalisten, die daraus mit bigotter moralischer Emphase eine Story machen, sobald diese sich wehren, die aber selbst ein schwarzes Büchlein mit jederzeit „bereitwilligen" Frauen besitzen. Wie von Enno Patalas beschrieben, ist es dabei vollkommen kontingent, daß sich der Abgrund ausgerechnet für Anne Baxter auftut. Sie könnte *jede* Frau sein, die für

---

[5] Grob, LANG, S. 319.
[6] Bogdanovich, LANG, S. 84.
[7] Patalas, FILMOGRAFIE, S. 130.
[8] Zit. n. Eisner, LANG, S. 321.
[9] Grob, LANG, S. 319.

eine andere sitzengelassen, die vergewaltigt oder deren Tragödie in die mediale Öffentlichkeit gezerrt wird. Gemäß unserem Analyseschema (S. 12): Als weibliche Individuen kann für sie jederzeit etwas Wirklichkeit werden, das in dieser (Männer-)Gesellschaft grundsätzlich als Möglichkeit angelegt ist (Untergruppe B'). Die immaterielle Medienwelt, in die Anne Baxter durch ein kontingentes Ereignis geraten ist und von dem nun ihr ganzes Leben abhängt, ist für Richard Conte nur eine zu verkaufende Dramaturgie[10], für sie aber konkrete Realität: Als sie unter der Bettdecke, das Ohr dicht an einem Radio, diesen medialen Konstruktionen lauscht, konstruiert Lang dieses Bild folglich in einem „Gestus, der auf das Fotogramm[11] verweist" (S. 10).

\* \* \*

Schließlich ist es ein Musikstück als entlastendes Indiz, das *THE BLUE GARDENIA* als „Genrefilm" auflöst: „Isoldes Liebestod" aus Richard Wagners „Tristan und Isolde". Dieses verleiht dem Film ebenso emotionale Tiefe wie dessen zweites zentrales Musikstück, Nat King Coles „Blue Gardenia". Nun lagen während der Ereignisnacht beide Platten auf Raymond Burrs Plattenspieler und Richard Conte deckt nur zufällig auf, daß diese ausgetauscht wurden. Diese Auflösung des Films wirkt so enttäuschend, weil sie so zufällig erscheint. Doch gerade diese Kontingenz ist der Schlüssel zu dem „giftigen Bild", das *THE BLUE GARDENIA* von Amerika zeichnet, denn selbst in der emotionalen Tiefe der Musik verbirgt sich letztlich nur die Oberflächlichkeit dieser Gesellschaft: Für die Frauen ist die Musik und damit die Romantik (Nat King Cole) mit der Tragödie (Richard Wagner) ebenso austauschbar, wie sie selbst in dieser Gesellschaft austauschbar, Objekte sind, ob als Telephonistinnen, Krankenschwestern, Plattenverkäuferinnen oder Telephonnummern in einem schwarzen Büchlein[12], ob als mögliche Opfer oder Täterinnen.

---

[10] Insofern reiht sich *THE BLUE GARDENIA* nahtlos in die Reihe medienkritischer Filme Fritz Langs in Amerika ein, etwa *FURY*, *YOU ONLY LIVE ONCE* und vor allem *WHILE THE CITY SLEEPS*, auf den auch diesbezüglich noch genauer eingegangen wird.
[11] Siehe die Abbildung auf S. 201 (oben).
[12] Wenn Richard Conte am Ende Richard Erdman sein schwarzes Büchlein zuwirft, deutet Lang damit auch an, daß selbst noch diese Liste von Frauen als Sexualobjekte der Männer unter diesen austauschbar ist.

Darum hallen die beiden Musikstücke dieses vermeintlich „kleinen, aber phantasievollen Genrefilms", der in Wirklichkeit ein formales Glanzstück Langs ist, noch lange nach, als die hintergründige Dissonanz[13] von *THE BLUE GARDENIA*. Gleiches gilt für die Rolle Ann Sotherns als Norahs Mitbewohnerin Crystal. Mit dieser deutet Lang an, daß es für Frauen in dieser auf Männer fixierten Gesellschaft auch möglich ist, vom Passiven zum Aktiven überzugehen, sich so der Objektivierung[14] zu widersetzen und selbstbestimmte Subjekte zu sein: „Ich gebe den Männern immer den Laufpaß, bevor sie ihn mir geben", so Crystal, die sich zwar ebenfalls von Prebble umschmeichelt fühlt, diesen aber auch sofort als „Schürzenjäger" erkennt. Derzeit geht sie mit ihrem Ex-Mann, Homer (Ray Walker), aus, über den sie meint: „Als Ehemann hatte Homer viele Fehler, aber als Freund hat er seine Qualitäten."[15] „Schätzchen, wenn wir jeden Mann umbringen würden, der frech zu uns wird, wie viele Männer würden dann noch übrig bleiben?", fragt sie Norah, als diese über Casey Mayos Sensationsbericht vollkommen aufgebracht ist. Am Ende rät sie Norah, „es ihm nicht zu leicht zu machen." Vorher hatte sie Casey Mayo noch verbal in sein (neues) Stammbuch über Frauen geschrieben, daß er es doch kennen würde, „das eigensinnige Geschlecht."

---

[13] Auch der dramatische Höhepunkt von „Isoldes Liebestod" erzeugt beim Zuhörer einen emotionalen Effekt, der der Wahrnehmung einer tonalen Dissonanz gleichkommt.

[14] Eine Objektivierung, die für Georg Seeßlen mit einer Idealisierung der Frau einhergeht, die in der amerikanischen Geschichte verwurzelt sei: „Der Männerüberschuß in der Western-Gesellschaft hatte zu einer Mythologisierung der Frau geführt, ihrer ‚Aufhebung' im Idealbild." Zit. n. Zion, FLEMING, S. 86. Diese Analyse Seeßlens liest sich wiederum, als stamme sie direkt von Fritz Lang: „Ich glaube, die Entwicklung dieses Landes wäre ohne den Wilden Westen nicht vorstellbar, die Zeit, als das Mädchen aus der Dance Hall auf ein Podest erhoben wurde, weil sie die einzige Frau unter Hunderten von Goldgräbern war. Die Frau in Amerika wird heute immer noch auf ein Podest erhoben, und ich glaube, es gefällt ihr gar nicht", meinte dieser. Zit. n. Bogdanovich, GEDREHT, S. 232.

[15] Zu dieser Zeit bedeutete die Ehe für eine Frau noch die – auch rechtliche – Unterordnung unter den Mann. Noch bis in die 70er-Jahre wurde der Verfassungszusatz („Equal Rights Amendment"), der Frauen in den USA vollständige Rechtsgleichheit gewähren sollte, von beiden Kammern des Kongresses abgelehnt.

# *THE BIG HEAT*
## (*Heißes Eisen*, 1953)

Für Fritz Lang ist *THE BIG HEAT* „eine Anklage gegen das Verbrechen"¹, sein Titel „ein Slangausdruck für konzertierte Polizeiaktivitäten gegen Kriminelle"², sein Stil ist schnell, hart, unerbittlich³. Das Drehbuch Sydney Boehms entstand nach einer Romanvorlage William P. McGiverns, der nach dem Krieg unter anderem als Polizeireporter für eine Abendzeitung in Philadelphia (Pennsylvania) tätig war.⁴ Inmitten der McCarthy-Ära „radikalisierte Lang seinen kritischen Blick auf die US-amerikanische Gesellschaft"⁵, was zwangsläufig zu der „gewalttätigen *mise en scène*"⁶ des Films geführt hat: „Die ganze Gesellschaft in *THE BIG HEAT* ist kontaminiert, die Ordnungsmächte, die mit den Gangstern kollaborieren, aber auch der kleine Polizist und die sich schützenden Bürger greifen zu Mitteln, die der Rahmen der Legalität nicht mehr einschließt."⁷ Für die Strömung des Film Noir (S. 36), das Aufbrechen des Production Code (Hays Code) oder das Genre des Polizeifilms hat *THE BIG HEAT* im Rückblick den Status einen Paradigmenwechsels, eines Schlüsselfilms erlangt. Doch sind es gerade solche Einordnungen, die den Zugang zu Fritz Langs Filmen oftmals versperren. In den „Cahiers du cinéma" (N° 31) vom Januar 1954⁸ hegte François Truffaut in seiner Besprechung des Films eine ganz andere Vermutung: „Läßt dies nicht vermuten, daß Fritz Lang sehr wohl ein echter Filmautor sein könnte und daß, wenn nun seine Themen, seine Geschichten, damit sie bis zu uns gelangen, das banale Äußere eines

---

¹ Zit. n. Bogdanovich, LANG, S. 84.
² Vgl. Eisner, LANG, S. 333.
³ Lang, für den „jeder Film seinen eigenen Rhythmus" hat, meinte über diesen Stil von *THE BIG HEAT*: „Der Anfang ist also schon ziemlich gewalttätig und schnell, und die erste Szene bestimmt die Geschwindigkeit des Films." Zit. n. Bogdanovich, GEDREHT, S. 262 f.
⁴ McGiverns Roman erschien ab Ende 1952 in sieben Teilen in der „Saturday Evening Post". Vgl. McGilligan, LANG, S. 403.
⁵ Grob, LANG, S. 326.
⁶ Sarris, CINEMA, S. 65.
⁷ Grafe, LANG, S. 67.
⁸ Vgl. McGilligan, LANG, S. 406.

Serienthrillers, eines Kriegsfilms oder Western annehmen, man darin vielleicht das Merkmal der besonderen Redlichkeit eines Kinos erkennen muß, das sich nicht mit verlockenden Etiketten zu schmücken braucht?"[9] *THE BIG HEAT* trägt in Wirklichkeit überhaupt kein Etikett mehr und ist daher in seiner Redlichkeit selbst heute noch verstörend, denn Lang zeigt „nicht nur einfach Gangster und Polizisten, sondern echte Menschen"[10], die allesamt in ihre individuellen Abgründe gestoßen werden, determiniert von einer von Grund auf von Gewalt und Verbrechen „kontaminierten" (Frieda Grafe) Gesellschaft (Untergruppe B'). War *THE BLUE GARDENIA* für Peter Bogdanovich noch ein „besonders giftiges Bild des amerikanischen Lebens" (S. 254), so zeigt *THE BIG HEAT* von diesem nun nicht einmal mehr solch ein Bild, sondern nur noch die Auswirkungen des Giftes der Gewalt. Erneut verwandelt Lang seine „Bilder in Ideen"[11], und die Idee von *THE BIG HEAT* ist es, die Kontamination dieser Gesellschaft geradezu körperlich spürbar werden zu lassen.[12]

* * *

Der Polizist Tom Duncan, Leiter des Polizeiarchivs, erschießt sich an seinem Scheibtisch. Seine Frau Bertha (Jeanette Nolan) nimmt seinen an den Bezirksstaatsanwalt adressierten Abschiedsbrief an sich und ruft hiernach Mike Lagana (Alexander Scourby), den Boß des örtlichen Syndikats, an. Erst hiernach verständigt sie auf Anraten Laganas die Polizei. Lagana ruft seinen ersten Mann, Vince Stone (Lee Marvin) an, hat dabei zunächst dessen Freundin Debby Marsh (Gloria Grahame) am Apparat: „Ich sehe so gerne, wenn er springen muß", so Debby zu Lagana. Sergeant Dave Bannion (Glenn Ford) nimmt derweil die Ermittlungen auf. Bertha Duncan erzählt Bannion, ihr Mann sei krank gewesen und Bannion glaubt ihr zunächst auch. Beim Abendessen mit seiner Frau Katie (Jocelyn Brando), er hat auch eine Tochter, erhält Bannion einen

---

[9] Zit. n. Aigner, TRUFFAUT, S. 43.
[10] Eisner, LANG, S. 335.
[11] Auf Andrew Sarris' Feststellung, daß Lang „Bilder in Ideen verwandelt", wurde bereits im Kapitel zu *SECRET BEYOND THE DOOR* (S. 109) hingewiesen.
[12] 1967 sagte Lang im Radio der BBC: „Meine Frage lautete also: Was fühlen Menschen? Und die Antwort lautet: körperlichen Schmerz. Körperlicher Schmerz entsteht durch Gewalt, und ich denke, das ist heute das einzige Faktum, das die Menschen wirklich fürchten." Lang, INTERVIEWS, S. 80.

Anruf: Er solle die Bardame Lucy Chapman (Dorothy Green) aufsuchen. Diese erzählt Bannion, daß sie ein Verhältnis mit Duncan hatte, er aber gesund gewesen sei und daher irgendetwas an der Selbstmordgeschichte nicht stimmen könne. Dann wird Lucy Chapman tot aufgefunden, aus einem Wagen geworfen, nachdem sie mit brennenden Zigaretten gefoltert worden war. Bannions Vorgesetzter, Lieutenant Ted Wilks (Willis Bouchey), befiehlt Bannion, die Witwe Duncan in Ruhe zu lassen, da sie Beziehungen ganz nach oben habe. Bannion erhält daraufhin einen Drohanruf, sucht aber dennoch Lagana in dessen Villa auf, da Lucy Chapman nach alten Gangstermethoden ermordet wurde. Lagana fragt Bannion nach seinem Vorgesetzten und wirft ihn hinaus. Kurz darauf wird Bannions Frau Katie an dessen Stelle mit einer Bombe in seinem Wagen getötet. Der Leiter der Polizei, Commissioner Higgins (Howard Wendell), versucht die Aufklärung hinzuziehen – er ist Dauergast der Pokerrunden bei Lagana – und suspendiert Bannion. Dieser ermittelt nun auf eigene Faust.

Perspektivwechsel: Debby Marsh fragt Lagana unterwürfig, wie es seiner Tochter ginge. Dieser weist einen seiner Gangster zurecht, da er bei „zwei einfachen Aufträgen" (Lucy Chapman und Katie Bannion) versagt, zuviel Spuren hinterlassen habe. Gegenüber Vince Stone erwähnt Lagana, daß die Witwe Duncan das Geständnis ihres Mannes in ihrem Geldschrank aufbewahren und ihn hiermit erpressen würde. Doch da nun die Wahlen anstünden und er nicht „in Al Capones alter Zelle landen will", ordnet Lagana an, nun keinen weiteren Staub aufzuwirbeln. Bannion ermittelt weiter, stößt dabei auf den Schrottplatzbesitzer Mr. Atkins (Dan Seymour). Dessen alte und gehbehinderte Schreibkraft Selma Parker (Edith Evanson) sagt Bannion, sie habe einen verdächigen Mann, Larry Gordon (Adam Williams), bei ihrem Chef gesehen und gibt ihm den Tip einer verdächtigen Kneipe. In dieser findet Bannion nicht Larry, doch weist er den anwesenden Vince Stone zurecht, als dieser gegenüber einer Frau (Carolyn Jones) gewalttätig wird. Davon beeindruckt, rennt Debby Marsh Bannion hinterher. Er nimmt sie mit in sein Hotelzimmer. „Jeder Mensch hat doch seine zweite Seiten", meint sie zu Bannion.

Nachdem Vince Stone von dem Treffen Wind bekommen hat, schüttet er – im Beisein von Commissioner Higgins – Debby aus Eifersucht eine Kanne mit brühend heißem Kaffee ins Gesicht und verbrennt ihr dadurch die linke Gesichtshälfte. Debby rennt erneut zu Bannion, der sie versteckt. Lagana weist Vince Stone an, sie zu beseitigen. Bannion und Debby gehen nun gemeinsam gegen das Syndikat vor und finden rasch alle Zusammenhänge heraus. Lagana und Vince Stone verständigen sich darauf, ihre „Fehler aus der Welt zu schaffen." Bannion stellt die Witwe Duncan zur Rede, doch diese läßt ihn abblitzen. Hiernach taucht Debby (im Nerz) bei der Witwe auf (die ebenfalls einen Nerz trägt): „Wir sind Schwestern unter dem Nerz", so Debby zu ihr, bevor sie die Witwe erschießt. Sie lauert auch Vince Stone auf und schüttet nun ihm unvermittelt heißen Kaffee ins Gesicht. Dieser schießt auf Debby, bevor er von Bannion gestellt und verhaftet wird. Der im Sterben liegenden Debby erzählt Bannion von seiner Frau – und redet noch weiter, als Debby bereits tot ist. Das Geständnis Duncans bringt Lagana und Higgins zu Fall und Bannion kann nun seinen Dienst wiederaufnehmen. „Halt den Kaffee heiß, Hugo", meint er, während er sein Büro für eine neue Ermittlung verläßt. Diesen letzten Worten von *THE BIG HEAT* folgt das letzte Bild, ein im Polizeibüro hängendes Plakat, auf dem steht: „Blut spenden – jetzt" („Give blood – now").

\* \* \*

„Lang setzt die Kamera immer wieder aus der Sicht des Protagonisten ein, bis der Zuschauer ihm unwillkürlich folgt und sich mit ihm identifiziert."[13] Gerade über diese Identifikation mit der Figur Glenn Fords injeziert Lang gewissermaßen auch dem Zuschauer das Gift dieser von Korruption, Filz und Gewalt kontaminierten Gesellschaft. Nahezu alles in *THE BIG HEAT* erscheint ambivalent, der Film ist nicht nur voller Blicke in Spiegel und Spiegelbilder, Debby Marshs „Jeder Mensch hat doch seine zweite Seiten"[14] verweist explizit auf die zahlreichen Doppelungen des Films. So wie Debby und die Witwe Duncan „Schwestern unter dem Nerz" sind, so sind Bannion und Lagano Brüder in ihren gewaltsamen Methoden und

---
[13] Eisner, LANG, S. 336.
[14] Bald sichtbar gemacht durch ihre Gesichtshälften, die eine zerstört, die andere gesund.

auch der heiße Kaffee im Gesicht[15] kehrt als stumpfer „körperlicher Schmerz" (Fritz Lang) - wieder einmal - „gespiegelt" und „gedoppelt" (S. 12) zurück, nicht als Katharsis, sondern als nicht weniger stumpfe Folgerichtigkeit eines Wirkzusammenhangs der Gewalt. Der vermeintliche Selbstmord des korrupten Polizeiarchivars bildet dabei nur den Auslöser für eine Kette von Ursachen und Wirkungen, der dann ausnahmslos die Frauen des Films, als die schwächeren Glieder der Kette, zum Opfer fallen. Enno Patalas: „Die Frauen in *THE BIG HEAT*: die Ehefrau, die der Kampf der Männersysteme zum Tode verurteilt; die Witwe eines anderen Polizisten, die mit dessen Testament die Gangster erpreßt und sie deckt; die Gangsterbraut, der der Freund eine Gesichtshälfte verbrennt, die sich darauf Bannion zur Verfügung stellt und das ebenfalls mit dem Leben bezahlt; eine hinkende alte Frau, die Bannion vorschickt, eine Killer zu identifizieren, er selbst dabei in Deckung. Sie stehen zwischen den Systemen, versuchen zu vermitteln oder aus dem Konflikt das Beste für sich zu machen, schlagen sich auf die eine oder die andere Seite, werden zerrieben."[16] Am Ende legt uns Lang nahe, daß es keine Läuterung geben kann, daß der Kaffee weiterhin heiß gehalten und man Blut „geben" wird. „Angesichts dieser Greueltaten, so impliziert Langs gewalttätige *mise en scène*, muß die Welt zerstört werden, bevor sie geläutert werden kann"[17], schrieb Andrew Sarris über den Film.

\* \* \*

Mit Gloria Grahame[18] hatte Fritz Lang nun schon zum dritten Mal nach Sylvia Sidney und Joan Bennett in Amerika eine Hauptdarstellerin für mehr als einen Film gefunden, bei der es ihm gelang, „einen Teil ihres ureigensten Wesens offenzulegen" (S. 87). Die Direktheit und Unbedarftheit ihrer Debby Marsh erinnert dabei

---

[15] „Die Geschichte mit dem Kaffee stand so im Buch", so Lang lapidar zu Peter Bogdanovich. Zit. n. Bogdanovich, GEDREHT, S. 264.
[16] Patalas, FILMOGRAFIE, S. 132.
[17] Sarris, CINEMA, S. 65.
[18] Grahame, am 28. November 1923 in Los Angeles geboren, wurde für ihre Darstellung in Edward Dmytryks *CROSSFIRE* (1947) für einen „Oscar" als Beste Nebendarstellerin nominiert und erhielt diesen schließlich 1952 für ihre Nebenrolle in Vincente Minnellis *THE BAD AND THE BEAUTIFUL*. Von 1948 bis 1952 war sie mit dem Regisseur Nicholas Ray verheiratet. Vgl. Curcio, GRAHAME, passim.

an Joan Bennetts Jerry in *MAN HUNT*, verleiht ihrer Figur etwas ebenso Berührendes. Lang „akzeptierte sie sofort, hatte mit ihr zwar einige Wortgefechte, wurde aber nicht enttäuscht."[19] Dabei spielte Grahame jeden Take anders, folgte damit gewissermaßen der Weltsicht ihres Ehemanns (bis 1952) Nicholas Ray, der „glaubte, daß nichts im Universum festgelegt sei, daß es in der Natur der Dinge liege, daß die Welt einem zufälligen Verlauf folge."[20] Das genaue Gegenteil also von Langs deterministisch-entropischer Weltsicht. Wortgefechte mit Lang lieferten sich auch Sylvia Sidney[21] und Joan Bennett, und vor allem letztere war dabei eine „harte Nuß" („a tough cookie").[22] So fragte Bennett auf einer Party während der Dreharbeiten von *CLOAK AND DAGGER* Lilli Palmer: „Und wie geht es dir auf Fritz' Exerzierplatz?" Danach gab sie Palmer einen Einblick in ihren Umgang mit Lang: „Weißt Du, wie ich ihn jeden Morgen beim Dreh laut und deutlich begrüßt habe? ‚Guten Morgen, Fritz, du alter Hurensohn', und zwar vor allen Leuten. Das hat ihm den Wind aus den Segeln genommen, und danach lief alles wie am Schnürchen. Das muß man erstmal klarstellen – verstehst Du, was ich meine?"[23] In *THE BIG HEAT* ließ Lang der Impulsivität Gloria Grahames genug Raum, da es letztlich ihre Impulsivität ist, die Debby Marsh in ihren Untergang führt, und was die wirklichen Gründe für seine Wortgefechte mit Grahame gewesen sind, das behielt er stets für sich.[24]

\* \* \*

*THE BIG HEAT* ist einer der am meisten analysierten und interpretierten Filme Fritz Langs, doch ab *M – EINE STADT SUCHT EINEN MÖRDER* sollte man sich bei Lang, nach Lotte Eisner, immer „an das Sachlich-Dokumentarische halten" (S. 19), erst recht bei diesem

---

[19] Grob, LANG, S. 324.
[20] Curcio, GRAHAME, S. 150 f.
[21] Die dennoch „die Methoden des Regisseurs vollständig akzeptierte, wie grob sie auch immer waren." McGilligan, LANG, S. 229.
[22] So der amerikanische Filmwissenschaftler Alan K. Rode über Joan Bennett in seinem Audiokommentar zur britischen Blu-ray-Veröffentlichung von *SECRET BEYOND THE DOOR* (S. 312).
[23] Zit. n. Palmer, LOBSTERS, S. 143.
[24] So sagte Lang 1969: „Es gibt eine ganze Geschichte über Gloria Grahame und den Film, auf die ich lieber nicht eingehen möchte." Lang, INTERVIEWS, S. 119.

Film, der in seinem Kern ein klinisches Protokoll einer Kontamination ist. Das Nahegehende seiner Gewalt, die Lang seitens der Gangster nie direkt zeigt, von der wir vielmehr nur hören oder lesen[25], die in Wirklichkeit das Nahegehende des von ihr ausgelösten Schmerzes ist, bringt nichts anderes zum Ausdruck als Langs „Redlichkeit" (François Truffaut) in deren Ablehnung: „Ich hasse Gewalt ... Meine Filme sind nicht gewalttätig!"[26], so insistierte Lang noch 1972. Erst als Bannion und Debby von der Gewalt des Syndikats kontaminiert sind, zeigt Lang deren Gegengewalt auch für alle sichtbar im Bild[27], und kontaminiert damit auch die Zuschauer endgültig – über deren Rachegefühle – mit dem Gift dieser Gesellschaft. Gloria Grahames Debby Marsh vereinigt dabei nahezu alle moralischen Ambivalenzen, motivischen Doppelungen und bildlichen Spiegelungen des Films in sich, was Norbert Grob sogar zu der Aussage veranlasste: „Ihre Darstellung zählt zu den grandiosen mythischen Performances im US-Kino der 1950er-Jahre: so attraktiv und berührend wie aufregend und geheimnisvoll."[28] Doch ist niemand in *THE BIG HEAT* eine mythische Figur oder ein Archetypus, auch Debby ist nur ein Mensch, der Schmerzen empfindet und „zerrieben" wird – am Ende sagt sie leise zu Bannion einfach nur: „Ich will nicht sterben."[29] Als „Anklage gegen das Verbrechen" ist *THE BIG HEAT* ein eindeutiger Film, in dem Lang zum letzten Mal Wärme und Sympathie für eine seiner Hauptfiguren zeigt, bevor er bei der „erschreckenden Endgültigkeit" (S. 280) seiner letzten beiden amerikanischen Filme *WHILE THE CITY SLEEPS* und *BEYOND A REASONABLE DOUBT* anlangen wird.

---

[25] Die Explosion der Autobombe, das Zischen des heißen Kaffees auf Debbys Gesicht, eine Tickermeldung über die gefolterte und ermordete Lucy Chapman.

[26] Lang, INTERVIEWS, S. 150.

[27] Bannion prügelt aus einem Gangmitglied äußerst brutal eine Information heraus, ohne daß dieser sich wehren kann; bei Debbys Schuß auf die Witwe Duncan und ihrer Kaffeeattacke auf Vince Stone sehen wir jeweils das Opfer (den Gewaltakt also aus ihrer Perspektive).

[28] Grob, LANG, S. 324.

[29] Mit diesen in ihrer Banalität erschütternden Worten hatte bereits Rita Hayworths Figur in Orson Welles' *THE LADY FROM SHANGHAI* (1947) ihr Leben beendet. Rita Hayworth war vom Columbia-Boss Harry S. Cohn ursprünglich auch für die Hauptrolle in *HUMAN DESIRE* vorgesehen, so Lang. Vgl. Bogdanovich, GEDREHT, S. 268.

## *HUMAN DESIRE*
(*Lebensgier*, 1954)

Columbia-Boss Harry S. Cohn zeigte sich mit *THE BIG HEAT* zufrieden[1] und gab Fritz Lang die Möglichkeit, für seinen zweiten Film innerhalb seines Einjahresvertrages mit dem Studio erneut mit dem englischen Schriftsteller Alfred Hayes sowie dem Produzenten Jerry Wald zu arbeiten, über deren Mitarbeit bei *CLASH BY NIGHT* Lang bereits sehr angetan war (S. 244). Nach Lang ging die Idee von *HUMAN DESIRE* auf Jerry Wald, seit 1952 Vizepräsident der Produktion der Columbia, zurück, der eine Vorliebe für Jean Renoirs *LA BÊTE HUMAINE* (1938) hatte.[2] Lang, Hayes und Wald sahen sich Renoirs Film gemeinsam an und waren beeindruckt.[3] Selbst in späteren Jahren ordnete das deutsche Feuilleton Lang immer noch als „Expressionisten an der Kamera" („Die Welt") und als „Meister des expressionistischen Films" („Süddeutsche Zeitung")[4] ein. Mit *HUMAN DESIRE* war er allerdings im Zentrum seines realistischen Anspruchs an das Kino angelangt: *LA BÊTE HUMAINE* (dt: „Bestie Mensch") ist eines der Hauptwerke Renoirs sowie des französischen Poetischen Realismus; der gleichnamige Roman von 1890, auf dem Renoirs Film basiert, stammt von Émile Zola, der europaweit die literarische Strömung des Naturalismus begründet hat; nicht zuletzt war Alfred Hayes einer der Autoren[5] von Roberto Rossellinis Episodenfilm *PAISÀ* (1946), einem Hauptwerk des italienischen Neorealismus.

Sowohl in Zolas Roman als auch in Renoirs Film hat die Hauptfigur, der Lokführer Lantier, einen durch genetische Veranlagung bedingten Trieb, Frauen zu töten. Lang dachte sofort an Peter Lorres Rolle als „Hans Beckert" in *M – EINE STADT SUCHT EINEN MÖRDER* und wollte Lorre ursprünglich auch besetzen[6], doch „nach

---

[1] Vgl. Grob, LANG, S. 327.
[2] Vgl. Bogdanovich, GEDREHT, S. 267.
[3] Vgl. Grob, LANG, S. 327.
[4] Zit. n., ebd., S. 389.
[5] Auch Klaus Mann, der „Langs amerikanische Filme weit höher einschätzte als dessen deutsche Werke" (S. 105), schrieb eine der Geschichten für *PAISÀ*.
[6] Vgl., Grob, LANG, S. 327.

dem Hays Code durften psychopathische Sexualmörder nicht gezeigt werden."[7] Harry S. Cohn, dem eine Wiederholung von Langs Erfolg mit der Renoir-Neuverfilmung SCARLET STREET in der Besetzung von THE BIG HEAT vorschwebte, schlug Lang schließlich wieder Gloria Grahame und Glenn Ford vor. Ford spielte nun einen „Heimkehrer aus dem Koreakrieg, ein hundertprozentiger, vitaler Amerikaner mit natürlichen sexuellen Bedürfnissen - wenn es so etwas überhaupt gibt", so Lang, der aber auch meinte: „Entweder hält man sich an Zola oder man läßt es ganz bleiben."[8] Die sozialen Hintergründe von Zolas Roman, wie auch den des deutsch-französischen Krieges von 1870/71, ließen sowohl Renoir als auch Lang fallen, so daß sich kaum entscheiden läßt, ob es sich bei HUMAN DESIRE um eine Neuverfilmung von Zolas Roman oder um ein Remake von Renoirs Film handelt.

Sowohl LA BÊTE HUMAINE als auch HUMAN DESIRE beginnen mit einer Sequenz von etwa vier Minuten, die nur vordergründig nahezu identisch sind. Lang inszenierte diese wieder, wie bereits bei CLASH BY NIGHT (S. 245 f.), dokumentarisch und stumm[9]:

EIN BEGINN

Aus der Perspektive des Führerhauses eines rollenden Zuges sehen wir ein in die Tiefe des Bildes schießendes Netz von Gleisen und Weichen. Dann befinden wir uns auf dem Boden des Gleisbetts, während der Zug über uns hinwegrollt. Wir überqueren eine Brücke, passieren stillstehende Züge sowie einen Wasserturm, nehmen für eine gewisse Zeit die Geraden und Kurven der Bahntrasse. Der Lokführer, Jeff, in seinem Führerhaus. Wir fahren in einen schwarzen Tunnel, langsam nähert sich uns das Licht des Tunnelausgangs. Erneut Jeff, der einen Hebel bedient. Nun die Totale einer Brücke, die direkt aus einem Tunnel herausführt. Jeff zündet sich eine Zigarette an der Pfeife des Maschinisten, Alec, an. Ein Zug kommt uns entgegen, und zwischen den beiden Zügen plaziert, sehen und hören wir, wie diese in entgegengesetzten Richtungen an uns vorbeischießen. Wieder

---

[7] Schnauber, LANG, S. 87. Wortwörtlich hieß es in diesem: „Sexuelle Perversionen sowie deren bloße Erwähnung sind verboten." Zit. n. ebd., S. 89.
[8] Zit. n. Bogdanovich, GEDREHT, S. 267 ff.
[9] An unterschiedlichen Drehorten sowie unter Verwendung von Archivmaterial. Lang hatte aber auch Glück, daß „ein Aktionär von Columbia Anteile an einer kleinen Eisenbahngesellschaft hatte und wir bei dieser drehen konnten." Zit. n. ebd., S. 268.

überqueren wir eine Brücke, diesmal in einem Industriegebiet. Wir durchfahren eine Bahnhof, sehen ein Stopsignal, vor dem einige Autos an einem Bahnübergang angehalten werden. Alec zeigt auf seine Uhr, Jeff lacht. Totale der Einfahrt des Zuges in den Bahnhof. Der Zug stoppt und Jeff steigt aus.

„Die rein dokumentarische Einführung in den Film hat fast die gleiche Kraft wie die Aufnahmen der Sardinenfischerei in *CLASH BY NIGHT*"[10], so Lotte Eisner. Es ist der Unterschied der *mise en scène* Langs zu der Jean Renoirs in *LA BÊTE HUMAINE*, an dem sich das Besondere von *HUMAN DESIRE* festmachen läßt. Auch Renoir zeigt in seiner Eingangssequenz ein „Licht am Ende des Tunnels", doch *subjektiviert* er, indem er die beiden Lokführer sowie die Zugmechanik bei der Arbeit zeigt, Züge horizontal durch das Bild rasen läßt, mit Kameraschwenks stehende Züge und Objekte in den Blick nimmt, ständig die Kameraperspektiven wechselt und schließlich die Einfahrt des Zuges in den Bahnhof mit Filmmusik unterlegt. Bei Lang hingegen werden „nie in dem Film ... Züge in ihrer horiontalen Bewegung erfaßt, wird ein Gefühl von Fahrt oder Reise vermittelt."[11] Langs Kamera ist zudem statisch, bleibt so starr wie das Schienennetz, sie erzählt nichts von den Dingen, sondern läßt diese einfach vorbeifliegen. Im Gegensatz zu Renoir *objektiviert* Lang das Gezeigte für den Zuschauer radikal, der so erneut, gleich dem Protagonisten, „wie eingeschlossen in der Materialität der Welt" (S. 46) scheint. Wir wissen zu Beginn zwar noch nicht, was nun geschehen wird, welche Weichen (Kontingenzen) Jeff bevorstehen. Nach diesen ersten vier Minuten wissen wir aber unmittelbar, daß ihn dieses fest in der Welt montierte Schienennetz determiniert[12], ihn niemals abreisen und nirgendwo anders ankommen lassen wird als bei ihm selbst.

* * *

Jeff Warren (Glenn Ford) hatte vor dem Krieg im Haus des Maschinisten Alec Simmons (Edgar Buchanan) gewohnt, dessen Toch-

---

[10] Eisner, LANG, S. 342.
[11] Patalas, FILMOGRAFIE, S. 133.
[12] Lang wird dies während der eigentlichen Handlung mit seiner Rauminszenierung – vor allem im Inneren des Zuges – fortführen. Siehe die Abbildung auf S. 194 (oben).

ter Ellen (Kathleen Case) immer noch in Jeff verliebt ist. Jeff bringt Ellen ein Geschenk mit und tritt nun seine neue Anstellung bei der „Central National Railroad" als Lokomotivführer an. Ein früherer Kollege Jeffs, der ältere und etwas impulsive stellvertretende Rangiermeister Carl Buckley (Broderick Crawford), ist mit der weit jüngeren Vicki (Gloria Grahame) verheiratet. Als Carl nach einer Auseinandersetzung mit seinem Chef seinen Job verloren hat, bittet er Vicki, ihm zu helfen. Sie soll Fürsprache bei John Owens (Grandon Rhodes) für ihn einlegen, einem reichen Mann und wichtigen Kunden der Bahngesellschaft, den Vicki von früher kennt. Die beiden fahren im Zug zu Owens.

Der eifersüchtige Carl wartet drei Stunden auf Vicki, und als sie schließlich von Owens zurückkommt, stellt er seine Frau zur Rede. Diese gibt zu, daß zwischen ihr und Owens mehr gewesen ist. Carl zwingt Vicki nun mit Gewalt, einen Brief zu schreiben, mit dem sie Owens in ein Schlafwagenabteil locken soll. Die Falle schnappt zu und Carl ersticht Owens im Abteil im Beisein Vickis. Carl versucht, den Mord wie einen Raubüberfall aussehen zu lassen und nimmt den Brief an sich, um Vicki in der Hand zu haben, aber auch, um sie weiter an sich zu binden. Doch auch Jeff befindet sich in dieser Nacht als Fahrgast im Zug. Carl bringt Vicki dazu, diesen abzulenken, um selbst unerkannt zu bleiben.

Bei einer gerichtlichen Untersuchung gibt Jeff an, im Zug niemand Verdächtiges gesehen zu haben. Er beginnt mit Vicki eine heimliche Beziehung. Vicki erzählt Jeff aber nicht die Wahrheit; stattdessen zeigt sie ihm ihre von Carls Misshandlungen herrührenden blauen Flecken. Obwohl Ellen bereits erfahren hat, daß Jeff mit Vicki zusammen ist, macht sie sich noch Hoffnungen und schenkt ihm eine Karte für den Jahresball der Bahngesellschaft. Als Jeff Vicki drängt, sich von Carl scheiden zu lassen, um ihn zu heiraten, erzählt sie ihm die Wahrheit über die Mordnacht, von dem Brief, sowie daß sie mit ihrer Mutter bereits als kleines Mädchen bei Owens gelebt hatte. Jeff akzeptiert dies. Als der mittlerweile ständig betrunkene Carl mit Vicki die Stadt verlassen will, versucht Vicki, Jeff dazu zu bringen, Carl den Brief abzunehmen und ihn zu beseitigen.

Auf den Gleisen des Rangierbahnhofs lauert Jeff dem wieder einmal betrunkenen Carl tatsächlich auf, doch bringt er es nicht fertig, den Mord auszuführen. Jeff wirft Vicki nun vor, ihn nur benutzt zu haben; sie sagt ihm, daß sie ihn liebt und daß er für sie getötet hätte, wenn er sie ebenfalls liebte. Sie gesteht Jeff, daß sie sich bereits mit dem reichen Owens eingelassen hatte, als sie 16 Jahre alt war. Jeff gibt Vicki den Brief, den er Carl abgenommen hat, und geht. Vicki steigt in einen Zug, um die Stadt zu verlassen. Im Führerhaus des Zuges sitzt Jeff, auf die Karte schauend, die Ellen ihm geschenkt hat: „Jahresball der Eisenbahner – zwei Dollar pro Tag." Dann dringt Carl in Vickis Abteil ein, stellt sie erneut zur Rede. Er bietet ihr den Brief an, damit sie bei ihm bleibt, nicht wissend, daß Vicki diesen bereits hat. Jetzt gibt Vicki alles zu, ihre Affäre mit Jeff und auch, daß sie Jeff dazu bringen wollte, ihn zu töten. In Rage bringt Carl Vicki mit bloßen Händen um. Alec betritt das Führerhaus. Jeff zündet sich eine Zigarette an Alecs Pfeife an und lächelt.

\* \* \*

„Langs Weltsicht wird hintergründig durch die visuellen Formen seiner Filme zum Ausdruck gebracht ... Was uns bei Renoir in Erinnerung bleibt, sind die Gesichter von Gabin, Simon und Ledoux.[13] Bei Lang erinnern wir uns an geometrische Muster von Zügen und Gleisen und an unheilsschwangere Kameraeinstellungen"[14], schrieb Andrew Sarris. Der Unterschied zwischen der Subjektivierung Renoirs und der Objektivierung Langs läßt sich keineswegs nur am Beginn beider Filme festmachen. Renoirs Film ist eine Tragödie des von seinen Veranlagungen getriebenen Jean Gabin, Lang hingegen

---

[13] Jean Gabin in der Rolle Glenn Fords, Simone Simon in der Rolle Gloria Grahames sowie Fernand Ledoux in der Rolle Broderick Crawfords. Ende 1941 sollte Lang für die 20th Century-Fox bei Jean Gabins Hollywood-Debüt *MOONTIDE* (1942) mit Ida Lupino und Thomas Mitchell Regie führen. Lang erzählte Gabin während der Dreharbeiten von seiner Affäre mit Marlene Dietrich. Gabin, der mit Dietrich zu dieser Zeit zusammenlebte, verließ sofort das Set. Lang verfolgte zudem Hitlers „Blitzkrieg" intensiv und mit großer Sorge. Dies, der Eklat mit Gabin, Überarbeitung sowie eine Infektion, führten schließlich dazu, daß Lang an dem Film nur etwa drei Wochen arbeitete. Hiernach wurde *MOONTIDE* von Archie Mayo realisiert und Langs Vertrag mit dem Studio von Darryl F. Zanuck aufgelöst. Vgl. Grob, LANG, S. 270 f.

[14] Sarris, CINEMA, S. 64.

„fängt Zolas eigenes Gefühl für die Geschwindigkeit der Züge als Symbol für ungezügelte Leidenschaften ein."[15] Während sowohl Renoir als auch Lang den ersten von Fernand Ledoux/Broderick Crawford im Zug begangenen Mord für den Zuschauer verdecken[16], unterscheidet sich der für das Verhältnis der drei Hauptfiguren untereinander so entscheidende Handlungsumschwung, die Peripetie (S. 113 f.) beider Filme, erheblich. Wieder subjektiviert Renoir, indem er den versuchten Mord Jean Gabins an Fernand Ledoux offen zeigt[17]; Lang jedoch verweigert uns den Blick: Bevor Jeff (mit einem Schraubenschlüssel in der Hand) Carl überhaupt erreicht, verdeckt ein vorbeifahrender Zug unsere Sicht auf das Geschehen.

Mit seinen Objektivierungen bringt uns Lang die Figur Jeffs tatsächlich nicht näher, sondern entfernt uns von ihr. Vordergründig weist HUMAN DESIRE noch alle Merkmale der amerikanischen Filme Fritz Langs auf. Mit dem Mord im Zug kehrt ein Ereignis wieder einmal „gespiegelt" und „gedoppelt" (S. 12) zurück, für Carl und Vicki – als geradezu klassische *Femme Fatale* – eröffnen sich jeweils individuelle Abgründe, die in ihnen selbst oder ihrer Vergangenheit angelegt sind (Untergruppe B").[18] Wie das Leben Jeffs, so erscheint auch dasjenige der beiden determiniert, wie auf Schienen gesetzt. Für Carl und Vicki bedeutet dies allerdings den Untergang, während Jeff nur vorübergehend eine falsche Abbiegung genommen hat und bald ein für ihn vorherbestimmtes Leben mit Ellen, der Tochter seines Eisenbahnerkollegen Vic, führen wird. In Langs objektivierender *mise en scène* „spiegelt" und „doppelt" sich in Wirklichkeit die schier unendliche Distanz Jeffs zu den Ereignissen und dieser Tragödie zweier Menschen, die an uns ebenso vorüberziehen wie an Jeff. Während wir uns, nach Lotte Eisner, bei

---

[15] Eisner, LANG, S. 342 f.
[16] Durch die Vorhänge des Zugabteils bei Renoir sowie durch eine Tür bei Lang. Erst den Mord Carls an Vicki zeigt Lang auch im Bild, „da es wichtig ist, daß wir uns bewußt sind, daß Carls Schicksal besiegelt ist, daß er die Konsequenzen des Mordes zu tragen hat und auch der Mord an Owens gesühnt werden wird." Ebd., S. 343.
[17] Wir sehen Gabin über die Schulter, während er sich Ledoux von hinten nähert, ein Brecheisen anhebt und dieses wieder sinken läßt.
[18] Carls Impulsivität, sein Hang zum Alkohol sowie seine Eifersucht auf seine viel jüngere Ehefrau, die er mit allen Mitteln an sich zu binden versucht; Vickis Erfahrungen mit Männern seit ihrer Jugendzeit bei Owens und ihr Drang, Carl – wiederum mit allen Mitteln – zu entkommen.

*THE BIG HEAT* noch mit der Figur Glenn Fords identifizieren konnten (S. 260) und Lang für diejenige Gloria Grahames noch „Wärme und Sympathie" (S. 263) zeigte, scheint in den Objektivierungen und Distanzierungen von *HUMAN DESIRE* bereits etwas Resignatives anzuklingen. Tatsächlich schrieb Cornelius Schnauber, daß uns bereits „*THE BIG HEAT* eher mit Resignation zurückläßt ... Und diese Resignation wird noch stärker in Langs nachfolgenden Filmen *HUMAN DESIRE*, *WHILE THE CITY SLEEPS* und *BEYOND A REASONABLE DOUBT* ... Lang ist resigniert."[19]

Doch ist dies wirklich so? Pessimismus ist noch keine Resignation, sondern kann auch aus Erfahrung und Einsicht hervorgehen und, sofern er nicht in Zynismus umschlägt – was bei Lang nie der Fall ist –, im Stoizismus münden. In der Tat geht von *HUMAN DESIRE* hintergründig eine stoisch anmutende Kraft aus, die eine mögliche Versöhnung mit der Welt zumindest andeutet. So haftet bereits dem dokumentarischen Beginn des Films, zu dem dieser am Schluß mit geradezu mathematischer Folgerichtigkeit zurückkehrt, in seinem menschenfern erscheinenden Objektivismus etwas sehr Beruhigendes, in sich Ruhendes und damit für den Menschen Erstrebenswertes an. Insofern ist *HUMAN DESIRE* weniger ein Film, der eine vermeintlich negative „Weltsicht" (Andrew Sarris) Langs zum Ausdruck bringt, als vielmehr einer über das grundlegende Weltverhältnis des Menschen.

Wie zu Beginn, so blicken wir auch im letzten Bild über Jeffs Schultern durch die Scheibe des fahrenden Zuges auf das Schienennetz. Er betätigt das Warnsignal der Lokomotive und einige Arbeiter weichen vom Gleisbett, wie zuvor Carl und Vicki aus Jeffs Leben gewichen sind. Aus der Perspektive des Zuges rollen wir auf den Schienen weiter in die Tiefe des Bildes. Jeffs zufriedener Ausdruck erscheint angesichts der erlebten Tragödien zunächst etwas irritierend. Doch unterscheidet sich dieser Ausdruck kaum von den distanzierten, beobachtenden und zweifelnden Ausdrücken, die er während der dramatischen Ereignisse dazwischen gegenüber Vicki und Carl an Tag gelegt hatte. Wenn Lang später als Regisseur „Fritz Lang" in Jean-Luc Godards *LE MÉPRIS* die griechische Götter-

---

[19] Schnauber, LANG, S. 76 ff.

welt inszenieren und – dabei auf diese Bezug nehmend – davon sprechen wird, daß wir die Welt so anzunehmen hätten, wie sie ist (S. 303), dann ist dies bereits in *HUMAN DESIRE* angelegt. Als Vorschein auf *LE MÉPRIS* vermittelt uns Lang mit der Figur Glenn Fords eine grundlegende Einsicht der Stoa über unser Verhältnis zu den Göttern (und damit zur Welt).[20] So schrieb der griechische Philosoph Epiktet[21] über die Götter: „Man muß wissen, daß sie wirklich vorhanden sind und die Welt gut regieren. Dich selbst mußt du gewöhnen, ihnen zu gehorchen und dein Schicksal gern zu ertragen ... Dahin kannst du aber nur gelangen, wenn du die Begriffe Gut und Böse von allem trennst, was nicht in deiner Macht steht, und Gutes und Böses nur in dem suchst, was in deiner Macht steht."[22] Weil es uns unmöglich ist, über das Gute und Böse eine Erkenntnis in Absolutheit zu erlangen, sollte es nicht in unserer Macht stehen, in den Lauf der Welt, und sei dieser eine menschliche Tragödie, einzugreifen. Darum hat Jeff Carl nicht getötet und Fritz Lang uns als Zuschauer den Blick auf das Geschehen[23] verwehrt. Mit *HUMAN DESIRE* hat sich Fritz Lang erneut, wie bereits mit *SCARLET STREET*, als ein Klassizist des Kinos erwiesen.

---

[20] Langs Mutter konvertierte vom Judentum zum Katholizismus und erzog ihn „katholisch und sehr puritanisch." Zit. n. Grob, LANG, S. 29 f. Doch Langs Gottesbegriff, den er am klarsten in *LE MÉPRIS* zum Ausdruck brachte (S. 20), war kein christlich-religiöser, sondern ein im griechischen Denken wurzelnder philosophischer: „Gott" als „eine Art ewiges Gesetz oder ewiges mathematisches Konzept des Universums" (S. 223).
[21] Geboren um 50 n. Chr. im griechischen Hierapolis, von dort als Sklave nach Rom verschleppt und einer der einflußreichsten Vertreter der Ethik der Stoa.
[22] Epiktet, MORAL, S. 38.
[23] Als Jeff unverrichteter Dinge zu Vicki zurückkehrt, sagt er zu ihr: „Ich konnte es nicht. Vicki, er war betrunken und ist hingefallen. Ich habe ihn aufgehoben und ins Verwaltungsgebäude gebracht ... Er hat sich noch bei mir bedankt ... Es ist besser so, Vicki."

## MOONFLEET
### (Das Schloß im Schatten, 1955)

Es ist der eigenartigste Film Fritz Langs in Amerika, „ein Film, der in der Vergangenheit spielt", in Eastmancolor und „in dem für Lang verhaßten CinemaScope gedreht"[1], in dem uns Lang, der selbst keine Kinder hatte, „für eine kurze Zeit unsere Kinderperspektive zurückgibt. Der Film besteht hauptsächlich aus Froschperspektiven und Aufsichten wie damals, wenn man auf eine Mauer geklettert war."[2] Wie bereits Mark Robson in der Val-Lewton-Produktion *BEDLAM* (1946)[3], verwendete Lang für *MOONFLEET* Motive des sozialkritischen englischen Malers des 19. Jahrhunderts William Hogarth.[4] Ort und Zeit des Films[5], seine Bildsprache sowie sein Sujet[6] erinnern stark an englische Gothic Novels.[7] Lang sagte später, daß er „diesen Vertrag wahrscheinlich nur deswegen unterschrieben habe, weil ich nach *FURY* zwanzig Jahre lang von einer Tätigkeit bei MGM ausgeschlossen gewesen war."[8] So kehrte er nun zu dem zurück, was er selbst einmal „den romantischen deutschen Charakter" (S. 105) nannte, den er doch in Amerika hinter sich lassen wollte.

Vor allem aber ist es das Format von *MOONFLEET*, das diesen so eigenartig erscheinen läßt. In *LE MÉPRIS* wird Lang sagen, daß CinemaScope nur für „Beerdigungen und für Schlangen" gut sei, gegenüber Peter Bogdanovich meinte er später, er habe sich „immer nach einer höheren Leinwand gesehnt", und „wenn man an berühmte

---

[1] Schnauber, LANG, S. 81.
[2] Grafe, LANG, S. 69.
[3] Mit Boris Karloff und Fritz Langs Hauptdarstellerin aus *HANGMEN ALSO DIE!* Anna Lee. Ebenso wie Langs *CLASH BY NIGHT* und *THE BLUE GARDENIA*, wurde auch *BEDLAM* von Lewtons Stammkameramann Nicholas Musuraca fotografiert.
[4] Vgl. Bogdanovich, GEDREHT, S. 271. „Insbesondere die Taverne ist von einem Bild Hogarths inspiriert." Eisner, LANG, S. 346.
[5] Das Küstenstädtchen Moonfleet im Süden Englands Mitte des 18. Jahrhunderts.
[6] Für Lang eine „Horrorgeschichte". Zit. n. Bogdanovich, GEDREHT, S. 271.
[7] Etwa an die Horace Walpoles, Ann Radcliffes oder Charles Robert Maturins.
[8] Zit. n. ebd., S. 271. Nach *FURY* hatte Louis B. Mayer noch geschworen, daß „dieser Mann niemals wieder einen Film für MGM machen" werde (S. 31 f.). Doch 1951 hatte Dore Schary Mayer in der operativen Leitung von MGM abgelöst.

Gemälde" denke, „gibt es nur eines in diesem Format, das ich kenne, und das ist ‚Das letzte Abendmahl.'"[9] Das Panoramabild und die Horizontale widersprachen seiner Inszenierung des filmischen Raums[10], die eher Perspektiven und die Diagonale erforderte; ebenso „brauchte" er hierfür die höhere Bildschärfe und Schärfentiefe sowie die präzisen Linienzeichnungen, feinen Grauabstufungen und auch harten Kontraste des Schwarzweißfilms. Stattdessen nun: Schauerpanoramen eines Friedhofs mit beflügeltem Grabengel wie aus einem Bild Caspar David Friedrichs, schwarz-romantische Breitwandbilder in dunklen Blau- und Brauntönen, die an die Edgar-Allan-Poe-Verfilmungen Roger Cormans erinnern[11], ebenso wie das bedrohlich aufschäumende Meer ganz zu Beginn. Insofern stimmt es nicht, daß „*CLASH BY NIGHT* Langs einziger Film" sei, „in dem er aufs Meer schaut"[12], wie Frieda Grafe bemerkte. Gleich „in der zweiten, dritten, vierten usw. Einstellung folgen die Wellen aufeinander, türmen sich mit noch zurückgehaltener potenzieller Gewalt auf, um dann wütend zu brechen", schrieb Jean Douchet im Mai 1960 in den „Cahiers du cinéma" (N° 107) über *MOONFLEET*. Und er fragt: „Warum sind diese Aufnahmen des Meeres und der Wellen die schönsten, die je gefilmt wurden?"[13]

\* \* \*

Der zehnjährige Waisenjunge John Mohune (Jon Whiteley) kommt in dem Städtchen Moonfleet an der englischen Kanalküste an, um dort den ehemaligen Verlobten seiner Mutter, den Landedelmann Jeremy Fox (Stewart Granger), aufzusuchen. Jeremy, der zu Johns Vormund bestimmt wurde, nimmt den Jungen nur widerwillig auf. Er ist ein Abenteurer und Frauenheld, führt gleich drei Liebesbeziehungen – mit Lady Clarista Ashwood (Joan Greenwood), Mrs. Minton (Viveca Lindfors) und einer „Zigeunerin" (Liliane Montevecchi) –, vor

---

[9] Zit. n. ebd., S. 271.
[10] Lang wies darauf hin, daß es der 20th-Century-Fox-Patriarch Darryl F. Zanuck war, der „meinte, er müßte dem 3-D-Film etwas entgegensetzen, und heraus kam CinemaScope." Zit. n. ebd., S. 271. Damit sprach er implizit auch an, daß sich die Filmindustrie Hollywoods mit ihrer Marktmacht 1953/1954 bewußt *gegen* die räumliche Tiefenwahrnehmung im Kino entschieden hatte.
[11] Vgl. Zion, CORMAN, S. 120-142.
[12] Grafe, LANG, S. 75.
[13] Douchet, MOONFLEET, S. 44.

allem aber ist er der Anführer einer Schmugglerbande. „Der Mann kann mit dem Jungen nichts anfangen, aber der läßt sich nicht abwimmeln ... Die Verantwortung, die er damit für den Jungen übernimmt, legt seinen guten Kern frei, und er stirbt als ein besserer Mensch."[14] Für diese Läuterung verrät Mrs. Minton Jeremy (aus Eifersucht auf den Jungen) zunächst an die Polizei. Die beiden fliehen in die Berge, finden dort einen Hinweis auf einen wertvollen Edelstein der Mohune-Familie, hinter dem auch Lord James Ashwood (George Sanders) her ist. Es kommt zu einem Duell, bei dem Ashwood stirbt und Jeremy tödlich verwundet wird: „Er übergibt den Diamanten dem Jungen und bittet ihn, zurückzugehen nach Moonfleet und dort auf ihn zu warten. Der Junge geht. Danach segelt Fox mit einem Boot aufs offene Meer hinaus, um zu sterben."[15] „Bist du dir sicher, daß er zurückkommen wird?", wird John in der Schlußszene gefragt. „Er ist doch mein Freund", antwortet er.

\* \* \*

*MOONFLEET* ist zunächst Fritz Langs Film der Transgression (lat. *transgressio*) im Sinne der *Überschreitung*. Er beginnt mit Bildern des Meeres, das sich zu Anfang das Land nimmt. Daß Stewart Granger am Ende auf dieses Meer hinausfährt, und daß er mit diesem zurückkehren wird, das sollte für Lang das Schlußbild sein:

### EIN SCHLUSS

„Der Junge liebt und bewundert den Helden, Stewart Granger, der, wenn er ihn verläßt, zu ihm sagt: ›Ich komme zu dir zurück.‹ Er stirbt, und ich wollte zeigen, daß ›Ich komme zu dir zurück‹ das letzte ist, was dieser Mann für den Jungen tun kann. Er segelt fort, der Junge steht am Ufer, und wir sehen, daß Granger in dem Boot stirbt, aber daß es dennoch weitersegelt, weil die Hand des Toten immer noch das Segel hält. Das war mein Schluß."[16]

---

[14] Patalas, FILMOGRAFIE, S. 134.
[15] Grob, LANG, S. 320.
[16] Zit. n. Patalas, FILMOGRAFIE, S. 134.

Lang bezeichnete es als „grauenhaft"[17], daß „der Produzent John Houseman sich einmischte und das Ende sentimental anlegte."[18] Doch später gestand er gegenüber Lotte Eisner ein, daß er „bereit war, seine Meinung zu revidieren: ,Ich glaube jetzt, dass ich mich völlig geirrt habe, weil ich sehe, daß es im Drehbuch eine starke Motivation für die Rückkehr[19] (Jeremys Notiz, der letzte Dialog zwischen Jeremy und John) gibt.'"[20] Andrew Sarris sah im vorletzten Bild dennoch das eigentliche Schlußbild, so stark ist dessen Wirkung: „Das letzte Bild der See von *MOONFLEET* ist Langs Rekonstruktion der Legende des Fliegenden Holländers, die einen kalt erschaudern läßt."[21] Doch „es ist etwas anderes"[22], so Lang wiederum, als er von Peter Bogdanovich auf Sarris' Deutung angesprochen wurde. Also: „Was ist *MOONFLEET*?", fragt Jean Douchet.[23] Er sei zunächst, „darin identisch mit all seinen anderen Filmen, die Geschichte eines Abstiegs, des Abstiegs (frz. *descente*) der Unschuld in den Abgrund (frz. *gouffre*) menschlicher Leidenschaften und Verderbtheit." Der individuelle Abgrund einer „ungeheuren Erniedrigung, die sich der Mensch selbst zufügt", und gerade dem zufügt, „was am tiefsten in ihm angelegt ist: dem Willen zur Eroberung" (Untergruppe B").

Das Schwanken Fritz Langs über den Schluß von *MOONFLEET*, das ein Schwanken über die Perspektiven des Films ist[24], ebenso Andrew Sarris' Deutung – dies zeugt am Ende tatsächlich vom transgressiven Charakter des Films, mit dem Lang noch einmal seinen Realismus überschritt, indem er die Wirkzusammenhänge – den Determinismus der Welt – suspendierte und eine „umgekehrte Kausalität"[25] einführte: Wenn Lang „die Ursachen im Hinblick auf die *Wir-*

---

[17] Zit. n. Bogdanovich, GEDREHT, S. 272.
[18] Grob, LANG, S. 321. Houseman „entschied sich für einen Schluß, der bereits vorher gedreht worden war und der mir hoch und heilig versprochen hatte, nicht verwendet werden sollte." Zit. n. Bogdanovich, GEDREHT, S. 272.
[19] Von Jeremy Fox. Anm. d. Verf.
[20] Zit. n. Eisner, LANG, S. 350.
[21] Sarris, CINEMA, S. 64.
[22] Zit. n. Bogdanovich, GEDREHT, S. 272.
[23] Dieses und, soweit nicht anders angegeben, alle weiteren Zitate aus: Douchet, MOONFLEET, S. 45 f.
[24] Der des Kindes John oder der des „Fliegenden Holländers" Jeremy Fox.
[25] Umgekehrt wird das Kausalitätsprinizip (S. 24), daß, „wenn keine bestimmte Ursache gegeben ist, unmöglich eine Wirkung folgen (kann)."

*kungen*[26], die er erzielen möchte, abwägt, dann genau deshalb, weil diese Wirkungen die Zeichen seiner Träumerei ... sind."[27] Der romantische Geist erkennt keine Ursachen in der Welt, ebensowenig wie das Kind, ihnen ist alles in der Welt nur ein Zeichen für ihre vermeintliche „Poesie". Bei Lang wird diese „Träumerei" allerdings zu einer, „die einen kalt erschaudern läßt" (Andrew Sarris), denn derjenige, der zu John, dem Kind, noch zurückkehren könnte, der ist bereits gestorben und segelt dennoch weiter, *weil die Hand des Toten immer noch das Segel hält.*[28]

Fritz Lang, der, wie gesagt, selbst keine Kinder hatte, konnte das Träumerische nunmehr nur noch als Alptraum wahrnehmen, die Unschuld eines Kindes nur als eine vorerst noch „zurückgehaltene potenzielle Gewalt", wie die sich an einer Küste „wütend" brechenden Wellen eines Meeres – „Transgression" bezeichnet (in der Geologie) auch das Vordringen des Meeres auf die Kontinente. Schließlich ist *MOONFLEET* auch Fritz Langs Film der Transgression im Sinne eines *Übergangs* in seinem Werk, des Übergangs von der „Suche nach den Determinismen in der Welt und in uns selbst, die uns notwendigerweise handeln oder leiden lassen" (S. 96 f.) in fast allen seinen Filme seit *M – EINE STADT SUCHT EINEN MÖRDER*, zu der „erschreckenden Endgültigkeit" (S. 280) seiner letzten beiden amerikanischen Filme *WHILE THE CITY SLEEPS* und *BEYOND A REASONABLE DOUBT*.

---

[26] Herv. d. Verf.
[27] Jean Douchet irrt allerdings, wenn er schreibt, daß diese Wirkungen „der eigentliche Grund für die Existenz seiner Arbeit" seien. *MOONFLEET* ist kein zentrales Werk Langs, sondern eines der Transgression.
[28] In der Legende des „Fliegenden Holländers" ist dieser nicht tot, sondern dazu verdammt, bis zum Tag des Jüngsten Gerichts weiterzusegeln, es sei denn, er wird durch besondere Umstände von dem Fluch erlöst.

## 5. Teil
## Ein kalter Blick aus der Welt

## Auge und Hand

Bereits Mitte April 1942 hatte Fritz Lang von seinem Arzt erfahren, „daß die Sehfähigkeit auch seines rechten Auges immer schwächer wurde."[1] 1953 sollte sich auch Lang bei jenen ikonographisch gewordenen Hollywood-Regisseuren – John Ford, Raoul Walsh, André de Toth und Nicholas Ray – einreihen, die eine Augenklappe trugen.[2] Wann Lang überhaupt die Sehkraft seines linken Auges (teilweise) verloren hatte, vor dem er pompös sein Monokel trug, ist nach wie vor Gegenstand von Spekulationen. Ob ihm dort 1916 bei einem Fronteinsatz ein Schrapnellsplitter eingedrungen ist[3] oder ob er dieses „bei den Dreharbeiten zu *DR. MABUSE* verlor (sic!)"[4], sei dahingestellt. Jedenfalls hatte der (partielle oder vollständige) Verlust des Augenlichts bei Filmpionieren wie John Ford oder Fritz Lang, die noch in den 20er-Jahren (oder früher) angefangen hatten, einen ganz konkreten Hintergrund[5]: Die Kohlenbogenlampen („Kliegl-Leuchten", amerikanisiert: „klieg lights"), die im Film noch bis in die 20er-Jahre zum Einsatz kamen, erzeugten zwar das für das damalige Filmmaterial notwendige sehr starke Licht, emittierten aber auch Rußpartikel, die die Augen angriffen.[6] Zwischen 1951 und 1955 verlor Lang die Sehkraft seines rechten Auges fast völlig, eine daran 1966 durchgeführte Operation mißlang. Lang erblindete auch auf seinem linken Auge nicht vollständig, doch nach *DIE 1000 AUGEN DES DR. MABUSE* war eine weitere Filmarbeit für ihn ausgeschlossen.[7]

\* \* \*

---

[1] Grob, LANG, S. 272

[2] Siehe die Abbildung auf S. 126.

[3] Vgl. ebd., S. 54 f.; Aurich/Jacobsen/Schnauber, LANG, S. 26.

[4] So Frieda Grafe, wobei Grafe nicht einmal angibt, um welchen *DR. MABUSE*-Film es sich hierbei handelt. Vgl. Grafe, LANG, S. 82.

[5] Wie von Peter Bogdanovich in seinem Audiokommentar zur deutschen DVD-Veröffentlichung von *FURY* (S. 308 f.) dargelegt.

[6] Es war mit Allan Dwan ein weiterer Filmpionier, der daher bereits früh daran arbeitete, die Kohlenbogenlampen durch die für die Augen weniger aggressiven Quecksilberdampflampen zu ersetzen. Vgl. Bogdanovich, GEDREHT, S. 65.

[7] Vgl. Schnauber, LANG, S. 142 f.

Cornelius Schnauber wirft die Frage auf, ob der eigenartige Stil von *WHILE THE CITY SLEEPS* und *BEYOND A REASONABLE DOUBT*, seinen letzten beiden amerikanischen Filmen, „in Wirklichkeit die Folge erlahmter und ermüdeter Sehkraft"[8] gewesen sei. Tatsächlich dringt Lang mit ihnen nun nicht mehr *visuell* „tief ins Gewebe der Gegebenheit" (S. 47) ein und damit ebensowenig in den filmischen Raum vor. Auch das Hell-Dunkel („Chiaroscuro") fehlt weitestgehend, sie erscheinen hingegen distanziert, nüchtern, geradezu protokollarisch: nicht mehr der dokumentarische Blick auf den Menschen und die Welt, von Lang vorwiegend inszenatorisch wie mit „Röntgenaugen durchforscht"[9] (S. 45), herrscht vor, sondern ein kalter Blick aus dieser Welt heraus.

Mit Langs „endgültigem Bruch mit dem Hollywoodsystem" sowie seiner „endgültigen Niederlage in der Kulturindustrie" (S. 22) bekommen nun auch seine Filme etwas Endgültiges. Sie zeigen eine Welt, in der „die einzig mögliche Haltung des Schöpfers eine der *absoluten Verachtung* sein muß"[10], so Jacques Rivette in seiner Besprechung von *BEYOND A REASONABLE DOUBT*, die unter dem Titel „Le Main" („Die Hand") im November 1957 in den „Cahiers du cinéma" (N° 76) erschienen ist. Und François Truffaut schrieb: „Es gibt keine sympathischen Gestalten mehr in den letzten Filmen Langs, in *WHILE THE CITY SLEEPS* und *BEYOND A REASONABLE DOUBT*, alle sind berechnend, ehrgeizig, korrupt, das Leben ist für sie nichts weiter als eine Roller-catch-Bahn."[11] Die Vermutung Cornelius Schnaubers, daß die visuelle Nüchternheit dieser Filme eine „Folge erlahmter und ermüdeter Sehkraft" gewesen sei, erscheint hingegen eher fragwürdig. Allein die Bildgewalt von *DER TIGER VON ESCHNAPUR* und *DAS INDISCHE GRABMAL*, jener beiden Abenteuerfilme, die Lang Ende der 50er-Jahre während seiner zeitweiligen Rückkehr nach Deutschland für Artur Brauner drehte, spricht dagegen, daß der „Augenmensch" (Norbert Grob) Fritz Lang seine Sehkraft und damit seinen

---

[8] Ebd., S. 143.
[9] Grafe, LANG, S. 21.
[10] Rivette, MAIN, S. 51.
[11] Truffaut, LANG, S. 102 f. Gemeint ist eine Rennbahn für Rollschuhfahrer, auf der sich diese mit allen Mitteln aus dem Rennen zu werfen versuchen.

optischen Sinn für das Ästhetische bereits zu diesem Zeitpunkt verloren hatte.[12]

Vor allem aber war Lang nun vollkommen klar darin, „daß, wenn man einen Film macht, man immer nur mit dem Finger auf ein *Übel hinweisen kann*. Nicht aber ein Übel aus der Welt zu schaffen! Wenn man das könnte, müßte man aufhören, Filme zu schaffen und in die Regierung eintreten, denn nur diese – oder eine *Revolution*[13] – kann ein Übel abschaffen."[14] Gerade in ihrer „absoluten Verachtung" (Jacques Rivette) und auch in der darin liegenden Endgültigkeit sind WHILE THE CITY SLEEPS und BEYOND A REASONABLE DOUBT ihrer Zeit weit voraus, bereits mitten im „Pessimismus New Hollywoods"[15] wie auch im künstlerischen Neuaufbruch der Nouvelle Vague angelangt. Für Jacques Rivette jedenfalls hat sich Fritz Lang mit diesen Filmen als „einer der unnachgiebigsten Geister der Gegenwart"[16] erwiesen, eine Unnachgiebigkeit, aus der auch die – selbst heute noch – so erschreckende Endgültigkeit dieser Filme entspringt. Als dann Sydney Pollack 1969 mit THEY SHOOT HORSES, DON'T

---

[12] Gleichwohl Fritz Lang mit diesen Filmen vollends scheiterte, an den kolportagehaften Vorlagen Thea von Harbous, vor allem aber an der „darstellerischen Blödigkeit" (Matthias Merkelbach) seiner deutschen Schauspieler, denen alles Lebendige fehlt und in deren Spiel es keine Selbstverständlichkeit mehr gab. Oftmals ist es noch nicht einmal ein Schauspiel, es sind Darstellungen, die selbst noch dargestellt wirken. Die Nationalsozialisten hatten den Deutschen in der Zeit von Langs Emigration ihre kulturellen Wurzeln herausgerissen und im bundesrepublikanischen Kino der 50er-Jahre sah er sich nun gezwungen, mit Schauspielern zu arbeiten, die seinen Figuren aus DIE 1000 AUGEN DES DR. MABUSE glichen, einem „Personal zwischen muffig-heimeliger Nachkriegsamnesie und nach wie vor im Hintergrund schwelenden Neurosen und Machtphantasien." Zion, MABUSE, S. 25.
[13] Herv. d. Verf.
[14] So Lang in einem (undatieren) Brief an Lotte Eisner. Zit. n. Schnauber, LANG, S. 78.
[15] Ein Pessimismus, in dem 1968 und die Revolution New Hollywoods zwangsläufig enden mußten: „In dem, was allgemeinhin mit 1968 als Zeitalter der Utopien, der Hoffnungen, des Aufbruchs gesehen wird, konfrontiert uns das Kino New Hollywoods in Wirklichkeit mit der Erfahrung der gesellschaftlichen, aber auch mit der eigenen Endlichkeit, mit dem Tod. Die Rebellion gegen die bestehenden Verhältnisse mag als Neuaufbruch daherkommen, es mag den Untergang des Alten mit Sicherheit auch beschleunigen, doch zunächst einmal wirft sie uns auf uns selbst zurück. Darum ist New Hollywood ein existentialistisches Kino, und da die Filmemacher hierbei gewissermaßen gezwungen waren, tief in das Wesen des Menschen vorzudringen, ist es auch ein pessimistisches." Zion, PESSIMISMUS, S. 10.
[16] Rivette, MAIN, S. 49.

*THEY?* einen der bedeutendsten Filme New Hollywoods drehte, mußte er diese Endgültigkeit nur noch aufgreifen und ins Bildhafte übersetzen: Sein Tanzmarathon hierin wird vorübergehend zu einem Roller Derby und damit zu der „Roller-catch-Bahn" von Langs „Gestalten" (François Truffaut) aus *WHILE THE CITY SLEEPS* und *BEYOND A REASONABLE DOUBT* – der endgültige moralische Leerlauf aller Protagonisten im Kreis, ohne Richtung und ohne Ziel, bei dem es nur noch darum geht, einander zu blockieren oder aus dem Wettbewerb zu werfen.

\* \* \*

So grüßte Jacques Rivette in „Le Main" mit „jener kaum runzligen Hand in der vorletzten Einstellung"[17] von *BEYOND A REASONABLE DOUBT* abschließend noch einmal einen „unnachgiebigen Geist", der seine „großen, ausdrucksstarken Hände"[18] im gesamten amerikanischen Werk ins Bild gesetzt hatte: „Mit *FURY* begann Lang ... seine Filme zu signieren – wie die großen Maler, die ein Monogramm, einen Stempel, eine Unterschrift, ein Zeichen auf ihrem Werk hinterließen, als Beleg ihrer Autorschaft: kein weiterer Film ohne ein Bild der eigenen Hand."[19] In *FURY* ist Langs Hand die Spencer Tracys, die sich den gravierten Ring über den kleinen Finger streift; in *YOU ONLY LIVE ONCE* ist es die Henry Fondas, die einen Revolver unter einer Matraze hervorholt; in *MAN HUNT* die Walter Pidgeons am Abzug des auf Adolf Hitler zielenden Jagdkarabiners; in *SCARLET STREET* sind es die gekreuzten Finger Edward G. Robinsons ganz zu Beginn[20] und in *THE BIG HEAT* ist es die Hand des korrupten Polizisten, der sich erschossen hat.[21] Fritz Langs Hand ist nicht einfach nur eine „Signatur", sie verweist ebenso auf die „Haltung des Schöpfers" (Jacques Rivette) dieser Filme: Ist sie zunächst ein Hinweis auf entlastende oder belastende Indizien (*FURY, YOU ONLY LIVE ONCE*), wird sie bald darauf zur Markierung von Kontingenzen (*MAN HUNT*), hiernach zum Zeichen bürgerlichen Selbstbetrugs (*SCARLET STREET*), um dann zum toten Zeugen der grundsätz-

---
[17] Ebd., S. 51.
[18] Bogdanovich, GEDREHT, S. 206.
[19] Grob, LANG, 223.
[20] Vgl. ebd., S. 223, 240, 266 u. 294 f.
[21] Vgl. Grafe, LANG, S. 79.

lichen Korrumpierbarkeit des Menschen (*THE BIG HEAT*) zu werden. Ganz zum Schluß führt die Hand Fritz Langs nur noch aus, protokolliert damit seinen kalten Blick aus der Welt: in *WHILE THE CITY SLEEPS* entsichert sie gleich zweimal anstelle derjenigen John Drew Barrymores die Verschlußhebel der Türen[22], damit der Serienkiller zu seinen Opfern gelangen kann[23]; in *BEYOND A REASONABLE DOUBT* wird sie als Hand des Gouverneurs das Dokument, durch das Dana Andrews begnadigt werden sollte, gleich zerreißen. Langs Figuren haben nichts Tragisches mehr, alles in ihnen ist nur noch Abgrund: Wer überhaupt noch ein „unverdientes Übel" (S. 96) erfahren hat, wer schuldig oder unschuldig, was hier gerecht oder ungerecht ist, ist objektiv nicht mehr feststellbar, denn alle folgen gleichermaßen niederen Motiven – die Katharsis der griechischen Tragödie (S. 96) bleibt einfach aus.

\* \* \*

Fritz Lang drehte seine letzten beiden amerikanischen Filme für den unabhängigen Produzenten Bert E. Friedlob, den er erstmals Anfang März 1955 getroffen und der ihm diese Zusammenarbeit angeboten hatte.[24] „Bereits Ende April 1955 berichtete die New York Times, daß Dana Andrews und Rhonda Fleming für die beiden ersten von insgesamt sieben Hauptrollen für ‚News is Made at Night' (so der Arbeitstitel von *WHILE THE CITY SLEEPS*) besetzt wurden ... Lang erzählte später, das Drehbuch sei eigens so konstruiert gewesen, ‚daß wir bei sorgfältiger Planung für jeden Schauspieler nur vier oder fünf Drehtage benötigten. Daher war es möglich – vom rein finanziellen Standpunkt aus gesehen –, so viele Starschauspieler zu verpflichten. Und jede Rolle war gut besetzt.'[25] Neben Lang hatte ... Friedlob Casey Robinson als Drehbuchautor unter Vertrag genommen, der für seine Roman-Adaptionen bekannt war, und den beiden hiernach versprochen, ‚eine Reihe von Stars zu verpflichten, aber nur, wenn es für jeden von ihnen eine prägnante Szene gebe. Lang und Robinson erklärten sich dazu bereit und schrieben, sobald die Besetzung feststand, besonders charakteristische Auftritte für ihre

---

[22] Siehe die Abbildung auf S. 201 (unten).
[23] Grob, LANG, S. 335.
[24] Vgl. ebd., S. 333.
[25] Zit. n. Bogdanovich, GEDREHT, S. 274.

Hauptdarsteller.'[26] Dana Andrews und Rhonda Fleming erhielten Top Billing, neben ihnen engagierte Friedlob gleich acht weitere ‚Stars', statt der ursprünglich angekündigten fünf: George Sanders, Vincent Price, Ida Lupino, James Craig, Thomas Mitchell, Howard Duff, John Drew Barrymore und Sally Forrest … Friedlobs Kalkül jedenfalls ging auf, er verkaufte den Film Anfang 1956 für einen Profit von einer halben Million Dollar direkt an die RKO."[27] Für *BEYOND A REASONABLE DOUBT*, der ebenfalls von RKO vertrieben wurde, gelang es Friedlob dann, mit Joan Fontaine eine weiter „Starschauspielerin" unter Vertrag zu nehmen.

Bert E. Friedlob hatte mit seiner Zusammenstellung des Ensembles für Fritz Lang zweifellos eine gute Arbeit geleistet. Doch während Lang die Drehbucharbeit mit Casey Robinson an der komplizierten Verschachtelung dieses Ensembles für *WHILE THE CITY SLEEPS* noch als „eine sehr angenehme Zusammenarbeit"[28] bezeichnete, geriet er mit seinem Produzenten in offene Konflikte über den Endschnitt dieser Filme: „Ich habe mich oft mit ihm gestritten. Es hat mich angewidert. Ich erklärte meinem Cutter, Gene Fowler, wie ich es haben wollte, so daß ich wußte, der Film ist bei ihm in guten Händen: Dann bin ich gegangen. Ich hielt Rückschau und fragte mich, wie viele Filme von mir verstümmelt worden waren, und da ich nicht die Absicht hatte, an einem Herzinfarkt zu sterben, habe ich mir gesagt, aus dem Konkurrenzkampf steigst du aus."[29]

Lang war 65, als er mit dem Hollywoodsystem endgültig brach. Anders als in Frankreich von Jacques Rivette, wurde sein „unnachgiebiger Geist" in Amerika nicht einmal wahrgenommen. Während Alfred Hitchcock in Hollywood Anfang der 40er-Jahre noch ehrfürchtig als der „britische Fritz Lang" empfangen wurde, galt Lang hier mittlerweile als nicht viel mehr als der „deutsche Alfred Hitchcock"[30], als Regisseur von „Suspense-Schockern". Seine Auseinandersetzungen mit Friedlob über das Ende von *BEYOND A REASONA-*

---

[26] Grob, LANG, S. 333.
[27] Zion, FLEMING, S. 201 f.
[28] Zit. n. Bogdanovich, GEDREHT, S. 273.
[29] Zit. n. ebd., S. 278.
[30] So Peter Bogdanovich in seinem Audiokommentar zur deutschen DVD-Veröffentlichung von *FURY* (S. 308 f.).

*BLE DOUBT* jedenfalls lesen sich in den Filmkolumnen ganz anders: „Um es vollständig geheim zu halten, wurde das überraschende Ende sogar hinter verschlossenen Türen gefilmt. Regie führte Fritz Lang, der auf eine lange Liste von Suspense-Schockern zurückblicken kann."[31] In Wirklichkeit aber blickte Fritz Lang auf seinen „fortwährenden Kampf" (S. 26) zurück, auch auf die Liste seiner Filme, die verstümmelt worden waren, dabei „das Antlitz der Vergangenheit zugewendet", in Wirklichkeit „sieht *er* eine einzige Katastrophe, die unablässig Trümmer auf Trümmer häuft und sie ihm vor die Füße schleudert" (Walter Benjamin) – er beschloß daher endgültig, „hier keine Filme mehr zu machen."[32]

---

[31] The Mount Airy News, SHOCKER, S. 5.
[32] Zit. n. Bogdanovich, GEDREHT, S. 278.

# WHILE THE CITY SLEEPS
(Die Bestie, 1956)

Zurück zu dem „K" der „Kyne Media, Inc.", das an der Hochhausfassade leuchtet, die an *METROPOLIS* erinnert, ebenso wie an das „K", das am Tor von „Xanadu" in *CITIZEN KANE* angebracht ist: „Die Monumentalbauten der Größten, steingewordene Reklame im Scheinwerferlicht, sind reklamefrei und stellen allenfalls noch auf den Zinnen, lapidar leuchtend, des Selbstlobs enthoben, die Initialen des Geschäfts zur Schau."[1]

* * *

Im Inneren eines solchen „Monumentalbaus" stirbt diesmal nicht Charles Foster Kane, sondern der alte Besitzer des Medienkonzerns, Amos Kyne, während er im Bett vor dem Fernseher liegt. Zuvor hatte er Edward Mobley (Dana Andrews), Starmoderator des konzerneigenen Fernsehsenders, noch nahegelegt, daß er gerne ihn als seinen Nachfolger sähe, statt seinen Sohn, den nichtsnutzigen Walter Kyne (Vincent Price). Amos Kynes letzte Anweisung ist, daß der Konzern sich um die neueste heiße Story zu kümmern und den Killer, der gerade frauenmordend die Stadt unsicher macht, „Lippenstift-Mörder" zu nennen habe. Walter Kyne tritt sein Erbe an, ist sich aber zumindest bewußt, dem Job nicht gewachsen zu sein. Er schreibt daher unter seinen wichtigsten Mirarbeitern einen Wettbewerb aus: Wem es gelingt, den „Lippenstift-Mörder" dingfest zu machen, dem winkt der Posten des leitenden Geschäftsführers. Der Chef der Nachrichtenagentur Mark Loving (George Sanders), der Leiter der Photoagentur, „Honest" Harry Kitzer (James Craig), und der Chefredakteur, Jon Day Griffith (Thomas Mitchell), kommen hierfür in Frage. Nur der trinkende Mobley scheint anfangs keinen Ehrgeiz zu zeigen und bandelt stattdessen lieber mit Lovings Sekretärin Nancy Liggett (Sally Forrest) an.

---

[1] Max Horkheimer und Theodor W. Adorno (S. 22).

Im nun beginnenden Intrigenspiel der Starjournalisten versuchen sich Griffith und Loving die Hilfe Mobleys zu ergattern, da dieser gut mit dem Leiter der Mordkommission, Kaufman (Howard Duff), befreundet ist (die allerdings im Dunkeln tappt). Griffith versucht es mit Überredung, während Loving seine Geliebte, die Starkolumnistin Mildred Donner (Ida Lupino), auf Mobley ansetzt. Sie könne dabei so weit gehen, wie sie wolle, so Loving zu Donner. Sie läßt sich darauf ein, ebenso wie Mobley, trotz seiner Beziehung mit Nancy. „Honest" wählt einen anderen Weg. Er hat eine heimliche Affäre mit Kynes Ehefrau Dorothy (Rhonda Fleming), was er nun auszunutzen versucht. Der Playboy Kyne hat sich Dorothy an einem Pool in Las Vegas wegen ihrer „langen Beine" geangelt, ihr erstes Wort zu ihm sei „Schaufensterbummel?" gewesen, wie sie amüsiert erzählt. Auch Dorothy läßt sich mit kalter Berechnung darauf ein, sagt „Honest", daß er dann aber nach ihrer Pfeife tanze werde.

Lang zeigt uns nun den „Lippenstift-Mörder" Robert Manners (John Drew Barrymore) als einen von seiner Adoptivmutter in sexuelle Neurosen Getriebenen[2] – ist er ein Junge oder ein Mädchen? – und Mobley richtet sich bald darauf in einer Fernsehansprache direkt an diesen. Wie Peter Lorres Kindermörder „Hans Beckert" in *M – EINE STADT SUCHT EINEN MÖRDER*, so ist auch Barrymores Frauenmörder im Grunde ein krankes, obsessives Wesen, dessen Untaten, im Gegensatz zu den Intrigen seiner Jäger, zumindest nicht berechnend erscheinen. Denn auch Mobley wendet nun fragwürdige Methoden an. Er benutzt seine Geliebte Nancy als Lockvogel, um Manners dingfest zu machen. Tatsächlich steht Manners irgendwann vor dem Appartment Nancys. Doch der Zufall will es, daß Dorothys und „Honests" Liebesnest sich in der Wohnung genau gegenüber befindet. Manners dringt in Dorothys Wohnung ein. Dorothy entkommt ihm nach einem Kampf in Nancys Appartement. Manners flieht und wird bald darauf festgenommen. Als Mildred Donner dort ebenfalls auftaucht, fliegt die Affäre auf. Zunächst heißt es, daß „Honest" Kyne mit der Bekanntgabe seiner Affäre mit Dorothy erpresst habe, um den begehrten Posten zu erhalten, doch ganz am Schluß erfahren wir, daß dieser als Auslandskorrespondent entsorgt wurde und stattdessen

---

[2] „Fragt Mutter", schreibt der Serienmörder mit einem Lippenstift an die Wände der Tatorte.

Griffith zum leitenden Geschäftsführer ernannt worden ist. Mobley werde Griffiths Nachfolge antreten. Denn hier herrschen der Besitz und die Medien: Manners erzählt nun „seine Geschichte" exklusiv für „Kyne Media, Inc." und Nancy liest das finale Arrangement der Macht – natürlich – aus der Zeitung vor, während sie sich bereits mit Mobley in den Flitterwochen in Florida befindet.[3]

\* \* \*

Bereits 1948 hatte Fritz Langs österreichischer Migranten-Kollege Edgar G. Ulmer mit seinem brillanten *RUTHLESS* an Orson Welles' *CITIZEN KANE* angeschlossen, indem er den von Zachary Scott gespielten Horace Vendig als Psychogramm eines narzißtischen Charakters entwarf, der, dabei alle ihn umgebenden Menschen zerstörend, im Kapitalismus Amerikas aufsteigt.[4] Während es jedoch bei Welles und Ulmer noch Figuren gibt, die die Charaktereigenschaften Charles Foster Kanes und Horace Vendigs positiv kontrastieren[5], zeigt Langs in *WHILE THE CITY SLEEPS* diese Gesellschaft aus ihrer Innenperspektive, als reines Negativ eines ihr immanenten Abgrundes, in der alle Figuren der Macht des Geldes und der Medien unterworfen sind. Diese Determinismen bringen individuelle Charaktereigenschaften zum Vorschein, aus denen ihrerseits wieder diese Gesellschaft hervorgeht (Untergruppe A")[6]: Sämtliche Figuren handeln obsessiv und aus niederen Motiven – manipulativ, egoistisch berechnend, von Geltungssucht getrieben –, dabei ausnahmslos bestimmt von negativen Affekten wie Gier, Neid und Mißgunst.

---

[3] Zion, FLEMING, S. 203 ff. (überarbeitet).
[4] Das Drehbuch zu *RUTHLESS* schrieb u. a. Alvah Bessie, der zu den „Hollywood Ten" (S. 128) zählte.
[5] In Ulmers *RUTHLESS* sind es von Louis Hayward, Diana Lynn und Sydney Greenstreet gespielte Charaktere, die Horace Vendig noch einen Spiegel vorhalten; in *CITIZEN KANE* wird der narzißtische Charakter Charles Foster Kanes vor allem durch die Interviews (des schattenhaften Erzählers) mit den von Everett Sloane, Joseph Cotten und Dorothy Comingore gespielten Weggefährten Kanes deutlich.
[6] Insofern stimmt es keineswegs, wenn François Truffaut aus *WHILE THE CITY SLEEPS* schließen zu können glaubt: „Für Fritz Lang steht außer Frage, daß der Mensch böse ist von Geburt an." Truffaut, LANG, S. 104. Lang vertritt keinen anthopologischen Nihilismus, sondern betrachtet negative menschliche Eigenschaften und ebensolche gesellschaftliche Entwicklungen immer als wechselseitig hervorgebracht.

In allen Filmen der Untergruppe A" (S. 11) deckt Lang längere gesellschaftliche Entwicklungslinien auf: rassistische und kapitalistische in der amerikanischen (*HOUSE BY THE RIVER*, *WHILE THE CITY SLEEPS*), Phantasien eines Chaos (altgriechisch χάος) und vom Übermenschen in der deutschen (*DAS TESTAMENT DES DR. MABUSE*, *DIE 1000 AUGEN DES DR. MABUSE*).[7] Den jeweils spezifischen Typus von Individualität, den Lang dabei als narzißtische Charaktere offenlegt, hat Cornelius Schnauber auf den „typischen Optimismus einer Großmacht-Psychologie"[8] zurückgeführt. Geht für Lang die Psychologie der Mabuses[9] in der deutschen Gesellschaft aus der Herrenmenschenideologie und dem Führerprinzip hervor, so das narzißtische Individuum in der amerikanischen aus der „white supremacy" und der universellen kapitalistischen Konkurrenz. Stets spielt dabei der wirklichkeitsstiftende Charakter der Medien eine entscheidende Rolle[10]: In *WHILE THE CITY SLEEPS* breitet Edward Mobley sogar die Psychologie des „Lippenstift-Mörders" im konzerneigenen Fernsehsender vor aller Öffentlichkeit (und diesem selbst) aus[11] – kurz: Lang zeichnet das Bild eines „Amerika, in dem das Geld und das mediale Infotainment absolut herrschen."[12]

War *CITIZEN KANE* 1941 diesbezüglich noch ein Film der Roosevelt-Ära und als solcher (auch) eine eindringliche Warnung vor der Verbindung *eines* narzißtischen Charakters mit massenmedialer Macht, stellt Lang 1956 in *WHILE THE CITY SLEEPS* diese Ver-

---

[7] Auf Langs *DIE 1000 AUGEN DES DR. MABUSE* wird im Nachwort dieses Buches (S. 298 ff.) noch genauer eingegangen.

[8] Schnauber, LANG, S. 99. Schnauber hat sich hiermit auf die amerikanische Gesellschaft bezogen.

[9] „Aus den Mabuses kommen die Heydrichs, die Himmlers", so Enno Patalas. Patalas, FILMOGRAFIE, S. 113.

[10] In *DAS TESTAMENT DES DR. MABUSE* bringt Mabuse wahnhaft seine „Anleitungen zum definitiven Verbrechen zu Papier" (S. 17); in *DIE 1000 AUGEN DES DR. MABUSE* ist es ein „von den Nazis errichteter Überwachungsapparat, jetzt ,auf Fernsehen umgestellt'" (S. 298); in *HOUSE BY THE RIVER* macht der narzißtische Charakter Louis Haywards aus seiner Tat „einen Stoff für einen erfolgreich Roman" und „forciert dafür zunächst einen Bericht über das ,Rätsel im Haus des Autors' in der Zeitung" (S. 237).

[11] Siehe die Abbildung auf S. 184 (oben). „Er listet, in frontaler Großaufnahme, Punkt für Punkt auf, wer und was er ist: noch kein Junge. Heisere Stimme. ,Lippenstift-Mörder'. Mama-Boy. Mama-Hasser. Comic-Leser. Dabei zeigt Lang im Umschnitt, wie der Mörder, der dem Moderator zuhört, von einem Entsetzen ins andere fällt." Grob, LANG, S. 335.

[12] Zion, FLEMING, S. 207.

bindung gewissermaßen als in *Jedermann* endgültig vollzogen fest. Es ist daher auch keine "Kontamination" (S. 258) mehr, wie sie Frieda Grafe noch bei *THE BIG HEAT* festgestellt hat. Vielmehr durchwirkt nun die individuelle Psychologie der Charles Foster Kanes, medial immer wieder aufs Neue hervorgebracht, die gesamte Gesellschaft und fällt mit dieser in eins. Orson Welles' *CITIZEN KANE* und Fritz Langs *WHILE THE CITY SLEEPS* sind daher, im Zusammenhang betrachtet, zwei aneinander anschließende Schlüsselwerke des amerikanischen Kinos. So wie Lang bereits mit *DR. MABUSE, DER SPIELER* und *DAS TESTAMENT DES DR. MABUSE* den Weg "der Weimarer Republik in einen gesellschaftlichen Abgrund" als "als ein Geflecht von Indizien ausgebreitet" hat (S. 19), so haben *CITIZEN KANE* und *WHILE THE CITY SLEEPS* den möglichen Weg Amerikas in einen Abgrund vorgezeichnet, der in dieser Gesellschaft selbst angelegt ist – und im narzißtischen Charakter der Stars und Oligarchen (und ihrer Anhänger) alter und neuer Medien ist dieser mittlerweile machtvolle Wirklichkeit geworden.

\* \* \*

Das von Bert E. Friedlob zusammengestellte Ensemble, darunter ausgewiesene Charakterdarsteller wie George Sanders und Thomas Mitchell, trägt *WHILE THE CITY SLEEPS* subtil. Die Methode Langs und seines Drehbauchautors Casey Robinson, "besonders charakteristische Auftritte für ihre Hauptdarsteller" (S. 282 f.) zu schreiben, führte insbesondere bei Dana Andrews, Rhonda Fleming, Vincent Price und Ida Lupino zu bemerkenswerten Darstellungen. "Der Alkoholiker Andrews, bekannt dafür, selbst am Set zu trinken, ist auch in *WHILE THE CITY SLEEPS* ständig betrunken ... Vincent Price[13] und Rhonda Fleming, zwei Schauspieler, die eine Rolle allein durch ihre Präsenz mit Leben füllen konnten, geben ihrer Beziehung sogar etwas Lächerliches: Während Price in kurzen Hosen und

---

[13] Der hochgewachsene Price, 1911 in St. Louis (Missouri) als Sohn eines Süßwarenfabrikanten geboren, hatte in seiner bisherigen Karriere langjährige Verträge bei Universal, 20th Century-Fox und RKO unterschrieben, dabei aber nie den großen Durchbruch geschafft, bevor er ab Ende der 50er-Jahre zum Horrorfilmstar avancierte. Als arrivierter Kunsthistoriker und einer der wenigen kritisch-intellektuellen Hollywoodschauspieler im Studiosystem urteilte er: "Das Unangenehme an Hollywood ist, daß es keine Kultur hat." Zit. n. Zion, PRICE, S. 303.

Kniestrümpfen auf der Terrasse seine Golfbälle in ein Glas zu bugsieren versucht, macht sie im knappen Bikini Dehnübungen. Lang zeigt dabei ihren Körperbau zunächst als Schattenriß durch einen Paravent[14] und unterstreicht so eindrücklich, was die beiden, den reichen und mächtigen Taugenichts und das Las-Vegas-Girl, eigentlich verbindet: der berechnende Tausch Glamour und Sex gegen Macht und Geld."[15] Fleming, die bis hierin vor allem durch Western und Abenteuerfilme bekannt war, hatte sich 1955 mit WHILE THE CITY SLEEPS bewußt gegen ihr bisheriges Glamour-Image entschieden[16] und nach Langs Film ihr bisher übersehenes Talent für dramatische Rollen noch in Filmen wie Allan Dwans SLIGHTLY SCARLET (1956) oder Budd Boettichers THE KILLER IS LOOSE (1956) zeigen können.[17] Ida Lupino schließlich hatte ihre Hollywoodkarriere Anfang der 30er-Jahre als Teenager begonnen und beendete zu dieser Zeit ihre aktive Kinokarriere als Schauspielerin, um ins Fernsehen zu wechseln. In WHILE THE CITY SLEEPS spielt Lupino ihre Starkolumnistin im Nerzmantel mit Emotionskälte, hiermit eine kalkulierte Unterwürfigkeit vermittelnd, mit der ihre Figur stets darum bemüht ist, im Intrigenspiel der Männer mithalten zu können. Als Regisseurin[18], deren eigene Filme stets eine bestechende erzählerische Ökonomie aufweisen, verstand Lupino Langs Intentionen unmittelbar: Keine Wärme, kein Zweifel, kein auch noch so flüchtig hervorgerufener Eindruck von Empathie durfte die Klarheit von Langs kaltem Blick aus der Welt eintrüben.

---

[14] Siehe die Abbildung auf S. 202 (oben).
[15] Zion, FLEMING, S. 202 u. 208.
[16] „So hieß es im September 1956 in der Presse, sie habe für ihre Rolle in WHILE THE CITY SLEEPS ihr ‚Lametta abgeworfen', und sie selbst merkte an, daß die Leute sie bisher nicht mit ‚ernsthaftem, dramatischem Schauspiel' in Verbindung bringen würden: ‚Ich entschied, daß es an der Zeit war, etwas dagegen zu unternehmen.'" Ebd., S. 202 f.
[17] Fleming bezeichnete sich selbst als „Draufgängerin" und führte ihre Stunts zumeist selbst aus, so auch ihren Kampf mit John Drew Barrymore in WHILE THE CITY SLEEPS. „‚Ich erinnere mich, daß es sehr einfach war, mit Fritz Lang zu arbeiten', so Fleming, die hier in ihren Liebes- und Kampfszenen alle Seiten ihrer Körperlichkeit beeindruckend einsetzt." Ebd., S. 207. Lang kam es tatsächlich auf die umfassendere Physis Flemings und nicht allein auf ihren Sexappeal an. So änderte er eigenhändig den für die landesweiten Presseagenturen bestimmten Text, dabei ihre „körperlichen Vorzüge" statt nur ihre „Figur" herausstellend. Vgl. McGilligan, LANG, S. 401.
[18] In den 50er-Jahren war Lupino die einzige Frau im Hollywoodsystem, die regelmäßig Regie führte, und dies inhaltlich und formal herausragend, wie etwa bei ihrem Vergewaltigungsdrama OUTRAGE (1950).

## *BEYOND A REASONABLE DOUBT*
(*Jenseits allen Zweifels*, 1956)

Andrew Sarris schrieb über Fritz Langs amerikanische Filme im allgemeinen, daß „sich seine Figuren nie mit psychologischer Präzision entwickeln"[1], und über *THE BIG HEAT* im besonderen, daß „die Welt zerstört werden (muß), bevor sie geläutert werden kann" (S. 261). *BEYOND A REASONABLE DOUBT* ist so betrachtet die Folgerichtigkeit dieses Werks und zugleich eine Spiegelung von Langs Erfahrungen mit dem Publikum.[2] In ihm gibt es keinerlei „Wärme und Sympathie" (S. 263) mehr für die Figuren, ebenso ist er der klarste Ausdruck von Langs deterministisch-entropischer Weltsicht[3], in dem, so Jacques Rivette, „sogar die Zerstörung der Charaktere" verfolgt wird: „Jeder von ihnen ist hier nicht mehr als das, was er sagt und tut. Wer *sind* Dana Andrews, Joan Fontaine, ihr Vater? Fragen wie diese haben keine Bedeutung mehr, denn die Figuren haben jede individuelle Qualität verloren, sind nicht mehr als menschliche *Konzepte*."[4] In *BEYOND A REASONABLE DOUBT* führt uns Lang mit seinem nunmehr kalten Blick aus der Welt nicht weniger als eine Essenz seines Werkes seit *M – EINE STADT SUCHT EINEN MÖRDER* vor.

\* \* \*

Der Zeitungsverleger Austin Spencer (Sidney Blackmer) ist ein entschiedener Gegner der Todesstrafe. Um die Unzulänglichkeit

---

[1] Sarris, CINEMA, S. 64.
[2] In einem Brief an Lotte Eisner vom 12. Juli 1969 machte Lang deutlich, daß er keinen Sinn mehr darin sah, der bürgerlichen Gesellschaft seine Sozial- und Gesellschaftskritik mit „Wärme und Sympathie" zu vermitteln: „*Soziale* Themen wie Korruption aufdecken oder dergleichen, schien mir überholt. *Wie oft noch?!* Das Publikum – die Menschen – sahen sich die Filme mit Vergnügen an; abgebrüht gegen *Violence*, war so ein ‚Sozial'-Film für sie nichts anderes als ein bloßer Zeitvertreib." Zit. n. Schnauber, LANG, S. 77 (Originalschreibweise Langs beibehalten).
[3] Seines Glaubens „an die Unveränderlichkeit eines aus mathematisch vorherbestimmten Kräften zusammengesetzten Universums, das seiner Zerstörung an einem bestimmten Punkt der Ewigkeit" (S. 23) entgegengeht.
[4] Rivette, MAIN, S. 50.

von Indizienbeweisen zu nachzuweisen, schlägt er daher Tom Garrett (Dana Andrews), dem Verlobten seiner Tochter Susan (Joan Fontaine), vor, ein Buch über das Thema zu schreiben. "Meine Tochter hat einen teuren Geschmack", so Austin zu Tom, der ihm nahelegt, den Bezirksstaatsanwalt Roy Thompson (Philip Bourneuf), einen Hardliner der Todesstrafe, bloßzustellen. Die Idee: Mit arrangierten Indizienbeweisen soll Tom vor Gericht schuldig gesprochen werden und Austin hiernach die gefälschten Indizien offenlegen. Als die Nachtclubtänzerin Patty Gray ermordet aufgefunden wird, bietet sich die Gelegenheit. Tom willigt ein, und weder er noch Austin erzählen Susan von dem Plan.

Gegenüber Susan bittet Tom um einen Aufschub der Hochzeit, bis er sein Buch fertiggestellt hat. Während Lieutenant Kennedy (Edward Binns) die Ermittlungen in dem Mordfall aufnimmt, bandelt Tom zum Schein mit der Nachtclubtänzerin Dolly Moore (Barbara Nichols) an, um die gefälschten Indizien plazieren zu können. Als Toms Treffen mit Dolly in den Klatschspalten auftauchen, schiebt Susan die Hochzeit ihrerseits – auffallend unterkühlt – auf. Tom plaziert nun ein goldenes Feuerzeug mit Gravur ("Für Tom von Susan"), das Susan ihm geschenkt hatte, am Fundort der Leiche. Auf den Sitzen seines Wagens verteilt er Körper-Make-Up, das die Ermordete getragen und er aus dem Nachtclub mitgenommen hat. Austin photographiert Tom bei den Arrangements der falschen Indizien, während dieser jeweils eine aktuelle Zeitung in die Kamera hält, damit die Arrangements später als solche nachgewiesen werden können. Allerdings hinterläßt Austin in Toms Garage auch zufällig ein Streichholzbriefchen mit einem Abdruck seiner Pfeife.

Da Tom Dolly verdächtig vorkommt, kooperiert sie mit Lieutenant Kennedy, der ihn schließlich in ihrem Beisein verhaftet. Tom kommt vor Gericht[5] und wird auf Grundlage der Indizien verurteilt, der gefälschten (goldenes Feuerzeug, Körper-Make-Up), vor allem aber wegen des Streichholzbriefchens Austins mit dem Pfeifenabdruck: Zuvor hatte Tom dem Gericht noch geschworen, daß er kein Pfeifenraucher sei, konnte dem Gericht aber nichts von Austin erzählen, da er das Arrangement sonst verraten hätte – Tom ist

---

[5] Der Prozeß wird im Fernsehen übertragen.

hiermit der Lüge überführt. Er wird in die Todeszelle gebracht. Noch bevor Austin die Beweise von Toms Unschuld vorlegen kann, verunglückt er bei einem Autounfall tödlich. Alle photographischen Beweise des Arrangements verbrennen dabei.

Bob Hale (Arthur Franz), der Assistent des Bezirksstaatsanwalts, war früher mit Susan liiert und macht sich bei ihr noch immer Hoffnungen. Vordergründig, um ihr zu helfen, versucht er, Tom zu entlasten. Tatsächlich findet Hale heraus, daß es sich bei der Ermordeten nicht um Patty Gray, sondern um eine gewiße „Emma Blucher" handelt, und erzählt dies Susan. Kurz vor Toms Hinrichtung werden schließlich doch noch schriftliche Aussagen Austins gefunden, die den Plan der beiden im Detail darlegen. Der Gouverneur (Charles Evans) ist nun bereit, eine Begnadigung zu unterzeichnen. Doch dann nennt Tom gegenüber Susan die Ermordete versehentlich „Emma". Er erklärt ihr, daß Emma seine Frau gewesen sei, die er in Mexiko geheiratet hatte. Er hat sie, Susan, nicht heiraten können, da Emma ihr Versprechen, sich von ihm scheiden zu lassen, gebrochen und ihn erpresst hat. Er gesteht Susan den Mord an seiner Frau. Susan kämpft zunächst mit sich selbst, informiert dann aber doch die Polizei. Der Gouverneur hebt die Begnadigung auf, bevor das Prinzip *ne bis in idem*[6] für Tom greift – dieser wird wieder in die Todeszelle gebracht.

\* \* \*

In *BEYOND A REASONABLE DOUBT* ist alles noch vorhanden, was Langs Werk seit *M – EINE STADT EINEN MÖRDER* gemäß unserem Analyseschema (S. 12) ausmacht: Er ist – erneut – ein Plädoyer gegen die Todesstrafe; für Tom Garrett eröffnet sich ein individueller Abgrund, der in ihm selbst und seiner Vergangenheit angelegt ist (Untergruppe B"); ein letztes Mal kehrt ein Ereignis „gespiegelt" und „gedoppelt" (S. 12) zurück[7]; der wirklichkeitsstiftende Charakter

---

[6] „Nicht zweimal in derselben Sache", der lateinische Wortlaut des Rechtsprinzips, das die mehrfache Aburteilung verbietet.

[7] Der vorgetäuschte Mord an „Patty Gray" als realer Mord an „Emma Blucher".

der Medien[8] sowie das Kontaktbild (Fotogramm)[9] spielen eine Rolle; Indizienbeweise rücken sogar ins Zentrum des Films, ebenso wie die Kontingenz. Lang reduziert nun die großen Themen seiner amerikanischen Filme auf das Wesentliche, als Experiment, metaphysische Spekulation und Ausdruck einer erkaltenden Welt, indem er das entropische Prinzip derart weit treibt, „daß dieser Film rein negativ und in seinen destruktiven Aspekten derart effektiv ist, daß er sich am Ende selbst zerstört."[10] Genaugenommen zerstört Lang unsere vermeintlich festgefügten Vorstellungen davon, was „wirklich" und „unwirklich" ist, indem er auf den *logischen Begriff* der Kontingenz zurückgreift, wie er bereits von Aristoteles in seiner „Metaphysik" als „Zufälligkeit" (altgriechisch ἐνδεχόμενον, lat. *contingentia*) dargelegt wurde: „Es kann der Fall sein, daß etwas möglich ist zu sein, aber nicht ist, und daß etwas möglich ist, nicht zu sein, und doch ist."[11] Dieser sogenannte *zweiseitige Möglichkeitsbegriff* führt uns als Zuschauer in den schwindelerregenden Abgrund von *BEYOND A REASONABLE DOUBT*: Da vor Gericht in letzter Konsequenz keine belastbare Aussage darüber zu treffen ist, was „wirklich" oder „unwirklich" ist, ist auch kein Urteil „beyond a reasonable doubt" („jenseits allen vernünftigen Zweifels") darüber möglich, wer „schuldig" oder „unschuldig" und was somit „gerecht" oder „ungerecht" ist. Lang insistiert damit erneut, wie bereits in *MAN HUNT*, auf dem logischen Prinzip, daß Beweisbarkeit schwächer als Wahrheit ist (S. 66). Die nicht mehr rückholbare Endgültigkeit der Todesstrafe als moralisches Urteil (Normativ) wird der prinzipiellen Vorläufigkeit der uns möglichen Erkenntnis (Kognitiv) über die Welt mit ihren Kontingenzen nicht gerecht.[12]

---

[8] Die Zeitungen (mit Datumsangaben), die Tom Garrett neben den plazierten Indizien hochhält und mit denen er sich von Austin Spencer fotografieren läßt, repräsentieren eine immaterielle, medial vermittelte „Wirklichkeit".

[9] Der Pfeifenabdruck auf dem Streichholzbriefchen ist ein Kontaktbild, das die medial vermittelte, wenn auch falsche, „Wirklichkeit" (der Photos mit den Zeitungen) materiell dennoch „verifiziert": Erst durch dieses nicht arrangierte (wirkliche) Indiz wird Tom Garrett einer Lüge überführt, während die von ihm arrangierten (unwirklichen) Indizien für wahr gehalten werden.

[10] Rivette, MAIN, S. 50.

[11] Aristotelis, METAPHYSICA, IX, 3, 1047a20-26.

[12] Noch einmal Jean-François Lyotard: „Die Todesstrafe schafft man aus Nihilismus ab, aufgrund einer kognitiven Prüfung." Lyotard, WIDERSTREIT, S. 26.

Lang weist hiermit tatsächlich die grundsätzliche Fragwürdigkeit der Todesstrafe nach. 1969 bemerkte er allerdings auch, daß die Wendung gegen Ende (die für diesen Nachweis nicht nötig gewesen wäre) eine Schwäche des Films darstellt.[13] In einem Brief an Lotte Eisner vom 12. Juli 1969 hob er zudem erneut die narzißtischen Charaktere[14] seiner Figuren hervor: „Wer ist also der schlechtere Mensch? Der zu einem Mord erbarmungslos Hingetriebene[15], – die Erpresserin[16], der es nur um Geld zu tun ist und der es völlig gleichgültig ist, ob sie sein Leben ruiniert, wenn sie nur ihr Geld bekommt. Oder die beiden Spießbürger[17], die sich garnicht erst bemühen, auch nur darüber nachzudenken, was Dana Andrews zu dem Mord getrieben hat, erstens: *weil man so etwas eben nicht tut!* und zweitens: weil ihn der ‚verdienten Hinrichtung' auszuliefern ihnen eben den Weg zu ihrem privaten honorigen Ehebett ermöglicht."[18]

Langs Hinweis auf die Figur Joan Fontaines als „Spießbürger" legt nahe, daß er in *BEYOND A REASONABLE DOUBT* doch nicht alle Charaktere „zerstört" und zu „Konzepten" gemacht haben könnte, wie Jacques Rivette meinte. Tatsächlich ist diese Rolle als Charakter nicht minder bedeutend für die selbstzerstörerische Negativität des Films als das Indiz des Streichholzbriefchens auf der logischen Ebene. Langs Fähigkeit, bei Schauspielerinnen „offene Beziehungsweise verdeckte Abneigungen für ihre Rollencharaktere auszunutzen" (S. 86), sticht besonders im Falle Joan Fontaines hervor. Die 1917 in Tokio geborene Fontaine, Tochter eines britischen Patentanwalts und jüngere Schwester Olivia de Havillands, war in

---

[13] „Ich sagte mir, ich kann doch das Publikum nicht eine Stunde und achtunddreißig Minuten lang dazu bringen, Dana Andrews zu lieben, um dann in den letzten zwei Minuten zu enthüllen, daß er in Wirklichkeit ein Mistkerl ist und die ganze Sache nur ein Witz. Aber dank des Fehlers meines Agenten war ich vertraglich verpflichtet, das ursprüngliche Drehbuch des Produzenten zu drehen." Lang, INTERVIEWS, S. 122.
[14] Die allerdings in *BEYOND A REASONABLE DOUBT* eher im Subtext angelegt sind und nicht so offen daliegen wie noch in *WHILE THE CITY SLEEPS*.
[15] Die Figur Dana Andrews', Anm. d. Verf.
[16] „Emma Blucher", Anm. d. Verf.
[17] Die Figuren Joan Fontaines und Arthur Franz', Anm. d. Verf.
[18] Zit. n. Schnauber, LANG, S. 78 (Originalschreibweise Langs beibehalten).

den 40er-Jahren mit melodramatischen Rollen[19] zum Star aufgestiegen. Ihre besondere Physiognomie vermittelte dabei bereits im Hollywoodmelodram eine gewisse Distanz ihrer Figuren, die sie in den 50er-Jahren augenscheinlich beibehielt und auf das Filmgeschäft selbst wie auch ihre Filme übertrug.[20] Gerade in *BEYOND A REASONABLE DOUBT* wirkt Fontaines Spiel sehr distanziert, geradezu unterkühlt, ihre vermeintlich um ihren Verlobten Tom Garrett besorgte Susan dadurch von Grund auf berechnend. Selbst noch ihr tränenreiches Ringen gegen Ende, als sie vor der Entscheidung steht, zu Tom zu stehen oder ihn dem elektrischen Stuhl auszuliefern, erscheint nur vorgeführt, wie eine persönlich-emotionale Pflichtübung im Rahmen einer höheren bürgerlichen „Moral" - und spiegelt doch nur deren Falschheit wider. Interessanterweise bemerkte Joan Fontaine sehr viel später gegenüber Patrick McGilligan, daß sie bei dem Film das Gefühl gehabt habe, es bei (dem Alkoholiker) Dana Andrews und bei dem sich ihr gegenüber „gut benehmenden" Fritz Lang mit „falschen Charakteren" zu tun gehabt zu haben.[21]

Lang wollte von der im privatisierenden Hollywoodmelodram geschulten Fontaine offensichtlich kein Spiel, sondern nur ihre distanzierende Präsenz. Im Ergebnis potenzierte Lang diese noch, und Joan Fontaines Susan Spencer wurde zur vielleicht bedrohlichsten *Femme Fatale* überhaupt, das gewohnte Bild dieser Figur im Film Noir geradezu umkehrend: „Es ist der persönliche Egoismus des satten ‚guten Bürgers', die Herzlosigkeit gegen die Leiden anderer, die Verständnislosigkeit, die abgebrühte Unempfindlichkeit, *wenn es sich nicht um die eigene Person handelt*. Es ist aber nicht nur die *überhebliche Selbstgefälligkeit* der bürgerlichen ‚Moral' und ihre *Vorurteile*, es ist die *Intoleranz* gegen die Irrtümer oder meinetwegen die Vergehen anderer, das *Nichtverstehenwollen* von Sorgen, Empfindungen, Leiden ihrer Mitmenschen!"[22]

---

[19] Vor allem mit Alfred Hitchcocks *REBECCA* (1940) und *SUSPICION* (1941), für den sie einen „Oscar" als Beste Hauptdarstellerin erhielt, sowie mit Max Ophüls' *LETTER FROM AN UNKNOWN WOMAN* (1948).

[20] Besonders auffällig in Ida Lupinos *THE BIGAMIST* (1953) und sogar in Komödien wie in Norman Z. McLeods *CASANOVA'S BIG NIGHT* (1954) mit Bob Hope.

[21] Vgl. McGilligan, LANG, S. 418 f.

[22] Lang in seinem Brief an Lotte Eisner vom 12. Juli 1969. Zit. n. Schnauber, LANG, S. 77 f. (Originalschreibweise Langs beibehalten).

# Nachwort

## Die Verachtung

Mit Theodor W. Adorno „pflegte Lang in Kalifornien eine enge Beziehung, die nach dessen Remigration in einem regen Briefwechsel fortgeführt wurde. Und es ist sicher nicht übertrieben, Adorno als einen wichtigen Wegbereiter der allmählichen und nicht vollständig geglückten Neubegegnung Langs mit dem geteilten Deutschland anzusehen."[1] War Adorno noch ein gedanklicher Wegbereiter, so war es der vor allem kommerziell denkende Produzent Artur Brauner, der dieser „Neubegegnung" ihren filmisch eher zwiespältigen Charakter verlieh. 1958 hatte Brauner Lang eine Verfilmung von *DER TIGER VON ESCHNAPUR* und *DAS INDISCHE GRABMAL* (S. 279 f.)[2] und ihm hierfür vollkommen freie Hand angeboten, hiernach die Realisierung eines weiteren *MABUSE*-Films.[3]

So kehrte nach dem, was Lang später seine „Indien-Schnulzen"[4] nannte, wieder ein Superverbrecher wie Mabuse (nun Wolfgang Preiss) in dieses Land zurück. *DIE 1000 AUGEN DES DR. MABUSE* hat nichts zu tun mit den *EDGAR-WALLACE*-Filmen oder Artur Brauners *MABUSE*-Franchise hiernach, in denen sich deutsche Schauspieler im Kasernenhofton anbrüllten. Er zeigt die Bundesrepublik Anfang der 60er-Jahre als ein Hotel, eigentlich als einen von den Nazis errichteten Überwachungsapparat, jetzt „auf Fernsehen umgestellt", mit einem Personal zwischen muffig-heimeliger Nachkriegsamnesie und nach wie vor im Hintergrund schwelenden Neurosen und Machtphantasien. Die Anschlüsse an *DAS TESTAMENT DES DR. MABUSE* sitzen nahtlos und sind sehr bewußt gewählt. Der Film ist eine einzige Entlarvung. Noch galt: *DIE MÖRDER SIND UNTER UNS*[5], noch saßen auch diese im Kino und sahen sich „gespiegelt, gedoppelt" (S. 9) diesen Film Langs an, immer noch bedurfte dieses Land eines

---

[1] Aurich/Jacobsen/Schnauber, LANG, S. 9.
[2] „Siebenunddreißig Jahre zuvor hatte Joe May das Projekt, für das Lang und von Harbou die Drehbücher geschrieben hatten, unter dem Vorwand an sich gerissen, daß Lang noch zu jung sei, um bei ihm Regie zu führen." Eisner, LANG, S. 384.
[3] Vgl., Grob, LANG, S. 343; Eisner, LANG, S. 384.
[4] Zit. n. Grob, LANG, 351.
[5] So der Titel eines Films von Wolfgang Staudte mit Hildegard Knef von 1946, einer der mutigsten Filme der deutschen Nachkriegsgeschichte.

Psychiaters, der sich nun als blinder Hellseher tarnt, in Wirklichkeit aber schon wieder an seinen Übermenschenphantasien arbeitet. Hier werkelt alles im Hinter- und Untergrund, wieder einmal an dem „Chaos", das man nach Nietzsche ja bräuchte, „um einen tanzenden Stern gebären zu können"[6] (obwohl man mittlerweile hätte wissen können, daß sich mit Sternen auch Menschen markieren lassen), wiederbelebt als bundesrepublikanische Geschäftstüchtigkeit und wohlstandsbesoffene Unterhaltungssucht. Deutschland „auf Fernsehen umgestellt": Hier entgeht niemandem etwas. Was wir allerdings zu sehen bekommen, ist wieder dieses Psychogramm aus „Angst, Unruhe, Unsicherheit, Hysterie" (S. 24) – wie bereits in *DR. MABUSE, DER SPIELER* und wie hiernach in *DAS TESTAMENT DES DR. MABUSE*: ein Bild der Zeit.[7] Der letzte Film Fritz Langs vermittelt uns heute noch eine Ahnung davon, daß es nie vorübergehen wird, das, was diese Deutschen so alles mit sich machen lassen könnten.[8]

Francis Courtade[9] verglich den Stil von *DIE 1000 AUGEN DES DR. MABUSE* nicht zu Unrecht mit dem von *MINISTRY OF FEAR*, Langs Film der Warnung vor einer Unterwanderung (S. 79). Aber Lang bringt den Deutschen mit diesem Film nicht nur Walter Benjamins „Engel der Geschichte" zurück, sondern auch seine persönliche Geschichte. Denn als sich die Hauptdarstellerin Dawn Addams gegen Ende schützend vor Peter van Eyck wirft – genauso, wie sich Marlene Dietrich in *RANCHO NOTORIOUS* schützend vor Arthur Kennedy geworfen hat (S. 220) –, wird auch sie *unabsichtlich* getroffen. Und wieder einmal steckt die Kugel in einer Frau, genau dort, wo sie bereits in Gloria Henry, Marlene Dietrich und – nach Lotte Eisner – in Elisabeth Rosenthal gesteckt hatte. In *DIE 1000 AUGEN DES DR. MABUSE* stirbt Fritz Langs „Schwarzer Engel der Geschichte(n)"

---

[6] Nietzsche, ZARATHUSTRA, S. 13.
[7] Welches erneut „einen gesellschaftlichen Abgrund, wechselseitig determiniert von der Gesellschaft und dem Individuum in der Person Mabuses" (S. 19) andeutet (Untergruppe A").
[8] Zion, MABUSE, S. 25 (überarbeitet). Wie die Rückkehr Marlene Dietrichs, so wurde auch die Langs keineswegs nur gefeiert, und „1958 stellte er amüsiert fest, daß an den Wänden des Studios und der Locations ‚Yankee Go Home' geschrieben stand." Eisner, LANG, S. 384.
[9] Vgl., ebd., S. 239.

diesmal nicht.[10] Es ist das Schlußbild seines letzten Films. Dieser wohl nie aufzulösende Rest bleibt hiermit für immer, als Nachweis des Kunstanspruchs seines „eigentlichen Lebens"[11], des Kinos, denn „Kunstwerke, die der Betrachtung und dem Gedanken ohne Rest aufgehen, sind keine"[12], schrieb Adorno in seiner „Ästhetischen Theorie".

\* \* \*

Fritz Lang starb am 2. August 1976 in seinem Haus in Beverly Hills in Kalifornien[13], nachdem er sich 1964 endgültig nach Los Angeles zurückgezogen hatte.[14] Andrew Sarris hatte ihn zu dieser Zeit längst in den Pantheon der 14 besten amerikanischen Regisseure erhoben[15] und Jean-Luc Godard erhob Lang mit *LE MÉPRIS* in den Pantheon des Kinos überhaupt. Es ist vielleicht kaum zu ermessen, was ihm diese späte Anerkennung seitens der Kritiker und Filmemacher New Hollywoods und der Nouvelle Vague – sei es von Godard, Bogdanovich, Sarris, Truffaut oder Rivette – bedeutet hat, denn in Deutschland blieb er bis zuletzt ein „Außenseiter".[16] Von Lotte Eisners Monographie[17] über sein Werk, an dem er mit ihr seit März 1966 intensiv gearbeitet hatte, „erhoffte er sich eine ,definitive' Darstellung"[18] – diese ist bis heute noch nicht in Deutschland erschienen. Aus Dankbarkeit, weil Eisner „in der Cinémathèque française

---

[10] Obwohl Lang ein alternatives Ende drehte: In der französischen Fassung des Films, *LE DIABOLIQUE DOCTEUR MABUSE*, die dort im Juni 1961 in die Kinos kam, stirbt Dawn Addams' Figur tatsächlich. Dieses Ende befindet sich auf der britischen Blu-ray-Veröffentlichung des Films *THE THOUSAND EYES OF DR. MABUSE* (S. 315).

[11] „Das ist kein zweites Leben für mich – es ist mein eigentliches Leben", so Lang über das Kino. Zit. n. Grob, LANG, S. 69.

[12] Adorno, THEORIE, S. 184.

[13] Der „eigentliche Eindruck" Cornelius Schnaubers war, daß es vor allem „Müdigkeit" gewesen sei. Vgl. Schnauber, LANG, S. 170.

[14] 1971 hatte Fritz Lang noch seine langjährige Lebensgefährtin Lily Latté, die nahezu vierzig Jahre bei ihm geblieben war, geheiratet und sie 1975 als Alleinerbin eingesetzt. Die Ehe wurde sogar engeren Bekannten gegenüber geheimgehalten. Vgl. Grob, LANG, S. 387; Schnauber, LANG, S. 11 u. 180.

[15] Neben Fritz Lang Charles Chaplin, Robert Flaherty, John Ford, D.W. Griffith, Howard Hawks, Alfred Hitchcock, Buster Keaton, Ernst Lubitsch, F.W. Murnau, Max Ophüls, Jean Renoir, Josef von Sternberg und Orson Welles. Vgl. Sarris, CINEMA, S. 9 u. 63 ff.

[16] Grob, LANG, S. 374.

[17] Vgl. Eisner, LANG, passim.

[18] Grob, LANG, S. 381.

in den 1950er Jahren entscheidend dazu beigetragen hatte, Lang mit einer umfangreichen Retrospektive zu würdigen und auszuzeichnen", rettete er 1967/1968 mit anderen diese kulturelle Institution Frankreichs (und des Kinos überhaupt).[19] Aus dem Umfeld der Cinémathèque française wurde ihm auch seine Rolle in *LE MÉPRIS* angeboten.[20] Bereits im September 1959 hatte er in den „Cahiers du cinéma" (N° 99) auch gegenüber Jacques Rivette eingestanden, daß ihm diese Anerkennungen nicht weniger bedeutet haben, als „daß ich nicht umsonst gearbeitet habe."[21]

* * *

Godard schrieb in den „Cahiers du cinéma" (N° 146) im August 1963 über seinen *LE MÉPRIS* (dt: „Die Verachtung"), daß Fritz Lang „das Gewissen des Films, seine Ehrlichkeit"[22] gewesen sei. Lang spielt hierin den Regisseur „Fritz Lang", der für den amerikanischen Produzenten Prokosch (Jack Palance) Homers „Odyssee" nach einem Drehbuch Paul Javals (Michel Piccoli) verfilmt. Als Javals Frau Camille (Brigitte Bardot) mit Prokosch durchbrennt und beide bei einem Autounfall ums Leben kommen, beendet „Fritz Lang" dennoch den Film, denn „man muß immer beenden, was man angefangen hat." Godard gab Lang „große Freiheiten"[23] für die Ausgestaltung seiner Rolle. Als „Fritz Lang" zitiert er Bertolt Brecht (S. 37), Dante Alighieri und Friedrich Hölderlin, inszeniert die griechische Götterwelt, während es um das Verkaufen der Kunst und der Liebe an die „Exekutivgewaltigen" (S. 21), den Produzenten, geht. Lang ist in *LE MÉPRIS* wie das Kino: einmal charmant und verführerisch, dann wieder bestimmt und ernst, zuweilen ironisch, oftmals vollkommen klar, dabei nicht autoritär, sondern von gewachsener Autorität (durch Autorschaft). Als „Fritz Lang" am Schluß Odysseus' Rückkehr in seine Heimat Ithaka inszeniert, ist dies, als ob Godard auch Fritz Lang hiermit etwas beenden, ihn ankommen lassen würde. Godards Hinführung, sein „Epigraph" (altgriechisch ἐπιγραφή) des Films hatte gelautet: „Das Kino, sagt André Bazin, unterschiebt un-

---

[19] Ebd., S. 381 u. 385.
[20] Vgl., ebd., S. 366.
[21] Zit. n. ebd., S. 353.
[22] Zit. n. ebd., S. 367.
[23] Ebd., S. 368.

serer Vorstellung eine Welt, die mit unseren Wünschen übereinstimmt. ‚Die Verachtung' ist die Geschichte dieser Welt."

\* \* \*

Über seine amerikanischen Filme schrieb Lang in einem Brief an Lotte Eisner vom 23. Januar 1967 zusammenfassend: „Ist nicht in allen diesen Filmen irgendwo der durchgehende Unterton vom Kampf gegen die Übelstände unserer Gesellschaft, ganz gleichgültig über das Resultat dieses Kampfes?"[24] Ein „Kampf gegen die Übelstände" aber, das ist kein Kampf des Menschen gegen sein „Schicksal", es ist ein Kampf *für* all das, „wofür ich ... mein ganzes Leben lang eingetreten bin – für Freiheit, Toleranz, Frieden und guten Willen."[25] Daß das Resultat dieses Kampfes bei Lang einen derart kalten Blick aus der Welt angenommen hat, das spricht nicht gegen seinen Kampf innerhalb (und gegen) Hollywoods Kulturindustrie, sondern zeugt nur von der ungebrochenen Wirkmacht der Übelstände. Ob Fritz Lang tatsächlich „nicht umsonst gearbeitet" hat, das hängt auch von unserer Betrachtung seines amerikanischen Werkes ab, mit dem er zu einem Aufklärer und Mahner wurde, davon, ob wir dieses in seiner Aktualität wieder wahrnehmen. Sofern es, wie 1933 mit *DAS TESTAMENT DES DR. MABUSE*, nicht wieder einmal bereits zu spät dafür sein sollte, dem „typischen Optimismus einer Großmacht-Psychologie" (S. 288) zu widerstehen. Kann aber die Wirkmacht der Kunst die der Kulturindustrie, die diese Übelstände transportiert und potenziert, überhaupt noch einmal übertreffen? Dies mag aus guten Gründen bezweifelt werden. Solange wir jedoch den tragischen Charakter Langs und seiner Filme noch wahrzunehmen imstande sind, ist auch dieser, nach Adorno, als ein nicht aufzulösender Rest seiner Kunst zumindest noch intakt. Und mit der Endgültigkeit seiner letzten beiden amerikanischen Filme hat Lang uns auch zu verstehen gegeben, „daß in dem Augenblick keine wirkliche Tragödie mehr möglich ist, wo der Mensch über dem Blick in die unendliche Konfliktgeladenheit der Welt den Glauben an ihren Sinn verliert."[26]

---

[24] Zit. n. Schnauber, LANG, S. 70.
[25] So Fritz Lang in Briefen an Lotte Eisner (vom 18. Juli 1968) und Eleanor Rosé (vom 22. November 1963). Zit. n. Grob, LANG, S. 386.
[26] Gerhartz, SCHULD, S. 193.

In *LE MÉPRIS* sprach Fritz Lang daher, hierbei auf Homer bezugnehmend, von unserer Herkunft, von der griechischen „Zivilisation" als einer, „die sich in Harmonie und nicht in Feindschaft zur Natur entwickelte." Die „Schönheit" ihrer Kunst „liegt genau in diesem Glauben an die Wirklichkeit, so wie sie ist. ... Eine Form, die sich nicht zergliedern läßt. Sie ist, wie sie ist. Man nimmt sie an oder man läßt es sein." Für Lang war das Blatt, das in *MAN HUNT* heruntergeschwebt ist und den Schuß auf Hitler verhindert hat (S. 67), nicht mehr das Lindenblatt, das Siegfried in *DIE NIBELUNGEN* zwischen seine Schulterblätter gefallen ist und ihn an dieser Stelle verwundbar gemacht hat. In Amerika suchte er die Herkunft einer Gesellschaft nicht mehr in ihrem eigenen Mythos, der ihre Zukunft zu einer „Schicksalsmacht" oder zu einer „Manifest Destiny" für die Welt erklärt. Dem hieraus entspringenden Glauben an die eigene Überlegenheit sowie dem Glauben daran, die Macht zu besitzen, die Welt aufs Neue beginnen, sie mit Gewalt beherrschen zu können, setzte er die ursprüngliche zivilisatorische Erkenntnis entgegen, daß wir von den Determinismen und Kontingenzen der Natur, auch unserer menschlichen, beherrscht werden. Dies ist die Mahnung fast aller Filme Fritz Langs in Amerika. Und wenn Lang, wie Norbert Grob am Schluß seiner herausragenden Biographie schreibt, nach 1933 gegenüber Deutschland und Amerika „jahrzehntelang unversöhnlich gesinnt"[27] war, dann allein deshalb, weil er in Amerika endgültig zum Europäer geworden ist.

---

[27] Grob, LANG, S. 392.

# FRITZ LANG[1]

Geburtsdatum.    5. Dez. 1890 (Wien, Österreich-Ungarn)

Familie.    1. Ehefrau: Elisabeth Rosenthal (Heirat: 13. Febr. 1919, gest.: 25. Sept. 1920). 2. Ehefrau: Thea von Harbou (Heirat: 26. Aug. 1922, Scheidung: 20. Apr. 1933). 3. Ehefrau: Lily Latté (Heirat: 1971). Keine Kinder.

## ZEITTAFEL (U.S.).

| | |
|---|---|
| 1924-1925. | Erster Besuch für ein Vierteljahr in den USA. |
| 25. Aug. 1925. | Ehrengast mit Erich Pommer bei der Premiere von *DIE NIBELUNGEN* in New York City, New York. |
| 31. März 1933. | Premiere *M – EINE STADT SUCHT EINEN MÖRDER* (New York City, New York). |
| 12. Juni 1934. | Immigration in die USA (Ankunft in New York City, New York). |
| Sommer 1934. | Einzug in 2141 La Mesa Drive (Santa Monica, California). |
| 5. Juni 1936. | Premiere *FURY* (U.S.). |
| Juni 1936. | Gründungsmitglied der „Hollywood League against Nazism". |
| Sommer 1936. | Trennung von MGM. |
| Winter 1936. | Beginn der Zusammenarbeit mit Walter Wanger. Affäre mit Miriam Hopkins. |
| 23. Jan. 1937. | Premiere *YOU ONLY LIVE ONCE* (Dallas, Texas). |
| Frühjahr 1937. | Affäre mit Marlene Dietrich. |

---

[1] Vgl. Schnauber, LANG, passim; Aurich/Jacobsen/Schnauber, LANG, passim; Asper, INDIANERN, passim; McGilligan, LANG, passim; Grob, LANG, passim.

| | |
|---|---|
| Sommer 1937. | Zweijahresvertrag mit Paramount über drei Filme. |
| 29. Mai 1938. | Premiere *YOU AND ME* (Los Angeles, California). |
| 1938–1939. | Besuch der Navajo, Hopi und Yaqui in Arizona und Utah. |
| 1938–1973. | Im Blickfeld des FBI (File No. 100–157899). |
| Herbst 1939. | Beginn der Zusammenarbeit mit 20th Century-Fox. |
| 24. Nov. 1939. | Einbürgerung als „naturalized citizen" der USA. |
| 1940. | Erstmals im Visier des „Komitees für unamerikanische Umtriebe" (HUAC). |
| Juli 1940. | Affäre mit Kay Francis. |
| 10. Aug. 1940. | Premiere *THE RETURN OF FRANK JAMES* (New York City, New York). |
| Ende 1940. | Affäre mit Virginia Gilmore. |
| 31. Jan. 1941. | Premiere *WESTERN UNION* (New York City, New York). |
| 13. Juni 1941. | Premiere *MAN HUNT* (New York City, New York). |
| Juni 1942. | Zusammenarbeit mit Bertolt Brecht und Arnold Pressburger. |
| Nov. 1942. | Beginn der Freundschaft mit Theodor W. Adorno. |
| 19. März 1943. | Premiere *DAS TESTAMENT DES DR. MABUSE* (U.S.). |
| 27. März 1943. | Premiere *HANGMEN ALSO DIE!* (Prague, Oklahoma). |
| 25. Okt. 1944. | Premiere *THE WOMAN IN THE WINDOW* (Minneapolis, Minnesota). |
| 31. Dez. 1944. | Premiere *MINISTRY OF FEAR* (Los Angeles, California/St. Louis, Missouri). |
| 1944–1945. | Behauptete Affäre mit Joan Bennett. |

| | |
|---|---|
| Frühjahr 1945. | Gründung von „Diana Productions" mit Walter Wanger und Joan Bennett. |
| Sommer 1945. | Einzug (mit Lily Latté) in 1501 Summit Ridge Drive, Beverly Hills (Los Angeles, California). |
| 25. Dez. 1945. | Premiere *SCARLET STREET* (Baltimore, Maryland). |
| 1946-1950. | Beziehung mit Silvia Richards. |
| Juli 1946. | Retrospektive der frühen US-Filme in New York City, New York. |
| 5. Sept. 1946. | Premiere *CLOAK AND DAGGER* (Atlantic City, New Jersey). |
| 24. Dez. 1947. | Premiere *SECRET BEYOND THE DOOR* (San Francisco, California). |
| 1948. | Liquidation der „Diana Productions". |
| 1950-1953. | Erneut im Visier des „Komitees für unamerikanische Umtriebe" (HUAC). Fürsprache durch Columbia-Boss Harry S. Cohn. |
| Anfang 1950. | Beginn der Zusammenarbeit mit Howard Welsch („Fidelity Pictures"). |
| 25. März 1950. | Premiere *HOUSE BY THE RIVER* (Los Angeles, California). |
| Okt. 1950. | Trennung von seinem Agenten Sam Jaffe nach mehr als zehn Jahren. Beginn der Zusammenarbeit mit dem Agenten Nat C. Goldstone. |
| 7. Nov. 1950. | Premiere *AMERICAN GUERILLA IN THE PHILIPPINES* (New York City, New York). |
| 6. März 1952. | Premiere *RANCHO NOTORIOUS* (Chicago, Illinois). |
| 16. Juni 1952. | Premiere *CLASH BY NIGHT* (Los Angeles, California). |
| 8. Jan. 1953. | Einjahresvertrag mit Columbia Pictures. |
| 20. März 1953. | Premiere *THE BLUE GARDENIA* (Washington, D.C.). |

| | |
|---|---|
| Mai 1953. | Beziehung mit Inge von Schönefeldt. |
| 14. Okt. 1953. | Premiere *THE BIG HEAT* (New York City, New York). |
| 6. Aug. 1954. | Premiere *HUMAN DESIRE* (New York City, New York). |
| März 1955. | Beginn der Zusammenarbeit mit Bert E. Friedlob. |
| 24. Juni 1955. | Premiere *MOONFLEET* (New York City, New York). |
| 9. Mai 1956. | Premiere *WHILE THE CITY SLEEPS* (Pittsburgh, Pennsylvania). |
| 13. Sept. 1956. | Premiere *BEYOND A REASONABLE DOUBT* (New York City, New York). |
| Sept. 1956. | Lang betritt in Düsseldorf zum ersten Mal seit 23 Jahren deutschen Boden. |
| 1958–1963. | Filmarbeit in Deutschland und Frankreich. |
| 8. Febr. 1960. | Star auf dem „Hollywood Walk of Fame" (1600 Vine Street, Los Angeles, California). |
| 14. Sept. 1960. | Premiere *DIE 1000 AUGEN DES DR. MABUSE* (Deutschland). |
| 1963. | Auftritt in Jean-Luc Godards *LE MÉPRIS*. |
| 1964. | Endgültiger Rückzug nach Los Angeles, California. |
| März 1966. | Zusammenarbeit mit Lotte Eisner an deren Lang-Monographie in Los Angeles, California. |
| 1967. | Retrospektive der Stummfilme im Museum of Modern Art, New York City, New York. |
| 1969. | Retrospektive im Los Angeles County Museum, Los Angeles, California |
| 1973. | Ehrung durch die „Directors Guild of America" (DGA). |
| 2. Aug. 1976. | Gestorben in Beverly Hills (Los Angeles, California). Beigesetzt im Forest Lawn Memorial Park, Hollywood Hills (Los Angeles, California). |

# Filmographie

**Dt** = Deutscher Titel; **US** = US-Titel; **P** = Produktion; **AP** = Ausführende Produktion; **R** = Regie; **DB** = Drehbuch; **K** = Kamera; **S** = Schnitt; **M** = Musik; **KL** = Künstlerische Leitung; **A** = Ausstattung; **SpE** = Spezialeffekte; **MU** = Make-Up; **KO** = Kostüme; **D** = Darsteller; **EA** = Erstaufführung (USA); **DEA** = Deutsche Erstaufführung; **FM** = Format; **s/w** = Schwarzweiß; **F** = Farbe; **HK** = Heimkino; **Reg.** = Region; **UT** = Untertitel; **AK** = Audiokommentar; **VE** = Videoessay.

## 1. *M - EINE STADT SUCHT EINEN MÖRDER*
**US**: *M*; Dt. 1931; NERO-FILM AG; 117 Min.
**P**: Seymour Nebenzahl (ungenannt); **R**: Fritz Lang; **DB**: Thea von Harbou, Fritz Lang; **K**: Fritz Arno Wagner; **S**: Paul Falkenberg; **Ton**: Paul Falkenberg, Adolf Jansen; **KL**: Emil Hasler, Karl Vollbrecht; **A**: Edgar G. Ulmer (ungenannt); **MU**: Wilhelm Weber; **D**: Peter Lorre (Hans Beckert), Ellen Widmann (Frau Beckmann), Inge Landgut (Elsie Beckmann), Otto Wernicke (Kriminalkommissar Karl Lohmann), Theodor Loos (Kriminalkommissar Groeber), Gustaf Gründgens (Schränker), Friedrich Gnaß (Franz), Theo Lingen (Bauernfänger) u. a.; **EA** (US): 31. März 1933; **DEA**: 11. Mai 1931; **FM**: 35 MM, 1.20:1, s/w. **HK**: M - Eine Stadt sucht einen Mörder, Atlas Film/Praesens Film 2020 (Dt., Blu-ray/DVD, 6420949), Reg.: B/alle, Ton: Dt., UT: Dt. (optional).

## 2. *DAS TESTAMENT DES DR. MABUSE*
**US**: *The Testament of Dr. Mabuse*; Dt. 1933; NERO-FILM AG; 122 Min.
**P**: Seymour Nebenzahl, Fritz Lang; **R**: Fritz Lang; **DB**: Thea von Harbou, Fritz Lang; **K**: Karl Vass, Fritz Arno Wagner; **S**: Lothar Wolff, Conrad von Molo; **M**: Hans Erdmann, Walter Sieber (ungenannt); **KL**: Emil Hasler, Karl Vollbrecht; **A**: Walter Schulze-Mittendorff; **SpE**: Ernst Kunstmann; **MU**: Franz Siebert; **KO**: Hans Kothe; **D**: Rudolf Klein-Rogge (Dr. Mabuse), Otto Wernicke (Kommissar Karl Lohmann), Oscar Beregi Sr. (Prof. Dr. Baum), Gustav Diessl (Thomas Kent), Wera Liessem (Lilli), Theodor Loos (Dr. Kramm), Karl Meixner (Hofmeister), Klaus Pohl (Assistent Müller) u. a.; **EA** (US): 19. März 1943; **DEA**: 24. Aug. 1951; **FM**: 35 MM, 1.37:1, s/w. **HK**: Das Testament des Dr. Mabuse, Eureka! 2012 (GB, Blu-ray/DVD, EKA70009), Reg.: B/2, Ton: Dt./Engl., UT: Engl. (optional), AK: David Kalat.

## 3. *FURY*
**Dt**: *Blinde Wut*; USA 1936; Metro-Goldwyn-Mayer; 92 Min.
**P**: Joseph L. Mankiewicz; **AP**: J.J. Cohn (ungenannt); **R**: Fritz Lang; **DB**: Bartlett Cormack, Fritz Lang (nach einer Story von Norman Krasna); **K**: Joseph Ruttenberg; **S**: Frank Sullivan; **M**: Franz Waxman; **KL**: Cedric Gibbons; **KO**: Dolly Tree; **D**: Sylvia Sidney (Katherine Grant), Spencer Tracy (Joe Wilson), Walter Abel (District Attorney), Bruce Cabot (Kirby Dawson), Edward Ellis (Sheriff), Walter Brennan („Bugs" Meyers), Frank Albertson (Charlie), George Walcott (Tom) u. a.;

**EA**: 5. Juni 1936; **DEA**: 23. Jan. 1965 (TV); **FM**: 35 MM, 1.37:1, s/w. **HK**: Blinde Wut, Warner Home Video 2005 (Dt., DVD, Z566904), Reg.: 2, Ton: Dt./Engl./Span., UT: Dt./Engl. (u. a., optional). AK: Peter Bogdanovich.

## 4. YOU ONLY LIVE ONCE

**Dt**: *Gehetzt*; USA 1937; Walter Wanger Productions; 86 Min.
**P**: Walter Wanger **AP**: Walter Wanger (ungenannt); **R**: Fritz Lang; **DB**: Gene Towne, C. Graham Baker; **K**: Leon Shamroy; **S**: Daniel Mandell; **M**: Alfred Newman; **KL**: Alexander Toluboff; **KO**: Helen Taylor; **D**: Sylvia Sidney (Joan „Jo" Graham), Henry Fonda (Eddie Taylor), Barton MacLane (Stephen Whitney), Jean Dixon (Bonnie Graham), William Gargan (Father Dolan), Jerome Cowan (Dr. Hill), Chic Sale (Ethan), Margaret Hamilton (Hester) u. a.; **EA**: 23. Jan. 1937; **DEA**: 10. Apr. 1951; **FM**: 35 MM, 1.37:1, s/w. **HK**: Gehetzt, Arthaus/Kinowelt 2006 (Dt., DVD, 501274), Reg.: 2, Ton: Dt./Engl., UT: Dt. (optional).

## 5. YOU AND ME

**Dt**: *Du und ich*; USA 1938; Paramount Pictures; 94 Min.
**P**: Fritz Lang; **R**: Fritz Lang; **DB**: Virginia Van Upp, Jack Moffitt (ungenannt) (nach einer Story von Norman Krasna); **K**: Charles Lang; **S**: Paul Weatherwax; **M**: Kurt Weill, Boris Morros (ungenannt); Sam Coslow (Texte); **KL**: Hans Dreier, Ernst Fegté; **A**: A.E. Freudeman; **MU**: Glen Alden (ungenannt); **KO**: Joe Caplan (ungenannt), Eugene Joseff (ungenannt), Edna Shotwell (ungenannt); **D**: Sylvia Sidney (Helen Dennis), George Raft (Joe Dennis), Barton MacLane (Mickey Bain), Harry Carey (Jerome Morris), Roscoe Karns (Cuffy), George E. Stone (Patsy) Warren Hymer (Gil Carter a. k. a. Gimpy), Robert Cummings (Jim) u. a.; **EA**: 29. Mai 1938; **FM**: 35 MM, 1.37:1, s/w. **HK**: Du und ich, Koch Media 2010 (Dt., DVD, DVM000694D), Reg.: 2, Ton: Engl., UT: Dt.

## 6. THE RETURN OF FRANK JAMES

**Dt**: *Rache für Jesse James*; USA 1940; Twentieth Century-Fox; 92 Min.
**P**: Darryl F. Zanuck, Kenneth Macgowan (associate producer); **R**: Fritz Lang; **DB**: Sam Hellman; **K**: George Barnes; **S**: Walter Thompson; **M**: David Buttolph (ungenannt); **KL**: Richard Day, Wiard Ihnen; **A**: Thomas Little; **SpE**: Larry Chapman (ungenannt); **MU**: Louis Hippe (ungenannt); **KO**: Travis Banton; **D**: Henry Fonda (Frank James), Gene Tierney (Eleanor Stone), Jackie Cooper (Clem), Henry Hull (Major Rufus Cobb), John Carradine (Bob Ford), J. Edward Bromberg (George Runyan), Donald Meek (McCoy), Eddie Collins (Station Agent) u. a.; **EA**: 10. Aug. 1940; **DEA**: 25. März 1952; **FM**: 35 MM, 1.37:1, F (Technicolor). **HK**: Rache für Jesse James, Koch Media 2010 (Dt., DVD, DVM000663D1.), Reg.: 2, Ton: Dt./Eng./It., UT: Engl. (optional).

## 7. WESTERN UNION

**Dt**: *Überfall der Ogalalla*; USA 1941; Twentieth Century-Fox; 95 Min.
**P**: Harry Joe Brown (associate producer); **AP**: Darryl F. Zanuck (ungenannt); **R**: Fritz Lang; **DB**: Robert Carson (nach einem Roman von Zane Grey); **K**: Edward

Cronjager, Allen M. Davey; **S**: Robert Bischoff, Gene Fowler Jr. (ungenannt); **M**: David Buttolph (ungenannt); **KL**: Richard Day, Albert Hogsett; **A**: Thomas Little; **SpE**: William F. Mittlestedt (ungenannt), Ben Southland (ungenannt); **MU**: Robert Cowan (ungenannt), Ray Lopez (ungenannt); **KO**: Travis Banton; **D**: Robert Young (Richard Blake), Randolph Scott (Vance Shaw), Dean Jagger (Edward Creighton), Virginia Gilmore (Sue Creighton), John Carradine (Doc Murdoch), Barton MacLane (Jack Slade), Russell Hicks (Governor), Slim Summerville (Cookie) u. a.; **EA**: 31. Jan. 1941; **DEA**: 8. Nov. 1949; **FM**: 35 MM, 1.37:1, F (Technicolor). **HK**: Western Union, Koch Media 2013 (Dt., Blu-ray, DBM000326D), Reg.: B, Ton: Dt./Engl.

## 8. *MAN HUNT*

**Dt**: *Menschenjagd*; USA 1941; Twentieth Century-Fox; 105 Min.
**P**: Kenneth Macgowan (associate producer), Len Hammond (associate producer) (ungenannt); **AP**: Darryl F. Zanuck (ungenannt); **R**: Fritz Lang; **DB**: Dudley Nichols, Lamar Trotti (ungenannt) (nach einem Roman von Geoffrey Household); **K**: Arthur C. Miller; **S**: Allen McNeil; **M**: Alfred Newman, David Buttolph (ungenannt); **KL**: Richard Day, Wiard Ihnen; **A**: Thomas Little; **KO**: Travis Banton; **D**: Walter Pidgeon (Captain Thorndike), Joan Bennett (Jerry), George Sanders (Quive-Smith), John Carradine (Mr. Jones), Roddy McDowall (Vaner), Ludwig Stössel (doctor), Heather Thatcher (Lady Risborough), Frederick Worlock (Lord Risborough) u. a.; **EA**: 13. Juni 1941; **DEA**: 6. Nov. 1974 (TV); **FM**: 35 MM, 1.37:1, s/w. **HK**: Man Hunt, Signal One Entertainment 2017 (GB, Blu-ray/DVD, S1BR0029), Reg.: B/2, Ton: Engl., UT: Engl. (optional), AK: Patrick McGilligan.

## 9. *HANGMEN ALSO DIE!*

**Dt**: *Auch Henker sterben*; USA 1943; Arnold Productions, Inc.; 134 Min.
**P**: Fritz Lang, Arnold Pressburger; **R**: Fritz Lang; **DB**: John Wexley (nach einer Story von Fritz Lang und Bertolt Brecht); **K**: James Wong Howe; **S**: Gene Fowler Jr.; **M**: Hanns Eisler; **KL**: William S. Darling; **MU**: Robert Stephanoff; **KO**: Eleanor Behm, Eugene Joseff; **D**: Brian Donlevy (Dr. František Svoboda), Walter Brennan (Prof. Stephen Novotny), Anna Lee (Mascha Novotny), Gene Lockhart (Emil Czaka), Dennis O'Keefe (Jan Horak), Nana Bryant (Hellie Novotny), Hans Heinrich von Twardowski (Reinhard Heydrich), Reinhold Schünzel (Ritter) u. a.; **EA**: 27. März 1943; **DEA**: 3. Apr. 1958; **FM**: 35 MM, 1.37:1, s/w. **HK**: Auch Henker sterben, NSM Records 2019 (Dt., DVD, DVD6513), Reg.: 2, Ton: Dt./Engl., UT: Dt./Engl. (optional), AK: Rolf Giesen, Gerd Naumann.

## 10. *MINISTRY OF FEAR*

**Dt**: *Ministerium der Angst*; USA 1944; Paramount Pictures, Inc.; 86 Min.
**P**: Seton I. Miller (associate producer); **AP**: Buddy G. DeSylva (ungenannt); **R**: Fritz Lang; **DB**: Seton I. Miller (nach einem Roman von Graham Greene); **K**: Henry Sharp; **S**: Archie Marshek; **M**: Victor Young; **KL**: Hans Dreier, Hal Pereira; **A**: Bertram C. Granger; **MU**: Wally Westmore; **KO**: Edith Head; **D**: Ray Milland (Stephen Neale), Marjorie Reynolds (Carla Hilfe), Carl Esmond (Willi

Hilfe/Mr. Macklin), Hillary Brooke (Mrs. Bellane #2), Percy Waram (Inspector Prentice), Dan Duryea (Cost/Travers), Alan Napier (Dr. Forrester), Erskine Sanford (George Rennit) u. a.; **EA**: 19. Mai 1944 (London); **DEA**: 29. März 1973 (TV); **FM**: 35 MM, 1.37:1, s/w. **HK**: Ministerium der Angst, Koch Media 2014 (Dt., DVD, 1003707), Reg.: 2, Ton: Dt./Engl., UT: Engl. (optional).

## 11. *THE WOMAN IN THE WINDOW*

**Dt**: *Gefährliche Begegnung*; USA 1944; Christie Corporation/International Pictures; 107 Min.
**P**: Nunnally Johnson; **R**: Fritz Lang; **DB**: Nunnally Johnson (nach einem Roman von J.H. Wallis); **K**: Milton R. Krasner; **S**: Marjorie Fowler; **M**: Arthur Lange; **KL**: Duncan Cramer; **A**: Julia Heron; **SpE**: Paul K. Lerpae, Harry Redmond Jr. (ungenannt); **KO**: Muriel King; **D**: Edward G. Robinson (Professor Richard Wanley), Joan Bennett (Alice Reed), Raymond Massey (District Attorney Frank Lalor), Edmund Breon (Dr. Michael Barkstane), Dan Duryea (Heidt/Ted, the Doorman), Thomas E. Jackson (Inspector Jackson), Dorothy Peterson (Mrs. Wanley), Arthur Loft (Claude Mazard/Frank Howard/Charlie the Hat-Check Man) u. a.; **EA**: 25. Okt. 1944; **DEA**: 20. Juli 1950; **FM**: 35 MM, 1.37:1, s/w. **HK**: Die Frau im Fenster, UCM.ONE 2020 (Dt., Blu-ray, GAH0220), Reg.: B, Ton: Dt./Engl.

## 12. *SCARLET STREET*

**Dt**: *Straße der Versuchung*; USA 1945; A FRITZ LANG Production/A Diana Production; 102 Min.
**P**: Fritz Lang; **AP**: Walter Wanger (ungenannt); **R**: Fritz Lang; **DB**: Dudley Nichols (nach einem Roman von Georges de La Fouchardière und André Mouëzy-Éon); **K**: Milton R. Krasner; **S**: Arthur Hilton; **M**: Hans J. Salter; **KL**: Alexander Golitzen, John Decker (Gemälde, ungenannt); **A**: Russell A. Gausman, Carl J. Lawrence; **SpE**: John P. Fulton; **MU**: Jack P. Pierce; **KO**: Travis Banton; **D**: Edward G. Robinson (Christopher Cross), Joan Bennett (Katherine „Kitty" March), Dan Duryea (Johnny Prince), Margaret Lindsay (Millie Ray), Rosalind Ivan (Adele Cross), Jess Barker (David Janeway), Charles Kemper (Patcheye Higgins), Anita Sharp-Bolster (Mrs. Michaels) u. a.; **EA**: 25. Dez. 1945; **DEA**: 22. Juni 1950; **FM**: 35 MM, 1.37:1, s/w. **HK**: Scarlet Street, Odeon Entertainment 2008 (GB, DVD, ODNF 146), Reg.: 0, Ton: Engl. **HK**: La Chienne (R: Jean Renoir), Criterion Collection 2016 (US, Blu-ray, CC2633BD), Reg.: A, Ton: Frz., UT: Engl. (optional).

## 13. *CLOAK AND DAGGER*

**Dt**: *Im Geheimdienst*; USA 1946; A United States Pictures Production; 106 Min.
**P**: Milton Sperling; **R**: Fritz Lang; **DB**: Albert Maltz, Ring Lardner Jr., (nach einer Story von Boris Ingster und John Francis Larkin) (nach einem Buch von Corey Ford und Alastair MacBain); **K**: Sol Polito; **S**: Christian Nyby; **M**: Max Steiner; **KL**: Max Parker; **A**: Walter F. Tilford; **SpE**: Harry Barndollar, Edwin B. DuPar; **MU**: Perc Westmore; **KO**: Leah Rhodes; **D**: Gary Cooper (Professor Alvah Je-

sper), Robert Alda (Pinkie), Lilli Palmer (Gina), Vladimir Sokoloff (Polda), J. Edward Bromberg (Trenk), Marjorie Hoshelle (Ann Dawson), Ludwig Stössel (The German), Helen Thimig (Katerin Lodor) u. a.; **EA**: 5. Sept. 1946; **DEA**: 12. Juni 1953; **FM**: 35 MM, 1.37:1, s/w. **HK**: Im Geheimdienst, Arthaus/Studiocanal 2012 (Dt., DVD, 503925), Reg.: 2, Ton: Dt./Engl., UT: Dt. (optional).

## 14. SECRET BEYOND THE DOOR

**Dt**: Geheimnis hinter der Tür; USA 1947; A Diana Production; 99 Min.
**P**: Fritz Lang; **AP**: Walter Wanger (ungenannt); **R**: Fritz Lang; **DB**: Silvia Richards (nach einer Story von Rufus King); **K**: Stanley Cortez; **S**: Arthur Hilton; **M**: Miklós Rózsa; **KL**: Max Parker; **A**: John P. Austin, Russell A. Gausman; **SpE**: Robert Cormack (Animationen, ungenannt); **MU**: Bud Westmore; **KO**: Travis Banton; **D**: Joan Bennett (Celia Lamphere), Michael Redgrave (Mark Lamphere), Anne Revere (Caroline Lamphere), Barbara O'Neil (Miss Robey), Natalie Schafer (Edith Potter), Paul Cavanagh (Rick Barrett), Anabel Shaw (Intellectual Sub-Deb), Rosa Rey (Paquita) u. a.; **EA**: 24. Dez. 1947; **DEA**: 9. Nov. 1970 (TV); **FM**: 35 MM, 1.37:1, s/w. **HK**: Secret Beyond the Door, Arrow Films 2018 (GB, Blu-ray, FCD1766), Reg.: A/B/C, Ton: Engl., UT: Engl. (optional), AK: Alan K. Rode.

## 15. HOUSE BY THE RIVER

**Dt**: Das Todeshaus am Fluß; USA 1950; Fidelity Pictures Corporation; 83 Min.
**P**: Howard Welsch, Robert Peters (associate producer); **R**: Fritz Lang; **DB**: Mel Dinelli (nach einem Roman von A. P. Herbert); **K**: Edward Cronjager; **S**: Arthur Hilton; **M**: George Antheil; **KL**: Boris Leven; **A**: John McCarthy Jr., Charles S. Thompson; **SpE**: Howard Lydecker, Theodore Lydecker; **MU**: Bob Mark; **KO**: Adele Palmer; **D**: Louis Hayward (Stephen Byrne), Jane Wyatt (Marjorie Byrne), Lee Bowman (John Byrne), Dorothy Patrick (Emily Gaunt), Ann Shoemaker (Mrs. Ambrose), Jody Gilbert (Flora Bantam), Peter Brocco (Harry, Coroner), Howland Chamberlain (District Attorney) u. a.; **EA**: 25. März 1950; **DEA**: 29. Aug. 1986 (TV); **FM**: 35 MM, 1.37:1, s/w. **HK**: Das Todeshaus am Fluss, UCM.ONE 2019 (Dt., DVD, UAH010), Reg.: 2, Ton: Dt./Engl.

## 16. AMERICAN GUERILLA IN THE PHILIPPINES

**Dt**: Der Held von Mindanao; USA 1950; Twentieth Century-Fox; 105 Min.
**P**: Lamar Trotti; **R**: Fritz Lang; **DB**: Lamar Trotti (nach einem Roman von Ira Wolfert); **K**: Harry Jackson; **S**: Robert L. Simpson; **M**: Cyril J. Mockridge; **KL**: J. Russell Spencer, Lyle R. Wheeler; **A**: Thomas Little, Stuart A. Reiss; **SpE**: Fred Sersen; **MU**: Ben Nye; **KO**: Travilla; **D**: Tyrone Power (Ensign Chuck Palmer), Micheline Presle (Jeanne Martinez), Tom Ewell (Jim Mitchell), Robert Patten (Lovejoy), Tommy Cook (Miguel), Juan Torena (Juan Martinez), Jack Elam (The Speaker), Robert Barrat (General Douglas MacArthur) u. a.; **EA**: 7. Nov. 1950; **DEA**: 30. Mai 1952; **FM**: 35 MM, 1.37:1, F (Technicolor). **HK**: American Guerilla in the Philippines, Fox Cinema Archives 2013 (US, DVD, B01M2BZYMP/ASIN), Reg.: 0, Ton: Engl.

## 17. RANCHO NOTORIOUS

**Dt**: *Engel der Gejagten*; USA 1952; Fidelity Pictures, Inc.; 89 Min.
**P**: Howard Welsch; **AP, R**: Fritz Lang; **DB**: Daniel Taradash (nach einer Story von Silvia Richards); **K**: Hal Mohr; **S**: Otto Ludwig; **M**: Emil Newman; **KL**: Wiard Ihnen; **A**: Robert Priestley; **MU**: Frank Westmore; **KO**: Joe King, Don Loper; **D**: Marlene Dietrich (Altar Keane), Arthur Kennedy (Vern Haskell), Mel Ferrer (Frenchy Fairmont), Gloria Henry (Beth Forbes), William Frawley (Baldy Gunder), Lisa Ferraday (Maxine), John Raven (Chuck-a-luck dealer), Jack Elam (Mort Geary) u. a.; **EA**: 6. März 1952; **DEA**: 19. Dez. 1952; **FM**: 35 MM, 1.37:1, F (Technicolor). **HK**: Rancho Notorious, Warner Archive Collection 2010 (US, DVD, B003552QWM/ASIN), Reg.: 0, Ton: Engl.

## 18. CLASH BY NIGHT

**Dt**: *Vor dem neuen Tag*; USA 1952; Wald/Krasna Productions; 105 Min.
**P**: Harriet Parsons, Norman Krasna (ungenannt), Jerry Wald (ungenannt); **R**: Fritz Lang; **DB**: Alfred Hayes (nach einem Theaterstück von Clifford Odets); **K**: Nicholas Musuraca; **S**: George Amy; **M**: Roy Webb; **KL**: Carroll Clark, Albert S. D'Agostino; **A**: Jack Mills, Darrell Silvera; **SpE**: Harold E. Wellman; **MU**: Mel Berns; **KO**: Michael Woulfe; **D**: Barbara Stanwyck (Mae Doyle D'Amato), Paul Douglas (Jerry D'Amato), Robert Ryan (Earl Pfeiffer), Marilyn Monroe (Peggy), Keith Andes (Joe Doyle), Silvio Minciotti (Papa D'Amato), J. Carrol Naish (Onkel Vince) u. a.; **EA**: 28. Mai 1952; **DEA**: 31. Okt. 1952; **FM**: 35 MM, 1.37:1, s/w. **HK**: Vor dem neuen Tag, Polar Film/WGF 2012 (Dt., DVD, 6354), Reg.: 2, Ton: Dt./Engl., AK: Peter Bogdanovich.

## 19. THE BLUE GARDENIA

**Dt**: *Gardenia – Eine Frau will vergessen*; USA 1953; Blue Gardenia Productions; 90 Min.
**P**: Alex Gottlieb; **R**: Fritz Lang; **DB**: Charles Hoffman (nach einer Story von Vera Caspary); **K**: Nicholas Musuraca; **S**: Edward Mann; **M**: Raoul Kraushaar, Dave Kahn (ungenannt); **KL**: Charles D. Hall; **SpE**: Willis Cook; **MU**: James R. Barker, Gene Hibbs; **KO**: Izzy Berne, Maria P. Donovan; **D**: Anne Baxter (Norah Larkin), Richard Conte (Casey Mayo), Ann Sothern (Crystal Carpenter), Raymond Burr (Harry Prebble), Jeff Donnell (Sally Ellis), Richard Erdman (Al), George Reeves (Police Capt. Sam Haynes), Nat King Cole (er selbst) u. a.; **EA**: 20. März 1953; **DEA**: 20. Nov. 1953; **FM**: 35 MM, 1.37:1, s/w. **HK**: The Blue Gardenia – Eine Frau will vergessen, Arthaus/Kinowelt 2008 (Dt., DVD, 501896), Reg.: 2, Ton: Dt./Engl., UT: Dt. (optional).

## 20. THE BIG HEAT

**Dt**: *Heißes Eisen*; USA 1953; Columbia Pictures; 89 Min.
**P**: Robert Arthur; **R**: Fritz Lang; **DB**: Sydney Boehm (nach Storys von William P. McGivern); **K**: Charles Lang; **S**: Charles Nelson; **M**: Henry Vars; **KL**: Robert Peterson; **A**: William Kiernan; **MU**: Clay Campbell; **KO**: Jean Louis; **D**: Glenn Ford (Dave Bannion), Gloria Grahame (Debby Marsh), Jocelyn Brando (Katie Bannion), Alexan-

der Scourby (Mike Lagana), Lee Marvin (Vince Stone), Jeanette Nolan (Bertha Duncan), Peter Whitney (Tierney), Willis Bouchey (Lt. Ted Wilks) u. a.; **EA**: 14. Okt. 1953; **DEA**: 5. Febr. 1954; **FM**: 35 MM, 1.37:1, s/w. **HK**: The Big Heat, Indicator/Powerhouse Films 2020 (GB, Blu-ray, PHIBD016), Reg.: A/B/C, Ton: Engl., UT: Engl. (optional), AK: Lem Dobbs, Julie Kirgo, Nick Redman, VE: Antony Rayns.

## 21. HUMAN DESIRE

**Dt**: *Lebensgier*; USA 1954; Columbia Pictures; 91 Min.
**P**: Lewis J. Rachmil, Jerry Wald (ungenannt); **R**: Fritz Lang; **DB**: Alfred Hayes (nach einem Roman von Émile Zola); **K**: Burnett Guffey; **S**: Aaron Stell; **M**: Daniele Amfitheatrof; **KL**: Robert Peterson; **A**: William Kiernan; **MU**: Clay Campbell; **KO**: Jean Louis; **D**: Glenn Ford (Jeff Warren), Gloria Grahame (Vicki Buckley), Broderick Crawford (Carl Buckley), Edgar Buchanan (Alec Simmons), Kathleen Case (Ellen Simmons), Peggy Maley (Jean), Diane DeLaire (Vera Simmons), Grandon Rhodes (John Owens) u. a.; **EA**: 6. Aug. 1954; **DEA**: 3. Nov. 1954; **FM**: 35 MM, 1.85:1, s/w. **HK**: Human Desire, Eureka! 2019 (GB, Blu-ray/DVD, EKA70329), Reg.: B/2, Ton: Engl., UT: Engl. (optional). **HK**: Bestie Mensch (La bête humaine, R: Jean Renoir), Arthaus/Kinowelt/Studiokanal 2008 (Dt., DVD, 502274), Reg.: 2, Ton: Dt./Frz., UT: Dt. (optional)

## 22. MOONFLEET

**Dt**: *Das Schloß im Schatten*; USA 1955; Metro-Goldwyn-Mayer; 87 Min.
**P**: John Houseman, Jud Kinberg (associate producer); **R**: Fritz Lang; **DB**: Jan Lustig, Margaret Fitts (nach einem Roman von J. Meade Falkner); **K**: Robert H. Planck; **S**: Albert Akst; **M**: Miklós Rózsa; **KL**: Cedric Gibbons, Hans Peters; **A**: Richard Pefferle, Edwin B. Willis; **MU**: John Truwe, William Tuttle; **KO**: Walter Plunkett; **D**: Stewart Granger (Jeremy Fox), George Sanders (Lord James Ashwood), Joan Greenwood (Lady Clarista Ashwood), Viveca Lindfors (Mrs. Minton), Jon Whiteley (John Mohune), Liliane Montevecchi (Gypsy), Melville Cooper (Felix Ratsey), u. a.; **EA**: 24. Juni 1955; **DEA**: 31. März 1956; **FM**: 35 MM, 2.55:1/1.75:1 (MetroScope), F (Eastmancolor). **HK**: Moonfleet, Warner Archive Collection 2019 (US, Blu-ray, 2000151033), Reg.: A, Ton: Engl., UT: Engl. (optional).

## 23. WHILE THE CITY SLEEPS

**Dt**: *Die Bestie*; USA 1956; Bert E. Friedlob Productions; 100 Min.
**P**: Bert E. Friedlob; **R**: Fritz Lang; **DB**: Casey Robinson (nach einem Roman von Charles Einstein); **K**: Ernest Laszlo; **S**: Gene Fowler Jr.; **M**: Herschel Burke Gilbert; **KL**: Carroll Clark; **A**: Jack Mills; **MU**: Gustaf Norin; **KO**: Norma Koch; **D**: Dana Andrews (Edward Mobley), Rhonda Fleming (Dorothy Kyne), George Sanders (Mark Loving), Ida Lupino (Mildred Donner), Howard Duff (Lt. Burt Kaufman), Thomas Mitchell (Jon Day Griffith), Vincent Price (Walter Kyne), Sally Forrest (Nancy Liggett), John Drew Barrymore (Robert Manners), James Craig („Honest" Harry Kritzer) u. a.; **EA**: 9. Mai 1956; **DEA**: 28. Dez. 1956; **FM**: 35 MM, 1.85:1/2.00:1 (SuperScope), s/w. **HK**: While the City Sleeps, Warner Archive Collection 2018 (US, Blu-ray, 2000141815), Reg.: A, Ton: Engl., UT: Engl. (optional).

## 24. BEYOND A REASONABLE DOUBT
**Dt**: *Jenseits allen Zweifels*; USA 1956; A Bert Friedlob Productions, Inc. Production; 80 Min.
**P**: Bert E. Friedlob; **R**: Fritz Lang; **DB**: Douglas Morrow (auch Story); **K**: William E. Snyder; **S**: Gene Fowler Jr.; **M**: Herschel Burke Gilbert; **KL**: Carroll Clark; **A**: Darrell Silvera; **MU**: Lou LaCava; **D**: Dana Andrews (Tom Garrett), Joan Fontaine (Susan Spencer), Sidney Blackmer (Austin Spencer), Shepperd Strudwick (Jonathan Wilson), Arthur Franz (Bob Hale), Philip Bourneuf (Staatsanwalt Roy Thompson), Edward Binns (Lt. Kennedy), Barbara Nichols (Dolly Moore) u. a.; **EA**: 13. Sept. 1956; **DEA**: 9. Apr. 1957; **FM**: 35 MM, 1.85:1/2.00:1 (SuperScope), s/w. **HK**: Beyond A Reasonable Doubt, Warner Archive Collection 2018 (US, Blu-ray, 2000141691), Reg.: A, Ton: Engl., UT: Engl. (optional).

## 25. DIE 1000 AUGEN DES DR. MABUSE
**US**: *The 1,000 Eyes of Dr. Mabuse*; BRD/Fr./It. 1960; CCC-Filmkunst (Artur Brauner)/C.E.I. Incom/Critérion Film S.A.; 104 Min.
**P**: Artur Brauner; **R**: Fritz Lang; **DB**: Fritz Lang, Heinz Oskar Wuttig, Jan Fethke; **K**: Karl Löb; **S**: Walter Wischniewsky, Waltraut Wischniewsky; **M**: Gerhard Becker, Bert Grund; **A**: Erich Kettelhut, Johannes Ott; **MU**: Heinz Stamm; **D**: Dawn Addams (Marion Menil), Peter van Eyck (Henry B. Travers), Gert Fröbe (Kommissar Jochen Kras), Wolfgang Preiss (Professor Jordan/Hellseher Peter Cornelius), Werner Peters (Hieronymus B. Mistelzweig), Andrea Checchi (Hoteldetektiv Berg), Marieluise Nagel (Blondine), Reinhard Kolldehoff (Roberto Menil) u. a.; **DEA**: 14. Sept. 1960; **EA** (US): 6. Apr. 1966; **FM**: 35 MM, 1.66:1, s/w. **HK**: The Thousand Eyes of Dr. Mabuse, Eureka! 2020 (GB, Blu-ray, EKA70384), Reg.: B, Ton: Dt./Engl., UT: Engl. (optional), AK: David Kalat.

## 26. LE MÉPRIS
**Dt**: *Die Verachtung*; Fr./It. 1963; Rome Paris Films/Les Films Concordia/Compagnia Cinematografica Champion; 103 Min.
**P**: Georges de Beauregard, Carlo Ponti, Joseph E. Levine (ungenannt); **R**: Jean-Luc Godard; **DB**: Alberto Moravia, Jean-Luc Godard (ungenannt); **K**: Raoul Coutard; **S**: Agnès Guillemot, Lila Lakshmanan (ungenannt); **M**: Georges Delerue; **KO**: Tanine Autré (ungenannt); **MU**: Odette Berroyer (ungenannt); **D**: Brigitte Bardot (Camille Javal), Michel Piccoli (Paul Javal), Jack Palance (Jeremy Prokosch, Produzent), Fritz Lang (Fritz Lang, Regisseur), Raoul Coutard (Kameramann, ungenannt), Jean-Luc Godard (Fritz Langs Regieassistent, ungenannt), Giorgia Moll (Francesca Vanini) u. a.; **EA** (It.): 29. Okt. 1963; **DEA**: 22. Jan. 1965; **FM**: 35 MM, 2.35:1, F (Technicolor). **HK**: Die Verachtung, Arthaus/Studiocanal 2016 (Dt., DVD, 505856 IX4), Reg.: 2/4, Ton: Dt./Frz., UT: Dt. (optional).

# Literatur- und Quellenverzeichnis

Adler, Tim, Hollywood and the MOB, London 2007.
Adorno, Theodor W., Noten zur LITERATUR III, Frankfurt a. M. 1965.
Adorno, Theodor W., Gesammelte Schriften 7, Ästhetische THEORIE, Frankfurt a. M. 1970.
Aigner, Thomas, Die Lust am Sehen: Filmkritiken und Aufsätze von François TRUFFAUT in den „Cahiers du cinéma" von 1953 bis 1959, in: Filmbulletin: Zeitschrift für Film und Kino, 1.1994, S. 39-48.
American Anthropological Association, Statement on „RACE", 17. Mai 1998, https://www.americananthro.org/ConnectWithAAA/Content.aspx?ItemNumber=2583, letzter Zugriff: 25.09.2022.
Apollodor, BIBLIOTHEKE. Götter- und Heldensagen, hgg. u. übers. v. P. Dräger, Düsseldorf/Zürich 2005.
Aristotelis (Aristoteles) METAPHYSICA, hgg. W. D. Ross, Oxford 1924.
Aristotelis (Aristoteles), POLITICA, hgg. v. W. D. Ross, Oxford 1957.
Aristotelis (Aristoteles), Ars RHETORICA, hgg. v. W. D. Ross, Oxford 1959.
Aristoteles, POETIK, übers. u. hgg. v. M. Fuhrmann, Stuttgart 1994.
Asper, Helmut G., Eine Pioniergeschichte. „Western Union": Fritz Lang unter den INDIANERN, in: Film-Dienst Heft 3/2001, S. 50-54.
Aurich, Rolf/Jacobsen, Wolfgang/Schnauber, Cornelius (Hg.), Fritz LANG. Leben und Werk. Bilder und Dokumente, Berlin 2001.
Benjamin, Walter, Über den Begriff der GESCHICHTE, in: ders., Gesammelte Schriften, Frankfurt a. M. 1980, Band I.2: Abhandlungen, S. 697 f.
Benjamin, Walter, Das KUNSTWERK im Zeitalter seiner technischen Reproduzierbarkeit: Drei Studien zur Kunstsoziologie, Frankfurt a. M. 2010.
Bennett, Joan/Kibbee, Lois, The BENNETT Playbill, New York/Chicago/San Francisco 1970.
Bernstein, Matthew, Walter WANGER: Hollywood Independent, Minneapolis 2000.
Binotto, Johannes, TAT/ORT. Das Unheimliche und sein Raum in der Kultur, Zürich/Berlin 2013.
Bogdanovich, Peter, Fritz LANG in America, London 1967.
Bogdanovich, Peter, Wer hat den denn GEDREHT?, Zürich 2000.
Brecht, Bertolt, ARBEITSJOURNAL 1938-1942, Frankfurt a. M. 1973.
Brecht, Bertolt, Die GEDICHTE von Bertolt Brecht in einem Band, 9. Aufl., Frankfurt a. M. 1997.
Brecht, Bertolt, Schriften zum THEATER, Frankfurt a. M. 1999.
Camus, Albert, Der Mensch in der REVOLTE, Reinbek 1953.
Camus, Albert, Der Mythos des SISYPHOS, Reinbek 2000.

Conrad, Andreas, Fritz Lang: Der Regisseur ist vom MORDVERDACHT freigesprochen, in: Der Tagesspiegel, 30. Jan. 2001.
Critchlow, Donald T., When Hollywood Was RIGHT – How Movie Stars, Studio Moguls, and Big Business Remade American Politics, Cambridge 2013.
Curcio, Vincent, Suicide Blonde. The Life of Gloria GRAHAME, New York 1989.
Curtis, James, Spencer TRACY: A Biography, New York 2011.
de Toth, André/Slide, Anthony, de Toth on DE TOTH: Putting the Drama in Front of the Camera – A Conversation with Anthony Slide, London 1996.
Deleuze, Gilles, Das Bewegungs-BILD. Kino I, Frankfurt a. M. 1989.
Douchet, Jean, MOONFLEET, Fritz Lang, 1955 – Le cercle brisé, in: Cahiers du Cinéma, N° 107, Mai 1960, S. 44-47.
Dürrenmatt, Dieter, Fritz LANG – Leben und Werk, Basel 1982.
Eisner, Lotte, Fritz LANG, London 1976.
Eisner, Lotte H., Die dämonische LEINWAND, hgg. v. Hilmar Hoffmann und Walter Schobert, Frankfurt a. M. 1980.
Eisner, Lotte H., Ich hatte einst ein schönes Vaterland – MEMOIREN, Heidelberg 1984.
Epiktet, Handbüchlein der MORAL und Unterredungen, 11. Aufl., hgg. v. H. Schmidt, Stuttgart 1984.
Freud, Sigmund, Gesammelte WERKE, Bände I-XVII/Nachtragsband, hgg. v. Angela Richards u. Ilse Grubrich-Simitis, Frankfurt a. M. 1987.
Gerhartz, Ingo Werner, Tragische SCHULD. Philosophische Perspektiven zur Schuldfrage in der griechischen Tragödie, Freiburg/München 2016.
Grafe, Frieda, Für Fritz LANG – Ein Platz, kein Denkmal, in: Peter W. Jansen/Wolfram Schütte (Hg.), Fritz Lang, München/Wien 1976, S. 7-82.
Grob, Norbert, Fritz LANG: „Ich bin ein Augenmensch" – Die Biographie, Berlin 2014.
Gunning, Tom, The Films of Fritz LANG: Allegories of Vision and Modernity, London 2000.
Horkeimer, Max/Adorno, Theodor W., Dialektik der AUFKLÄRUNG – Philosophische Fragmente, Frankfurt a. M. 2016.
Humphries, Reynold, Fritz LANG: Genre and Representation in His American Films, Baltimore 1989.
Huntington, Samuel P., Kampf der KULTUREN. Die Neugestaltung der Weltpolitik im 21. Jahrhundert, München 1998.
Jordan, C. Stephen, Bohemian Rogue: The Life of Hollywood Artist John DECKER, Lanham 2005.
Kalat, David, The Strange Case of Dr. MABUSE, Jefferson (North Carolina)/London 2005.
Kracauer, Siegfried, Von CALIGARI zu Hitler – Eine psychologische Geschichte des deutschen Films, Frankfurt a. M. 2009.
Kurianowicz, Tomasz, Streamingserie „DEVS": Ein Code im Schafspelz, in: Berliner

Zeitung, 21. August 2020.

Lang, Fritz, »Major Studios Too CAUTIOUS", Fritz Lang Claims Only Independents Make Adult Films, in: The Montreal Gazette, 19. Nov. 1945, S. 3.

Lang, Fritz, Interview: Regisseur Fritz Lang über Nazis, HOLLYWOOD und »Fury", Kultur im Norden (NDR), 23. Jan. 1965.

Lang, Fritz, INTERVIEWS, Edited by Barry Keith Grant, Jackson/Mississippi 2003.

Laplace, Pierre-Simon, Philosophischer Versuch über die WAHRSCHEINLICHKEIT, Heidelberg 1819.

Lurker, Manfred (Hg.), Wörterbuch der SYMBOLIK, 5. Aufl., Stuttgart 1991.

Lyotard, Jean-François, Der WIDERSTREIT, München 1989.

Marrati, Paola, Gilles DELEUZE: Cinéma et philosophie, Paris 2003.

Mattioli, Aram, Verlorene WELTEN: Eine Geschichte der Indianer Nordamerikas – 1700–1910, Stuttgart 2017.

McElhaney, Joe (Hg.), A Companion to Fritz LANG, Chichester 2015.

McGilligan, Patrick, Fritz LANG: The Nature of the Beast, Minneapolis/London 2013.

Nagel, Ernest/Newman, James R., Der Gödelsche BEWEIS, München 1992.

Nietzsche, Friedrich, Also sprach ZARATHUSTRA. Ein Buch für alle und keinen, hgg. v. Felix Christen, 19. Aufl., Stuttgart 2014.

Paine, Thomas, Common SENSE, Rights of Man and Other Essential Writings, New York 2003.

Palmer, Lilli, Change LOBSTERS – and Dance. An Autobiography, New York 1975.

Patalas, Enno, Kommentierte FILMOGRAFIE, in: Peter W. Jansen/Wolfram Schütte (Hg.), Fritz Lang, München/Wien 1976, S. 83–142.

Pfaff, William, The Irony of Manifest DESTINY. The Tragedy of America's Foreign Policy, New York 2010.

Rivette, Jacques, La MAIN, in: Cahiers du Cinéma, N° 76, Nov. 1957, S. 48–51.

Rollyson, Carl, A Real American Character – The Life of Walter BRENNAN, Jackson 2015.

Rosenberg, Eli, "I believe in white SUPREMACY": John Wayne's notorious 1971 Playboy interview goes viral on Twitter, in: The Washington Post, 20. Febr. 2019.

Rousseau, Henri, Die GEGENWART und das Vergangene. Gedichte und Gemälde, Wien 1986.

Sarris, Andrew, The American CINEMA: Directors and Directions, 1929–1968, Boston 1996.

Schelling, Friedrich Wilhelm Joseph, Sämmtliche WERKE, Stuttgart/Augsburg 1856.

Schnauber, Cornelius, Fritz LANG in Hollywood, Wien 1986.

Schütze, Larissa, Fritz LANG im Exil: Filmkunst im Schatten der Politik, Mün-

chen 2006.
Seeßlen, Georg, Der Asphalt-Dschungel – Geschichte und Mythologie des GANG-STER-Films, Reinbek 1980.
Seeßlen, Georg, Kino der ANGST – Geschichte und Mythologie des Film-Thrillers, Reinbek 1980.
Spinoza, Baruch de, Die ETHIK nach geometrischer Methode dargestellt, Hamburg 1976.
The Mount Airy News, SHOCKER was filmed behind looked doors, 23. Okt. 1956, S. 5.
Truffaut, François, Fritz LANG in Amerika, in: ders., Die Filme meines Lebens – Aufsätze und Kritiken, Frankfurt a. M. 1997, S. 101-105.
Truffaut, François, Mr. HITCHCOCK, wie haben Sie das gemacht?, übers. v. Frieda Grafe, 20. Aufl., München 1998.
University of Wisconsin, Walter F. WANGER Papers, 1908–1968, http://digital.library.wisc.edu/1711.dl/wiarchives, Madison, letzter Zugriff: 13.06.2022.
Welles, Orson/Bogdanovich, Peter, This is Orson WELLES, New York 1998.
Wright, Virginia, Silvia RICHARDS adapts „The Dunwich Horror", in: Los Angeles Daily News, 1. Apr. 1947, S. 17.
Zion, Robert, Die Kontinuität des Bösen – Vincent PRICE in seinen Filmen, München 2000.
Zion, Robert, Der verletzliche BLICK – Regie: Dario Argento, 2. Aufl., Norderstedt 2017.
Zion, Robert, Roger CORMAN – die Rebellion des Unmittelbaren, Norderstedt 2018.
Zion, Robert, Tag der GESETZLOSEN, 35 Millimeter, Booklet Edition #5, Saarbrücken 2018.
Zion, Robert, Die große ILLUSION – Jean Renoirs Schlüsselwerk eines utopischen Pazifismus, in: 35 Millimeter – Das Retro-Filmmagazin, #29, Okt./Nov. 2018, S. 28 f.
Zion, Robert, Rhonda FLEMING – Aschenputtel in Hollywood, Norderstedt 2021.
Zion, Robert, Der PESSIMISMUS New Hollywoods – Easy Riders, Asphalt Cowboys und lebende Tote, in: in: 70 Millimeter, #0, April 2021, S. 6-13.
Zion, Robert, ZEITDOKUMENTE in Bild und Ton: M (1931) & Das Testament des Dr. Mabuse (1933), in: 35 Millimeter – Das Retro-Filmmagazin, #42, Juni 2021, S. 8 ff.
Zion, Robert, Auf dem Pfad der Verlorenen: NOIR WESTERN – Essential, 35 Millimeter, Sonderausgabe #6, Saarbrücken 2022.
Zion, Robert, Das Testament des Dr. MABUSE, in: Gangster – Essential, 35 Millimeter, Sonderausgabe #7, Juli 2022, S. 24 f.
Zion, Robert, EDITORIAL, in: Melodram – Essential, 35 Millimeter, Sonderausgabe #8, Februar 2023, S. 3.
Zion, Robert, „Alles ist LÜGE": Two Girls on the Street (1939), in: 35 Millimeter – Das Retro-Filmmagazin, #49, März 2023, S. 22.

# Index

Fettgedruckte Ziffern verweisen auf Abbildungen.

## A

À BOUT DE SOUFFLE (Außer Atem, Jean-Luc Godard, 1960) 35, 226
Abbild, siehe: Medien
Abgrund 9 ff., **11 f.**, 14, 17, 19, 24, 29 f., 35, 48, 66 ff., 71, 75, 79, 89, 91, 94, 99, 102, 104, 112, 218 ff., 233, 249, 254, 258, 269, 275, 282, 287, 289, 293 f., 299
Addams, Dawn 299 f., 315
Adorno, Theodor W. 21, 71, 75, 229, 298, 300, 302, 305
Afroamerikaner 50, 55, 57, 234 f.
AMERICAN GUERILLA IN THE PHILIPPINES (siehe Filmographie) 13, 61 f., **160 f.**, 229, 240-243, 244, 306, 312
American way of life 40 f., 95, 114
Analyseschema **11 f.**, 19, 30, 35, 112, 255, 293
Andrews, Dana **128**, **172**, **173**, **174**, **175**, **176**, **184**, **215**, 253, 282 f., 285, 289, 291 f., 295 f., 314 f.
Antinazifilm 17, 19, 61 f.
Antinazismus 62, 73, 222
Apollodor 101
Arbeitsweise 85, 250
Architektur 44, 107, 112, 234, 236
Argento, Dario 76
Aristoteles 91, 96, 99 f., 102, 113, 294
Arizona 58, 60, 305
Asper, Helmut G. 57 f.
Assoziativsymbol 239
Atombombe 103 f.
Auftragsarbeit 13, 42, 54, 61, 229, 231, 240, 244, 253
Autorschaft (Filmautor) 8 f., 55, 70, 114, 257, 281, 301

## B

Balaban, Barney 48, 234
Bardot, Brigitte 99, 301, 315
Baxter, Anne 86, **124**, **164**, **165**, **201**, 228, 252-255, 313

Bazin, André 301
BEDLAM (Mark Robson, 1946) 272
Bellizismus 50
Benjamin, Walter 4, 14, 47, 83 f., 221, 238, 284, 299
Bennett, Joan 64, 66 ff., 74, 85-88, 90 f., 94, 97, 102, 108 ff., 113 f., **119**, **120**, **121**, **140**, **146**, **147**, **148**, **149**, **152**, **153**, **189**, **190**, **191**, **207**, 227 f., 253, 261 f., 305 f., 310 ff.
Bernhardt, Curtis (Kurt) 108
Betrübnis (λύπη) 96
Bewegungs-Bild 45, 249
BEYOND A REASONABLE DOUBT (siehe Filmographie) 9, 11 f., 14, 86, 89, **128**, **174 ff.**, **184**, **202**, 263, 270, 276, 279-290, 291-296, 307, 315
Beziehungen (Affären) 32, 59, 88, 108, 218, 221 f., 226 f., 268, 304-307
Binotto, Johannes 23, 46, 92, 112
Blackmer, Sidney **184**, 291, 315
BLADE RUNNER (Ridley Scott, 1982) 107
Boetticher, Budd 61, 290
Bogdanovich, Peter 10, 23, 68, 73, 82, 246 f., 251, 254, 275, 278, 300, 309, 313, passim
BONNIE AND CLYDE (Bonnie und Clyde, Arthur Penn, 1967) 35
Bowman, Lee **158**, 236, 312
Brauner, Artur 279, 298, 315
Brecht, Bertolt 37 ff., 41 f., 48, 70-73, 75, 222, 224, 229, 301, 305, 310
Breen, Joseph 73
Brennan, Walter 27, 71 f., **199**, 308, 310
Brooke, Hillary 78, **144**, 311
Brown, Harry Joe 61, 309
Bryant, Nana **143**, 310
Buñuel, Luis 99, 236

## C

Cahiers du cinéma 31, 45, 254, 257, 273, 279, 301

Camus, Albert 24
Chaos (χάος) 288, 299
Carné, Marcel 69
Carradine, John 55, 60, 64, **141**, 244, 309 f.
CASANOVA'S BIG NIGHT (*Der Schürzenjäger von Venedig*, Norman Z. McLeod, 1954) 296
Chaplin, Charles 300
CHEYENNE AUTUMN (*Cheyenne*, John Ford, 1964) 53, 57
Cinémathèque française 300 f.
CITIZEN KANE (Orson Welles, 1941) 22, 101, 285, 287 ff.
CLASH BY NIGHT (siehe Filmographie) 11 f., 40, 86, 89, **122 ff.**, **162 f.**, 244-251, 254, 264 ff., 272 f., 306, 313
CLOAK AND DAGGER (siehe Filmographie) 11, 19, 47, 62, 70, 77, 86, 103-107, **150 f.**, **182**, **191**, 227, 230, 243, 248, 262, 306, 311 f.
Cohn, Harry S. 231 f., 234 f., 263 ff., 306
Columbia Pictures 32, 166, 169, 230 f., 234 f., 240, 263 ff., 306, 313 f.
Conte, Richard **165**, 228, 252, 255, 313
Cooper, Gary 103-106, **150**, **151**, **191**, 311
Cortez, Stanley 109, 312
Crawford, Broderick 267 ff., 314
CROSSFIRE (*Im Kreuzfeuer*, Edward Dmytryk, 1947) 261

# D

DAS CABINET DES DR. CALIGARI (Robert Wiene, 1920) 89
DAS INDISCHE GRABMAL (Fritz Lang, 1959) 279, 298
DAS TESTAMENT DES DR. MABUSE (siehe Filmographie) 9, 11 f., 17 ff., 29, 46, 61 f., 66, **197**, 240, 288 f., 298 f., 302, 305, 308
Decker, John (Leopold von der Decken) 100, 311
Deleuze, Gilles 45
DeMille, Cecil B. 53, 59
Demokratie 20, 29 f., 74
DER HERRSCHER (Veit Harlan, 1937) 49
De Toth, André 52, 61, 63, 234 ff., 278
DER TIGER VON ESCHNAPUR (Fritz Lang, 1959) 279, 298
DEVS (Alex Garland, 2020) 107

DER BLAUE ENGEL (Josef von Sternberg, 1930) 222
DER MÜDE TOD (Fritz Lang, 1921) 34
Determinismus 11 f., 19, 23 f., 29, 35, 39, 46, 56, 58, 67, 83, 95 f., 99, 104, 106 f., 112, 219, 222 f., 233, 245, 249, 258, 262, 266, 269, 275 f., 287, 291, 299, 303
Diana Productions 88, 108 f., 114, 149, 152, 227, 229, 233, 306, 311 f.
DIE 1000 AUGEN DES DR. MABUSE (siehe Filmographie) 11 f., 19, 72, 77, 278, 280, 288, 298 ff., 307, 315
Diegetisch (intradiegetisch, extradiegetisch) 39 f., 56, 113 f., 224
DIE MÖRDER SIND UNTER UNS (Wolfgang Staudte, 1946) 298
DIE NIBELUNGEN (Fritz Lang, 1924) 16 f., 22, 28, 53, 77, 105, 303 f.
DIE SPINNEN (Fritz Lang, 1919) 107
Dieterle, William (Wilhelm) 49, 85
Dietrich, Marlene 49, 86, **154**, **155**, **156**, **157**, **210**, 219-222, 224, 268, 299, 304, 313
Dmytryk, Edward 76, 261
Donlevy, Brian 71, 73, **142**, 310
Doppelung (Spiegelung) 9, 12, 19, 67, 219, 260 f., 263, 269, 293, 298
Douchet, Jean 273, 275 f.
Douglas, Paul **123**, **162**, 247, 251, 313
DR. MABUSE, DER SPIELER (Fritz Lang, 1922) 19, 289, 299
Duff, Bridget **127**
Duff, Howard **127**, 283, 286, 314
Duryea, Dan 78, 90, 97, 102, **149**, 311
Dwan, Allan 26, 40, 53, 278, 290

# E

Eisler, Hanns 73, 229, 310
Eisner, Lotte 8 f., 13, 16, 18 f., 44, 47, 55, 69, 72, 77, 79, 85, 91, 220 ff., 224, 226, 233, 251, 266, 275, 299, 300, 307, passim
Ekberg, Carl **140**
Endgültigkeit 263, 276, 280 f., 294, 302
Engel 4, 14, 218 f., 221, 224, 273, 299
Entropie 23, 107, 221, 262, 291, 294
Epigraph (ἐπιγραφή) 301
Epiktet 271
Episches Theater 37 ff., 41, 75, 222, 224

Ereignis (Ursprungsgeschehen) 9 f., **11 f.**, 13, 19, 23, 29 f., 48, 67, 96, 218 f., 221, 255, 269 f., 293
Erinnyen (Ἐρινύες) 101
Erschütterung (ταραχή) 96, 99, 102
Ethnozid 58
Ewell, Tom **161**, 241, 312
Exekutivgewaltige 21 f., 26, 30, 83, 242, 301
Expressionistischer Film 36, 44, 69 f., 264

# F

Federal Bureau of Investigation (FBI) 48 f., 229, 231, 305
Femme Fatale 102, 269, 296
Ferrer, Mel **156, 157**, 219, 313
Fidelity Pictures 154, 156, 159, 221, 229, 233, 306, 312 f.
Film Noir 36, 69, 102, 232, 257, 296
Filmischer Raum (Rauminszenierung) 44, 46 f., 69, 83, 92, 101, 112, **186–194**, 238, 266, 273
Flaherty, Robert 300
Fleming, Rhonda 86, **126, 173, 202, 214**, 282 f., 286, 289 f., 314
Florida 58, 287
Fonda, Henry 33, 46, 55, 57, 59, 85 f., **132, 133, 137, 206**, 238, 244, 281, 309
Fonda, Peter 52
Fontaine, Joan 86, **128, 174, 175, 216**, 283, 291 f., 295 f., 315
Ford, Glenn **125, 166, 167, 168, 169, 183, 194, 213**, 258, 260, 265 f., 268, 270 f., 313 f.
Ford, John 53, 56 f., 59 f., 62, 64, 67, 89, 244, 278, 300
Forrest, Sally **172, 173**, 283, 285, 314
Fotogramm 10, **12**, 29, 35 f., 45, 47, 58, **196–202**, 239, 255, 294
Freud, Sigmund 94, 108 f., 113
Friedlob, Bert E. 84, **126**, 282 f., 289, 307, 314 f.
Frontier 52
*FRONTIER MARSHAL* (Allan Dwan, 1939) 53
*FURY* (siehe Filmographie) 11, 22, 24, 25–30, 31 f., 48, 50, 86, 88, **116, 130 f., 179, 186**, 234, 255, 272, 278, 281, 283, 304, 308 f.

# G

Gabin, Jean 268 f.
Garland, Alex 107
Genre 9, 13, 36, 52 ff., 57, 220, 254 ff., 257
Gesellschaft **11 f.**, 17, 19, 23 ff., 29 f., 34 ff., 39, 48, 50, 52, 71, 75, 84, 89, 92, 95 f., 104, 106 f., 232–235, 249, 255–258, 260, 263, 287 ff., 291, 299, 302 f.
Gewalt 35, 40, 50, 220, 228, 235, 245, 254, 258, 260 f., 263, 273, 276, 303
Gewaltherrschaft 71, 73, 75, 79
Giesen, Rolf 62 f., 310
Gilmore, Virginia 59 f., 227 f., 305, 310
Godard, Jean-Luc 20, 31, 35, 37, 69, 82, 94, 99, 226, 249, 270, 300 f., 307, 315
Goebbels, Joseph 16–19, 22, 63, 222
Göring, Hermann 80
Goetz, William 88 f., 114
Goldstone, Nat C. 229 f., 306
Gott (Götter) 20, 101, 105, 223, 270 f., 301
Grafe, Frieda 9 f., 26, 29, 39, 45, 47, 53, 91, 114, 249. 273, 278, passim
Grahame, Gloria 86, **125, 166, 167, 168, 169, 193, 194, 212**, 218, 258, 261 f., 265, 267–270, 313 f.
Granger, Stewart **170, 171**, 273 f., 314
Greenwood, Joan **171**, 273, 314
Griechische Tragödie 19 f., 23 f., 82, 95 ff., 113, 221 ff., 282
Griffith, D.W. 26, 40, 300
Grob, Norbert 13, 17, 76, 226, 230, 249, 263, 279, 303, passim
*GUN CRAZY* (*Gefährliche Leidenschaft*, Joseph H. Lewis, 1950) 35

# H

*HANGMEN ALSO DIE!* (siehe Filmographie) 11, 19, 37, 42, 62, 69–75, **142 f., 199**, 229, 243, 272, 305, 310
Hawks, Howard 300
Hayes, Alfred 244, 246, 264, 313 f.
Hays, William H. 95

Hays Code (Production Code) 95, 101, 228, 234, 257, 265
Hays Office 64, 73, 234, 239, 244
Hayward, Louis **158, 182**, 234, 236, 238 f., 287 f., 312
Hayworth, Rita 263

Hell-Dunkel („Chiaroscuro") 35 f., 69, 279
Henry, Gloria 219 f., 299, 313
Heydrich, Reinhard 71 f., 288, 310
Himmler, Heinrich 288
Hitchcock, Alfred 8, 76-79, 108 f., 283, 296, 300
Hitler, Adolf 16-19, 49 f., 63 f., 67, 241, 268, 281, 303
Hollywood League against Nazism 33, 49, 304
Hollywood Ten 230, 287
Hollywoodsystem 22, 42, 48, 55, 279, 283, 290
Holocaust (ὁλόκαυστος) 63, 66, 72, 235
Homer 301, 303
Homosexualität 72, 228
Hopi 58, 305
Hopkins, Miriam 32, 304
Horkheimer, Max 21, 285
*HOUSE BY THE RIVER* (siehe Filmographie) 11, 47, 50, **158 f.**, **182**, **192**, 221, 229, 233-239, 244, 288, 306, 312
*HOW GREEN WAS MY VALLEY* (*Schlagende Wetter*, John Ford, 1941) 64
Hoyt, John **171**
*HUMAN DESIRE* (siehe Filmographie) 11 f., 18, 86, 89, **125**, **168 f.**, **194**, 232, 263, 264-271, 307, 314

## I

Indian Territories 58
Immaterialität 10, **12**, 30, 35, 46, 112, 255, 294
Individuum 10, **11 f.**, 14, 19, 23 f., 35, 48, 67, 69, 89, 95, 112 f.,, 219, 233, 235, 255, 258, 269, 275, 287 ff. 293, 299
Indizien 10, **12**, 18 f., 28 ff., 34, 61, 66 f., 72, **178-184**, 218 f., 221, 237, 239, 255, 281, 289, 292, 294 f.
Italienischer Neorealismus 36, 264

## J

Jaffe, Sam 54, 228 f., 306
Jammer (ἔλεος) 82, 96, 99
Jedermann 20, 74, 289
*JESSE JAMES* (*Jesse James, Mann ohne Gesetz*, Henry King, 1939) 53
*JOHNNY GUITAR* (*Johnny Guitar – Wenn Frauen hassen*, Nicholas Ray, 1954) 221

## K

Kalifornien 21, 35, 58, 63, 71, 108, 244, 298, 300
Kapitalismus 21, 48, 114, 287 f.
Karloff, Boris 272
Katharsis (κάθαρσις) 30, 91, 95 f., 102, 222, 261, 282
Kausalität 23 f., 96 f., 106 f., 223, 261, 275 f.
Kennedy, Arthur **157**, 219, 299, 313
Kennedy, John F. 72,
Kennedy, Robert 63, 72
King, Henry 53, 242
King, Martin Luther 63, 72
Klassizismus 20, 271
Klee, Paul 14
Klein-Rogge, Rudolf 19, **197**, 218, 308
Knef, Hildegard 298
Komitee für unamerikanische Umtriebe (HUAC) 49 f., 108, 229, 305 f.
Kommunismus 25, 37, 104, 229 ff.,
Kontaktbild, siehe: Fotogramm
Kontingenz (ἐνδεχόμενον, *contingentia*) 10, **12**, 19, 23 f., 29 f., 35, 46, 48, 67, 76, 83 f., 95 f., 107, 219, 222 f., 254 f., 266, 281, 294, 303
Kracauer, Siegfried 16 ff., 62,
Kriegsbeiträge 19, 50, 61 f., 70, 243
Kulturindustrie 21 f., 40, 48, 50, 57, 73, 102, 114, 242, 279, 302
Kunst (Künstler) 8, 14, 31 f., 47, 58, 69 f., 73, 83, 85 ff., 96 ff., 107, 114, 222 f., 233, 251, 280, 289, 300, 301 ff.
Kunstwerk 47, 233, 239, 300

## L

*LA BÊTE HUMAINE* (*Bestie Mensch*, Jean Renoir, 1938) 99, 232, 264 ff., 314
*LA CHIENNE* (*Die Hündin*, Jean Renoir, 1931) 69, 99, 101, 311
*LA GRANDE ILLUSION* (*Die große Illusion*, Jean Renoir, 1937) 18, 101
Lakota 60
Lang, Fritz **116**, **118**, **119**, **120**, **121**, **122**, **123**, **124**, **125**, **126**, **127**, **128**, passim
Lang-Touch 74 f., 102, 228, 249, 254
Laplace, Pierre-Simon 107
Laplace'scher Dämon 107
Laszlo, Ernest 85, 314

Latté, Lily 70, 300, 304, 306
*LAURA* (Otto Preminger, 1944) 253
*LE MÉPRIS* (siehe Filmographie) 20, 31, 37, 82, 99, 249, 270 ff., 300-303, 307, 315
*LE QUAI DES BRUMES* (Hafen im Nebel, Marcel Carné, 1938) 69
Ledoux, Fernand 268 f.
Lee, Anna 71, 272, 310
Lessing, Gotthold Ephraim 95 f., 100
*LETTER FROM AN UNKNOWN WOMAN* (*Brief einer Unbekannten*, Max Opuls, 1948) 296
Lewis, Joseph H. 35
Lewton, Val 272
Lied (ἡ ᾠδή) 38 f., 223 f., 234, 252
*LILIOM* (Fritz Lang, 1934) 20
Lingen, Theo 74, 308
Logik 55, 66, 77, 220
Lorre, Peter 24, 49, **178**, **196**, **197**, 264, 286, 308
Los Angeles 20 f., 38, 70, 74, 229, 244, 252, 261, 300, 305 ff.
Lubitsch, Ernst 49, 74, 300
*L'UCCELLO DALLE PIUME DI CRISTALLO* (*Das Geheimnis der schwarzen Handschuhe*, Dario Argento, 1970) 76
Lupino, Ida 86, **127**, **128**, **173**, 268, 283, 286, 289 f., 296, 314
Lynchjustiz 27-30, 50
Lyotard, Jean-François 66, 294

## M

*M - EINE STADT SUCHT EINEN MÖRDER* (siehe Filmographie) 9, 11 ff., 20, 22-25, 45, 47, 53, 69, 74, 91, 102, **178**, **196** f., 223, 240, 250, 262, 264, 276, 286, 291, 293, 304, 308
Mabuse 17 ff., 46, 77, 278, 288, 298 f., 308, 315
*MACBETH* (*Macbeth - Der Königsmörder*, Orson Welles, 1948) 233
Malerei 44 f., 58, 97 f., 100 f., 272, 281
*MAN HUNT* (siehe Filmographie) 11 f., 19, 61, 62-68, 69 f., 74, 79, 86 f., 102, **119**, **140 f.**, **180**, **189**, **198**, 228, 243, 253, 262, 281, 294, 303, 305, 310
Manifest Destiny 52, 235, 303
Mankiewicz, Joseph L. 31, 308

*MAN IN THE SADDLE* (*Mann im Sattel*, André de Toth, 1951) 61
Mann, Klaus 105, 107, 264
Mann, Thomas 25
Marvin, Lee 258, 314
Masse (Menge) 16, 20, 28 ff., 40 f., 44, 48, 69, 70,
Massenmedien 9, 18, 30, 288
Materialität 10, **12**, 29 f., 35 f., 45-48, 69, 84, 95, 112, 227, 238 f., 266, 294
May, Karl 52 ff., 57
Mayer, Louis B. 20, 31, 50, 234, 272
McCarthy-Ära 104, 108, 229, 231, 234, 253, 257
McDowall, Roddy 64, 310
McGilligan, Patrick 13, 67, 82, 84, 87 f., 226 f., 241, 296, 310
Medien 9 f., **12**, 18, 27, 34 f., 48, 56, **178-184**, 255, 285, 287 ff., 294
Melodram 19, 23, 104 f., 221, 233, 249, 296
Metro-Goldwyn-Mayer (MGM) 20 ff., 25, 30 ff., 48, 50, 88, 130, 170, 234, 272, 304, 308, 314
*METROPOLIS* (Fritz, Lang, 1927) 16, 22, 44, 107, 285
Milland, Ray 76 f., 79, **144**, **145**, **189**, **209**, 310
*MINISTRY OF FEAR* (siehe Filmographie) 11 f., 19, 46, 62, 69 f., 76-80, 89, **144 f.**, **181**, **189**, **200**, 243, 299, 305, 310 f.
*MIRAGE* (*Die 27. Etage*, Edward Dmytryk, 1965) 76
Mise en scène 36, 91 f., 94, 257, 261, 266, 269
Mississippi (Fluß) 234, 236, 239
Mitchell, Thomas **173**, 268, 283, 285, 289, 314
Modernität (Moderne) 14, 23 f., 40, 66, 100, 242
Möglichkeit 10, **12**, 19, 23, 29 f., 48, 66 ff., 75, 94, 218 ff., 249, 255 f., 271, 279, 289, 294, 302
Monroe, Marilyn 86, **123**, **163**, 247, 250 f., 253, 313
Montage 45, 56, 91
Monterey 244
*MONTEREY POP* (D.A. Pennebaker, 1968) 244
Montevecchi, Liliane **170**, 273, 314

## Fritz Lang in Amerika | Index

*MOONFLEET* (siehe Filmographie) 11 f., 89, **170 f.**, 245, 272-276, 307, 314
*MOONTIDE* (*Nacht im Hafen*, Archie Mayo, 1942) 268
Moullet, Luc 79
Murnau, F.W. 99, 300
Museum of Modern Art 54, 100, 307
Musical 40, 234
Musuraca, Nicholas 244, 272, 313

## N

Narzißtischer Charakter 287 ff. 295
Nationalsozialismus (Nazis) 16-19, 49, 62 f., 71 f., 77-80, 104, 106, 221, 234 f., 243, 288, 298
Native Americans 54, 57 f., 60
Navajo 58, 60, 305
Nebenzahl, Seymour 240 f., 308
New Deal 244, 246
New Hollywood 35, 107, 244, 280 f., 300
Nichols, Barbara **174**, 292, 315
Nietzsche, Friedrich 18 f., 299
Nixon, Richard 231
*NONE SHALL ESCAPE* (André de Toth, 1944) 63, 235
*NORTH BY NORTHWEST* (*Der unsichtbare Dritte*, Alfred Hitchcock, 1959) 76
Nouvelle Vague 35, 280, 300

## O

Objektbeziehungen 29 f., 46, 48, 83, 95
*ODDS AGAINST TOMORROW* (*Wenig Chancen für morgen*, Robert Wise, 1959) 36
Odets, Clifford 246, 249 f., 313
Ödipus-Komplex 113
Oglala 60
Oklahoma 58, 305
Oppenheimer, J. Robert 104
Opuls (Ophüls), Max 87, 233, 296, 300
*OUTRAGE* (Ida Lupino, 1950) 290

## P

Paine, Thomas 52
*PAISÀ* (Roberto Rossellini, 1946) 264
Paiute 60
Palmer, Lilli 77, 86, 103-106, **150**, **151**, **191**, 262, 312

Paramount Pictures 32, 37 f., 48, 77, 89, 135, 145, 229, 234, 305, 309 f.
Patalas, Enno 28, 53, 56, 58 f., 62, 236, 238, 243, 254, 261, 288
Penn, Arthur 35
Peripetie (περιπέτεια) 113 f., 269
Pessimismus 270, 280
Pidgeon, Walter 63, 66 ff., **119**, **189**, 281, 310
Platon 67
Poetischer Realismus 36, 69, 99, 101, 232, 246, 264
Pollack, Sydney 280
Pommer, Erich 16, 89, 304
*POSSESSED* (*Hemmungslose Liebe*, Curtis Bernhardt, 1947) 108
Power, Tyrone **160**, **161**, 241 f., 312
Preiss, Wolfgang 19, 298, 315
Preminger, Otto 227, 253
Presle, Micheline **160**, 241 f., 312
Pressburger, Arnold 73, 305, 310
Price, Vincent **173**, **202**, 253, 283, 285, 289, 314
Propaganda 18, 49, 62 f., 243
Psychoanalyse 13, 47, 92, 94, 108 f., 111-114, 220
Psychologie 19, 29, 50, 77, 79, 92, 108, 222, 239, 249, 288 f., 291, 302

## Q

Quäker 57

## R

Rache 27-30, 56 f., 72, 101 f., 219 f., 263
Raft, George 38, 41, **118**, **134**, **135**, **186**, 309
*RAIDERS OF THE LOST ARK* (*Jäger des verlorenen Schatzes*, Steven Spielberg, 1981) 107
Raison d'être 92, 104, 106, 227
*RANCHO NOTORIOUS* (siehe Filmographie) 10 ff., 57, 86, 89, 108, **154-157**, 218-224, 226, 229, 233, 244, 299, 306, 313
Rassismus 50, 57, 234 f., 239, 288
Ray, Nicholas 23, 35, 221, 261 f., 278
Rayns, Antony 74, 91, 314
Reagan, Ronald 63, 107, 231
Realismus 36, 44 f., 47, 53, 69, 71, 79, 83, 101, 264, 275

## R

*REBECCA* (Alfred Hitchcock, 1940) 77, 108 f., 296
Redgrave, Michael 110, **153**, 312
Renoir, Jean 18, 69, 87, 99, 101, 232, 246, 264 ff., 268 f., 300, 311, 314
Republic Pictures 221, 233
Revolution 26, 280
Reynolds, Marjorie 78, 80, **144**, 310
Richards, Silvia 108 f., 112 ff., 226 f., 306, 312 f.
Rivette, Jacques 25, 69, 99, 279 ff., 283, 291, 295, 300 f.
RKO Pictures 89, 244, 283, 289
Robeson, Paul 234
Robinson, Edward G. 90–94, 97, 102, **147**, **148**, **190**, **211**, 281, 311
Robson, Mark 272
Rohmer, Éric (Maurice Schérer) 254
Roosevelt, Franklin D. 89, 246, 288
Rosenthal, Elisabeth 218, 220, 299, 304
Rossellini, Roberto 264
Rousseau, Henri 100
*RUTHLESS* (*Ohne Erbarmen*, Edgar G. Ulmer, 1948) 287
Ryan, Robert **122**, **163**, 247 f., 250 f., 313

## S

*SABOTEUR* (*Saboteure*, Alfred Hitchcock, 1942) 76
Sanders, George 64, 66 f., **171**, 274, 283, 285, 289, 310, 314
Sarris, Andrew 23, 79, 109, 258, 261, 268, 270, 275 f., 291, 300
*SCARLET STREET* (siehe Filmographie) 11 f., 18, 25, 69, 82, 86, 89, 91, 95–102, 108 f., **120**, **148 f.**, **181**, **190**, 228, 265, 271, 281, 306, 311
Schärfentiefe 100 f., 273
Schauder (φόβος) 82, 96, 99, 275 f.,
Schelling, Friedrich Wilhelm Joseph 20
Schicksal 10, 19 f., 23, 35, 95, 105 f., 223 f., 227, 232, 269, 271, 302 f.
Schnauber, Cornelius 13, 36, 95, 99, 101, 218, 270, 279, 288, 300, passim
Schünzel, Reinhold 71, 73 f., **143**, 243, 310
Scott, Randolph 59, 61, **139**, **208**, 310
Scott, Ridley 107

*SECRET BEYOND THE DOOR* (siehe Filmographie) 11 f., 46 f., 69, 77, 86, 89, 92, 108–114, **121**, **152 f.**, **191 f.**, **200**, 229, 233, 244, 258, 262, 306, 312
Seeßlen, Georg 19 f., 40, 74, 256
Selbstjustiz 29
Selznick, David O. 20 ff., 54, 234
Seminolen 58
Sexualität 112, 228, 234, 255, 265, 286
Sidney, Sylvia 26, 28 f., 32 f., 38, 41, 46, 86, **130**, **131**, **132**, **134**, **135**, **187**, **205**, 227, 238, 261 f., 308 f.
Sight & Sound 73 f.
Simon, Michel 99
Simon, Simone 268
Siodmak, Robert 233
Sioux 60
Sirk, Douglas (Detlef Sierck) 87
*SLIGHTLY SCARLET* (*Straße des Verbrechens*, Allan Dwan, 1956) 290
Sothern, Ann **164**, 252, 256, 313
Sozialkritik 20, 25, 29, 272, 291
*SPELLBOUND* (*Ich kämpfe um dich*, Alfred Hitchcock, 1945) 77, 109
Spielberg, Steven 107
Spinoza, Baruch de 23 f., 96 f., 106 f., 223
*SPIONE* (Fritz Lang, 1928) 37, 46, 77
Spitz, Leo 89, 114
*STAGECOACH* (*Ringo*, John Ford, 1939) 53, 59 f.
Stanwyck, Barbara 59, 86, **163**, 247 f., 250 f., 313
Staudte, Wolfgang 298
Steinbeck, John 244, 246
Stoa (Stoizismus) 270 f.
Stoffaffe („Peter", „Fritz") 35, 226
*STRANGER ON THE THIRD FLOOR* (Boris Ingster, 1940) 36
Studiosystem 21 f., 31, 80, 83, 85, 88, 227, 229, 289
Suspense-Thriller 76–79, 283 f.
*SUSPICION* (*Verdacht*, Alfred Hitchcock, 1941) 296

## T

*2001: A SPACE ODYSSEY* (*2001: Odyssee im Weltraum*, Stanley Kubrick, 1968) 92
20th Century-Fox 53 f., 60 ff., 88 f., 229, 240 f., 268, 273, 289, 305

Tagesprotokolle 221 f.
Tennessee 234 f., 246
Territorien 57 f.,
THE BAD AND THE BEAUTIFUL (*Stadt der Illusionen*, Vincente Minnelli, 1952) 261
THE BIG HEAT (siehe Filmographie) 11 f., 74, 86, 91, **166 f.**, **183**, **193**, 232, 257-263, 264 f., 270, 281 f., 289, 291, 307, 313 f.
THE BIGAMIST (*Der Mann mit zwei Frauen*, Ida Lupino, 1953) 296
The Blitz
THE BLUE GARDENIA (siehe Filmographie) 11 f., 86, **124**, **164 f.**, **201**, 228, 231, 252-256, 258, 272, 306, 313
THE GRAPES OF WRATH (*Früchte des Zorns*, John Ford, 1940) 89, 244
THE KILLER IS LOOSE (*Blutige Hände*, Budd Boetticher, 1956) 290
THE LADY FROM SHANGHAI (*Die Lady von Shanghai*, Orson Welles, 1947) 263
THE MAN WHO SHOT LIBERTY VALANCE (*Der Mann der Liberty Valance erschoss*, John Ford, 1962) 56
THE RECKLESS MOMENT (*Schweigegeld für Liebesbriefe*, Max Opuls, 1949) 87, 233
THE RETURN OF FRANK JAMES (siehe Filmographie) 13, 52-61, **136 f.**, **180**, **188**, 219, 220, 305, 309
THE SEARCHERS (*Der schwarze Falke*, John Ford, 1956) 53
THE SPIRAL STAIRCASE (*Die Wendeltreppe*, Robert Siodmak, 1946) 233
THE WOMAN IN THE WINDOW (siehe Filmographie) 11 f., 25, 69, 86, 88, 89-94, 102, **146 f.**, **190**, **199**, 228, 305, 311
THE WOMAN ON THE BEACH (*Die Frau am Strand*, Jean Renoir, 1947) 87
THERE'S ALWAYS TOMORROW (*Es gibt immer ein Morgen*, Douglas Sirk, 1956) 87
THEY LIVE BY NIGHT (*Sie leben bei Nacht*, Nicholas Ray, 1948) 35
THEY SHOOT HORSES, DON'T THEY? (*Nur Pferden gibt man den Gnadenschuß*, Sydney Pollack, 1969) 280 f.
Tierney, Gene 56 f., **180**, 253, 309
Tisiphone (Τισιφόνη) 101 f., **181**
Thalberg, Irving 20
Todesstrafe 291-295
Toleranz (Intoleranz) 296, 302

Tracy, Spencer 26, 28 ff., 32, 50, 86, **116**, **130**, **131**, **186**, **204**, 281, 308
Transgression (*transgressio*) 274 ff.
Traum (Alptraum) 53, 89, 91 f., 94, 99, 109, 219, 232 f., 235, 276
Truffaut, François 8, 69, 79, 257, 263, 279, 281, 287, 300
TWO GIRLS ON THE STREET (André de Toth, 1939) 236

**U**
Übermensch 18 ff., 74, 288, 299
Ulmer, Edgar G. 287, 308
Unbewußtes 14, 47 f., 53, 94, 111-114, 239
UNION PACIFIC (Cecil B. DeMille, 1939) 53, 59
Unites Artists 32
United Negro and Allied Veterans of America 49 f., 230
Universal-International 88 f., 100, 108 f., 112, 114, 233, 289
Universum Film AG (Ufa) 17, 22, 83, 88, 109
Utah 58 ff., 305

**V**
Verbrechen 17, 19, 34, 38 f., 41, 63, 66 ff., 100, 112, 218, 239, 257 f., 263, 288
van Eyck, Peter 299, 315
von Harbou, Thea 18, 49, 108, 218, 221, 227, 240, 280, 298, 304, 308
von Sternberg, Josef 222, 300
von Twardowski, Hans Heinrich 71 ff., 310

**W**
Wald, Jerry 244, 264, 313 f.
Walsh, Raoul 40, 278
Wanger (Feuchtwanger), Walter 32 f., 48, 62, 83, 88, 109, 112, 133, 304, 306, 309, 311 f.
Waram, Percy **181**
Wayne, John 72, 235
Weill, Kurt 38, 309
Welles, Orson 22, 94, 101, 233, 263, 287, 289, 300
Welsch, Howard 221, 229, 233 f., 306, 312 f.
Western 10, 13, 36, 52-61, 62, 108, 218-224, 233, 256, 258, 290

*WESTERN UNION* (siehe Filmographie) 13, 52–61, **138 f.**, **188**, 219, 227, 305, 309 f.
Whale, James 234
*WHILE THE CITY SLEEPS* (siehe Filmographie) 11, 22, 25, 84 ff., 101, **126 ff.**, **172 f.**, **184**, **194**, **201 f.**, 255, 263, 270, 276, 279–283, 285–290, 295, 307, 314
White Supremacy 235, 239, 288
Whiteley, Jon **171**, 273, 314
Whitman, Ernest 55, 57
Wilder, Billy 49
*WINCHESTER '73* (Anthony Mann, 1950) 108
Wirklichkeit 10, **12**, 19, 23, 29, 50, 61, 66 f., 96, 102, 113, 219 f., 223, 246, 255, 284, 288 f., 293 f., 303
Wirkzusammenhang 23, 96, 106 f., 223, 261, 275
Wright, Will **182**
Wyatt, Jane 236, 238, 312

## Y

Yaqui 58, 305
*YOU AND ME* (siehe Filmographie) 11 f., 22 f., 32, 37–42, 48, 62, 86, 114, **118**, **134 f.**, **179**, **186**, 222, 224, 305, 309
*YOU ONLY LIVE ONCE* (siehe Filmographie) 11 f., 31–36, 46, 48, 69, 86, 88, 92, 95, **117**, **132 f.**, **187**, **198**, 238, 255, 281, 304, 309

## Z

Zanuck, Darryl F. 54, 59, 61 f., 64, 88, 240 ff., 253, 268, 273, 309 f.
Zola, Émile 264 f., 269, 314
Zufall 29 f., 84, 223, 255, 262, 294
Zwischenträger 31, 83, 246

## Danksagung

Mein ganz besonderer Dank gilt den Vorarbeiten der 2002 verstorbenen FRIEDA GRAFE sowie des 2022 verstorbenen PETER BOGDANOVICH, deren Gedenken dieses Buch hiermit gewidmet ist. Darüber hinaus danke ich PROF. DR. TONIO KLEIN (Hannover) für das kompetente und geduldige Lektorat der Erstausgabe sowie CLEMENS WILLIGES (Braunschweig), dem Chefredakteur von "35 Millimeter – Das Retro-Filmmagazin". Abschließend danke ich, wie immer, meiner Frau, für ihre unschätzbare Unterstützung und nicht zuletzt für ihre mitreißende Begeisterung für *M – EINE STADT SUCHT EINEN MÖRDER* und *BEYOND A REASONABLE DOUBT*, dem ersten und dem vorletzten der in diesem Buch besprochenen Filme Fritz Langs.

## Über den Autor

ROBERT ZION, 1966 in Kassel geboren, studierte u. a. Philosophie und Soziologie. Arbeit in der Kulturförderung, als Publizist, Kinoleiter und Politiker. Zahlreiche Veröffentlichungen über Film, Philosophie, Gesellschaft und Politik in verschiedenen Zeitungen und Zeitschriften. Er organisierte als Kinoprogrammgestalter u. a. Film- und Vortragsreihen über deutschsprachige Filmliteratur und Roger Corman. Bisherige Veröffentlichungen: DIE KONTINUITÄT DES BÖSEN - VINCENT PRICE IN  SEINEN FILMEN, 2000; WILLIAM CASTLE ODER DIE MACHT DER DUNKELHEIT, 2000; DER VERLETZLICHE BLICK - REGIE: DARIO ARGENTO, 2017; ROGER CORMAN - DIE REBELLION DES UNMITTELBAREN, 2018; RHONDA FLEMING - ASCHENPUTTEL IN HOLLYWOOD, 2021; AUF DEM PFAD DER VERLORENEN: NOIR WESTERN - ESSENTIAL, 2022; FRITZ LANG IN AMERIKA, 2023.

Fritz Lang in Amerika | Notizen

Fritz Lang in Amerika | Notizen